정직한 언론

정직한 언론

초판 1쇄 펴낸날 | 2018년 4월 30일

지은이 | 설진아
펴낸이 | 류수노
펴낸곳 | (사)한국방송통신대학교출판문화원
　　　　(03088) 서울시 종로구 이화장길 54
　　　　전화 02-3668-4755
　　　　팩스 02-741-4570
　　　　홈페이지 http://press.knou.ac.kr
　　　　출판등록 1982년 6월 7일 제1-491호

출판위원장 | 장종수
편집 | 신영주·김현숙
본문 디자인 | 티디디자인
표지 디자인 | 크레카

ISBN 978-89-20-02977-6　93070
값 19,000원

이 도서의 국립중앙도서관 출판예정도서목록(CIP)은 서지정보유통지원시스템 홈페이지(http://seoji.nl.go.kr)와 국가자료공동목록시스템(http://www.nl.go.kr/kolisnet)에서 이용하실 수 있습니다.(CIP제어번호: CIP2018008424)

정직한 언론

Honest Journalism

설진아 지음

에피스테메
EPISTEME

프롤로그: 나는 왜 이 책을 쓰게 되었는가?

> "진리를 지키기 위한 일에 참여하지 않고 산다면 사는 것이 아닙니다. 그저 숨만 쉬고 사는 것입니다."
>
> – 프란치스코 교황(Francis, Jorge Mario Bergoglio, 2013.11.30.)

프란치스코 교황의 이 말씀은 종교를 초월해 언론인이라면 누구나 공감하고 명심하고 싶은 잠언일 것이다. 뉴스의 정보량이 기하급수적으로 늘어나고 있는 디지털 정보사회에서 언론 혹은 언론인들은 진리를 지키기 위해 애쓰고 있음에도 불구하고 대중의 신뢰를 얻지 못하고 있다. 또 넘쳐나는 뉴스에 비해 언론 일반에 대한 공중의 신뢰도는 오히려 하락하고 뉴스 소비에 대한 피로감 역시 날로 증가하는 추세이다. 언론사나 언론인 입장에서도 '가짜뉴스'가 난무하기 때문에 수많은 정보 속에서 진리를 지키는 것이 점차 힘들어지고 있다. 그만큼 진실된 정보를 발굴하고, 공중에게 알리면서 진리를 지켜 가는 일이 어쩌면 더 어려워졌는지도 모른다.

언론의 신뢰도가 점점 하락하고 있는 이유는 여러 가지가 있을 수 있겠지만 그중 하나는 치열해진 매체환경 속에서 주류 언론사들의 환경감시기능과 의제설정기능 같은 언론 본연의 공적 임무 수행이 과거보다 크게 약화되었기 때문일 것이다. 특히 언론의 민주화를 가져왔다는 인터넷과 다매체·다채널이 전통적인 언론사들을 경쟁 상황으로 내몰면서 언론의 역할과 위상이 신생매체들과의 속도전에서 점차 무력화된 것이 아닌가 싶다. 더욱 안타까운 현상은 일부 언론사들이 생존하기 위해 권력과 기득권층의 대변인 역할을 자행한다거나, 광고주의 입장을 노골적으로 기사화함으로써 사회 감시견의 역할을 포기하는 극단적 선택을 취하고 있다는 점이다. 이러한 태도는 알려야 할 사실들을 알리지 않는 은폐의 문제를 낳기도 한다. 이와 더불어 늘어난 신생 언론매체들은 저비용으로 손쉽게 다양한 뉴스를 생산하기 위해 레거시(legacy) 언론사들이 공들여 생산한 기사를 슬그머니 베껴 쓰거나, 가공해서 뉴스저작권을 침해하기도 한다. 이런 현상들은 뉴스보도의 저작권 보호와 유료화에 대한 목소리가 높아지는 이유이기도 하다. 동시에, 양산되는 뉴스의 품질저하로 인한 전반적인 언론의 신뢰도 하락의 문제도 모든 언론사와 언론인들에게 불행한 현상이 아닐 수 없다.

언론매체의 폭발적인 양적 증가는 국가와 사회, 세계와 이웃에 대한 진실한 정보에 목마른 사람들에게 때때로 혼란을 가중시킨다. 특히 과잉정보 시대에 다양한 언론매체들이 생산하는 뉴스 콘텐츠를 보면 '사실'과 '진실'에 대한 실체적 규명에는 인색하고, 속도와 주목도를 높이기 위해 출처가 불명확하더라도 애매모호하게 정보를 포장하는 추측성 보도나 선정적이고 선동적인 주의·주장이 그대로 담긴 '날 것(raw materials)'을 버젓이 전달하면서 '객관주의 보도'라는 허울에 매몰된 인상이 짙다.

객관주의 보도를 지향하는 언론사의 경우도 언론보도의 기본원칙은 '진실보도'이다. 수많은 언론매체들이 객관적 사실(facts)을 뉴스(news)로 제공하는 것도 중요하지만, 뉴스 안에 '진실성'과 '정직성'이 담겨 있지 않다면 '뉴스'도 상업적인 정보에 불과할 수밖에 없다. 특히 최근에 늘어난 다양한 형태의 언론매체들을 살펴보면, 언론사들이 뉴스의 검증과정을 준수한다거나 사실 속에 담긴 의미를 얼마나 편향되지 않고 '정직하고 공정하게' 담고 있는지에 대해서는 다소 회의적이기까지 하다.

그렇다면 독자들은 다중매체시대에 대다수의 언론사들이 보도하는 뉴스의 진실성을 어떻게 알 수 있을까? 또 무수히 많이 생겨난 언론매체들이 언론 고유의 기능과 역할을 제대로 수행하지 못하고 있다면 이들은 무엇을 간과하고 있는 것일까? 과거의 언론이 사회에서 발생하는 주요 사건들의 진실이 실종되지 않도록 정론을 펼쳐 사회적 영향력을 크게 발휘했다면, 그 배경에는 어떤 언론인들이 있었는가? 이 책은 이와 같은 근원적인 문제제기에서 출발하여 특정 사회에 큰 변화를 가져왔던 언론보도들을 중심으로 현시대의 언론인들에게 귀감이 될 만한 몇몇 '정직하고 진실한 보도' 사례들을 역사적 고찰을 통해 탐구하고자 하였다.

언론이 상업대중매체로 등장한 19세기 이후부터 최근까지 각 나라마다 '정론'과 '정직한 언론보도'의 사례들은 셀 수 없이 많았지만, 이 책에서는 몇 가지 원칙에 따라 '정직한 언론보도'의 사례를 선정하고, 역사적 사건 속에서 특정 언론보도와 언론인의 역할이 왜 중요했는지를 분석해 보고자 한다.

이 책은 어떤 내용을 담고 있는가?

이 책은 언론보도의 맹목적 객관주의를 비판하면서 현시대의 언론사들이 확고하게 정립해야 할 뉴스 원칙인 '보도의 진실성' 문제에 천착하고자 하였다. 언론이 갖추어야 할 많은 덕목과 뉴스가치, 기본 원칙 가운데 이 책에서는 '정직한 보도(honest reporting)'란 무엇인지 국내외 언론사(言論史)에서 이미 높은 평가를 받고 있거나 국내에는 잘 알려지지 않았지만 해당 국가 또는 지역에서 정치, 경제적으로 큰 영향을 미친 용기 있는 언론보도 사례들을 조사, 발굴하고자 했다. 이 책이 문헌고찰 방법을 통해 분석대상으로 삼은 언론보도는 유럽에서 대중지로써 신문이 탄생한 이후부터 인터넷 언론이 발전한 최근까지를 조사대상으로 하였다. 다만 이 책은 전 세계의 언론사나 대표적인 언론보도를 모두 조사할 수 없다는, 대상의 포괄적인 범위와 자료접근의 한계로 인해 미국과 영국, 프랑스와 독일, 일본 등 언론의 자유를 높게 평가하고 있는 자유민주주의 국가들을 대상으로 문헌고찰을 시도하였으며, 국내의 경우는 대한민국의 민주주의 발전에 기여했거나 민주화 과정에 도화선을 제공했다고 평가받는 전환기의 '사건보도'에 천착하고자 했다.

먼저 이 책은 '정직한 언론'이 필요한 이유와 갖추어야 할 요소들을 고찰한 후, 사례 선정배경과 언론보도들이 진실추구를 통해 특정 사회의 변화를 어떻게 야기했는지 보도 이후 사회변화를 개략적으로 검토하였다. 이 책은 기존에 발간된 문헌을 중심으로 언론이 보도한 '사건'과 '보도 내용', 그리고 '언론과 사회에 미치는 영향'을 중심으로 살펴보았으며, '정직한 언론'에 속하는 많은 대상 가운데 주관적 선별 기준을 정하고 대표적인 사례들을 고찰하였다.

이 책에서 다루고자 하는 연대기 순의 정직한 언론보도의 사례는 다음과 같다. 먼저 19세기 말, 프랑스 드레퓌스 사건의 진실을 외친 에밀 졸라의 공개서한 보도(1898)에서 시작해 서구 제국주의의 아프리카 수탈을 폭로한 에드워드 모렐의 보도(1900), 그리고 냉전시대 미국의 매카시즘 광풍을 잠재운 CBS 에드워드 머로의 'See It Now'(1954) 탐사보도에 이어 서독의 정치권력 민주화에 기여한 슈피겔 사건(1962)을 고찰하였다.

다음으로 제6장에서는 베트남전쟁 최악의 양민 학살사건을 폭로한 시모어 허시의 밀라이 보도(1969)를 조사, 분석했으며, 제7장에서는 닉슨 대통령의 하야를 촉발시키고 언론 자유의 신화를 남긴 〈워싱턴포스트〉의 워터게이트 추적 보도(1973)를 다루었다.

제8장에서는 국내 언론보도 가운데 1987년 범국민적 민주화운동에 불을 붙인 〈중앙일보〉와 〈동아일보〉의 서울대생 박종철 고문치사 사건 보도(1987)를 살펴보았고, 이어 제9장에서는 일본 정치사에 최대 영향을 미친 것으로 알려진 〈아사히신문〉의 '리크루트 스캔들' 보도(1988)를 검토하였다. 아울러 제10장에서는 영국 〈가디언〉의 'NSA 기밀문서 폭로 사건(프리즘 사건)'(2013)을 고찰하였으며, 마지막 제11장에서는 2016년 관훈언론상 '권력감시' 부문에서 공동으로 수상한 '최순실 게이트'와 관련한 추적보도로 〈TV조선〉의 '최순실의 국정개입 관련 추적보도'와 〈한겨레〉의 'K스포츠재단과 최순실 관련 보도', 그리고 〈JTBC〉의 '최순실 태블릿PC 입수' 관련 보도를 소개

하였다.

　제2장에서 제11장까지 다룬 각 보도사례들은 해당 국가에 정치사회적으로 큰 영향을 미쳤을 뿐만 아니라, 언론 및 취재보도의 역사에도 획기적인 족적을 남긴 사례들이다. 하지만 이 책은 언론 역사의 단편만을 소개한다는 점에서 큰 한계를 안고 있다. 여러 나라의 탁월한 많은 보도사례들 가운데 10개의 사례만 선정한다는 것 자체가 아주 제한적이고 무척이나 어려운 작업이었다. 또한 선택과정에서 가급적 사회를 변화시킬 만한 역사적, 정치적 사건과 언론보도를 집필 대상으로 선정하였음에도 불구하고 저자의 주관적 판단이 개입할 수밖에 없었음을 밝혀 둔다. 각 사례는 해당 국가의 관련 도서 및 논문, 인터넷사이트 등을 참고하여 관련 자료를 수집하였으며, 각 사례를 선정하는 과정에서 가급적 미국 등과 같은 특정 국가에 집중되지 않도록 국가별로 장을 배분하였다.

　국내 보도의 경우는 고심 끝에 기자들로부터 한국의 민주화에 가장 큰 영향을 미쳤다고 평가받는 기사인 1987년 1월 〈중앙일보〉와 〈동아일보〉의 '서울대생 박종철 고문치사 사건'을 선정하였다. 이 기사는 1987년 6월 민주화 항쟁의 기폭제가 되었으며, 직선제 개헌 투쟁이 격렬하게 벌어지면서 폭발적인 동력을 얻게 되었고, 노동계의 대투쟁에서부터 언론노동조합의 탄생과 언론계의 민주화 운동을 촉발시켰다는 평가를 받는다. 아울러 2016년 '최순실 국정농단' 관련 언론보도에서 세 언론사를 모두 선정한 이유는 권위 있는 언론상 중 하나인 '관훈언론상'을 공동으로 수상했을 뿐만 아니라, 각 언론사가 최순실 국정농단의 실체적 진실을 규명해 주는 용기 있는 보도를 통해 대통령 탄핵 인용에 이르기까지 대한민국 사회 변화에 단초를 제공했으며 언론계에 큰 파장을 미쳤기 때문이다.

역사적 사건을 정치적으로 다룬 뉴스보도는 셀 수 없이 많겠지만 이 책은 그중의 일부를 통해 언론의 본질이 무엇이고 시대가 변화해도 고수해야 할 뉴스 가치와 언론인의 자세는 무엇인지 역사적 고증을 통해 답을 찾는 데 중점을 두었다. 집필과정에서 참고한 수많은 도서와 논문, 기사(articles)들의 저자에게 일일이 감사를 표시하지 못함에 대하여 너그러운 용서를 바라면서 인용한 보도 및 자료의 출처는 본문과 참고문헌에 명기하였다.

충실한 자료조사와 교정작업에 도움을 준 전 승씨와 면밀한 편집작업에 최선을 다한 신영주씨에게 고마움을 표하고 싶다. 무엇보다 이 책이 세상에 나올 수 있게끔, 언론학을 연구하는 저자에게 역사를 관통하는 질문을 제기하게 해 준 '정직한 언론사'와 '용기 있는 언론인'들에게 진심으로 감사드린다. 또, 이 책에서 발견되는 오류는 전적으로 저자의 짧은 식견과 치밀하지 못함에 기인함을 미리 고백한다. 정직한 언론보도들이 언론학을 공부하는 동료학자들과 후배들에게 작은 도움이 되길 바란다.

2018년 4월
서울 대학로에서 설진아

차례

Honesty will set you free

정직한 언론을 찾아서

세상을 바꾼 언론과 정직한 언론인

"가만히 있지 말고 편을 들어 주세요. 중립은 항상 강자를 도와주지 약자를 돕지 않습니다. 침묵은 고통 주는 사람에게 유리하고 고통 받는 사람을 보호하지 못합니다."

– 엘리 위젤[1]

─ ●◦● ─

영국의 역사학자 시어도어 젤딘(Theodore Zeldin)은 그의 역작인 『인생의 발견』에서 다음과 같은 묵직한 질문을 던진다.

"많은 정부가 비밀주의를 내세우면서 그들의 동기나 무능이 드러나면 국가가 혼돈에 빠질 거라고 여긴다. 거짓말에 관한 연구에서는 우리가 거짓말을 그만두면 사회적 관계가 무너질 거라고 단언한다. 비즈니스와 정치는 반쪽짜리 진실에만 의존하면서 공개하는 만큼 숨기기 위해 갈수록 많은 전문가를 고용한다. 스포츠도 오염되었다. 과학연구에서도 증거가 불충분한 주장이 난무한다.… 거짓의 세상에서 살아야 하는 것은 아니라고 용감하게 나설 사람은 누구인가?"[2]

이 물음에 언론인은 어떤 답을 내놓을 수 있을까?

정직한 언론은 거짓의 세상에서 진리를 들춰내고 약자의 편을 들어주기 위해 용기를 내는 주체(agency)이다. 정직한 언론이 가능할 수 있는 것은 용기를 가진 언론인들이 있기 때문이다. 언론인들은 진리를 지키기 위해 취재한 사실을 가치 있는 정보로 만들어 진실하고 솔직하게 독자에게 전달하는 역할을 수행하는 사람들이다. 살아 있

1　김종봉 엮음(2013). 『파파 프란치스코 100』. 불휘미디어. p.30.
2　시어도어 젤딘(2015). 『인생의 발견』. 어크로스. p.54.

는 권력에 대한 각종 의혹을 취재하고 비판하면서 진실에 한걸음씩 가까이 다가가는 언론과 언론인은 동서고금을 막론하고 시민들이 세상을 공정하게 바라보도록 허위를 폭로하고 진실을 보도하는 임무를 부여받았다.

하지만 일부 언론사와 언론인들은 취재와 보도과정에서 최선을 다하지 못한 채 이따금씩 뉴스보도에서 진실을 왜곡하거나 누락하고, 정직하지 못한 보도태도를 취한다. 오늘날의 진실은 넘쳐나는 정보의 안개를 걷어 내야 하는 것처럼, '거짓'과 '참', '허위'와 '사실'에 둘러싸여 절반의 진실과 절반의 사실로 독자들을 호도하는 경우도 많기 때문이다. 물론 여전히 대부분의 언론사와 언론인들에게 진실은 젤딘(2015)이 주장한 바와 같이, '확실한 결정을 내리기 위한 단단한 토대가 되어 주는 요지부동의 바위'와 같은 것이라고 할 수 있다. 최근 거짓뉴스들이 난무하면서 언론보도의 사실검증(fact-checking)에 대한 요구가 늘고 있고, 실제로 개별 보도에 대한 사실을 검증하려는 학계와 언론계의 적극적인 노력들이 경주되고 있다. 이러한 노력들은 사회적 진실을 규명하고 거짓정보를 밝혀 냄으로써 사회를 보다 청정하고 공정하게 만들기 위한 노력의 일환이다.

하지만 언론의 존립근거인 '표현의 자유(freedom of express)'와 '진리추구'가 21세기의 언론에도 변하지 않는 불문율로 자리잡고 있는지 의심스럽다. 20세기의 소위 '객관주의 저널리즘'은 뉴스를 마치 표준화된 상품처럼 규격화시키거나, 언론사들은 '최대다수의 독자 또는 시청자'를 사로잡기 위해 불편한 진실을 종종 들추지 않았으며, 상업주의 일변도로 대중의 정보욕구를 충족시키는 것에만 최선을 다했던 것처럼 보이기 때문이다.

　그렇다면 그 무수한 사실의 전달은 시민들에게 어떤 가치를 제공하는 것일까? 최근 한국 언론계에서는 팩트체킹, 즉 사실 확인이 유행처럼 번지고 있다. 그러나 사실 확인만으로 언론의 역할을 다하고 있는 것인지 회의가 든다. 더 나아가 이는 언론이라면 마땅히 해야할 보도의 기본준칙이므로 크게 내세울 일도 아닐 것이다. 또 기술의 발전으로 인터넷에 저장된 모든 정보들은 상호 검증을 가능케 하여 불확실성을 줄여 주기도 하지만 정보의 사실 여부와 진실규명 간에는 괴리가 있을 뿐만 아니라 누구의 관점에서 제안된 사실인지, 총체적 진실에까지 접근했는지 언론의 검증 및 확인 역할이 더욱 요구되기 때문이다.

　대중매체로서 언론의 메시지 전달형태는 지속적으로 변형되어 왔다. 17~18세기의 팸플릿, 19세기에 등장한 신문에서부터 20세기의 라디오와 텔레비전, 21세기의 인터넷과 모바일 매체가 그 모습들이다. 하지만 인터넷과 모바일 매체시대에 접어들면서 신문과 TV 같은 소위 레거시 미디어(legacy media)들은 언론매체로서의 기능과 위상을 상실해 가고 있다. 전통매체에 대한 광고매출의 급격한 하락 추세는 가속화되고 있으며, 특정 언론사에 대한 브랜드 가치도 신흥 매체들에 의해 희석된 지 오래다. 더 나아가 인터넷의 폭발적인 정보 생산으로 인간은 늘 정보가 너무 넘쳐서 괴로울 지경이 되었지만, 반대로 특정 사안을 충분히 알기란 거의 불가능해져 괴로움이 더해졌다. 집단지성을 토대로 만들어진 위키피디아는 전 세계 시민들에게 온갖 정보를 제공하지만, 인간의 삶에 가치 있는 사실을 얼마나 제공하고 인간의 무지를 해소하는 데 과연 얼마나 기여했는지는 불명확하다.

그렇다면 이러한 혼돈의 시대에 언론인들을 움직이는 동기와 미덕은 무엇이어야 하는가? 언론학에서 강조하는 '공정성', '객관성', '균형성', '불편부당성' 등 많은 보도가치와 기준이 있지만, 필자는 '정직함'과 '진실성', 그리고 '용기'를 언론인이 준수해야 할 가장 큰 가치이자 미덕으로 꼽는다. 언론인들이 진실에 다다르기 위해서는 다양한 정보원을 취재하고 방해세력과 맞서 싸우면서 때로는 위험을 감수해야 하기 때문이다. 이러한 취지에서 정직한 언론인이란 위험한 작업을 하는 사람이기도 하다. 이 말은 언론계에 종사하는 사람이라면 시대와 국경을 초월해 그 말이 의미하는 바가 무엇인지 웬만큼은 공감할 수 있을 것이다.

과거에도 그랬던 것처럼, 현대사회에서도 거대 권력의 비리를 고발하고 문제점을 거침없이 폭로하는 정직한 언론과 언론인들은 여전히 힘들거나 외롭고, 취재보도과정이 위험하기 그지없기 때문이다. 비록 우리가 종종 접하는 정직한 뉴스취재와 진실보도가 얼마나 힘겨운 싸움인지를 직접 경험해 보지 못한다 하더라도 저널리즘의 역사를 점철하는 많은 사례들은 정직한 언론과 언론인들의 위험한 여정에 대해 생생하게 그 증거들을 제시해 주고 있다. 다음의 일화는 권력이나 자본으로부터 언론인이 정직한 언론을 수행하기가 얼마나 힘든지를 보여 주고 있다.

1880년 어느 날 밤, 뉴욕시에서 당대의 최고 저널리스트인 존 스윈턴(John Swinton)을 위한 대연회가 열렸다. 연회장에서 누군가가 미국의 독립언론을 위한 건배를 제안했을 때, 격노한 존 스윈턴은 상석에서 벌떡 일어서서 세계 유수한 저널리스트들로 가득 찬 청중을 향해 다음과 같이 일침을 가하였다.

　　"이 시대에 미국에는 독립언론이란 것은 존재하지 않습니다. 당신도 그 점을 알고 있고 저도 그것을 압니다. 여러분 중에 그 누구도 자신의 정직한 의견을 쓰고 있는 사람은 없습니다. 그리고 만약 당신이 그랬다면, 당신은 그것이 신문에 결코 나타나지 않을 것임을 이미 압니다. 저는 제가 연관된 신문에 저의 정직한 의견이 실리지 않는 것에 대해 매주 봉급을 받습니다. 다른 분들도 유사한 일들에 대해 유사한 월급을 받으며, 여러분 중에 혹시 정직한 의견을 곧이곧대로 쓸 정도로 어리석은 분이 있다면 다른 직업을 찾기 위해 거리로 내쫓길 것입니다. 만약 제가 저희 신문 어느 한 회에 저의 정직한 의견이 실리도록 허용된다면, 24시간이 되기 전에 저의 직업은 사라질 것입니다. 저널리스트의 업무는 자신의 일일 양식을 위해 진실을 말살하고, 노골적으로 거짓말을 하며, 왜곡하고, 비난하고, 마몬(부의 신)의 발 앞에서 비위를 맞추며, 자신의 조국과 민족을 팔기도 합니다. 여러분도 그 점을 알고 저도 그것을 아는데, 독립언론을 위한 이 건배가 얼마나 어리석은 것입니까? 우리는 배후에 있는 부자들의 도구이자 수단일 뿐입니다. 우리는 춤추는 꼭두각시들이며, 그들이 줄을 잡아당기고 우리는 춤을 춥니다. 우리의 재능들, 우리의 가능성들, 그리고 우리의 생명은 모두 다른 사람들의 소유물입니다. 우리는 지적인 창녀들입니다."[3]

3　Jack-Speer-Williams. http://www.veteranstoday.com/2014/12/22/dangerous-work-honest-journalism/

이 시대의 언론인들이 스윈턴의 혹독한 자성적 발언에 동의하든 동의하지 않든, 독립적인 언론이나 정직한 언론으로 살아남기란 여간 힘든 일이 아님을 추측할 수 있다. 특히 21세기의 언론이 처한 현실은 19세기나 20세기보다 훨씬 더 어두우며 비관적이다. 디지털 매체융합시대에 매체의 종류와 수가 크게 증가하였으며 언론은 무한 경쟁 상황으로 내몰렸고, 상업화의 파도는 더욱 거세졌기 때문이다. 어쩌면 앞에 소개한 일화 자체가 언론인들에게 아무런 감흥을 주지 못할 정도로 수많은 언론인들은 단지 직업인으로 살고 있는지도 모른다.

그럼에도 불구하고, 언론의 본질은 무엇이며 언론인의 사명은 무엇인지 끊임없이 확인하고 존속해 가려는 노력은 중단되지 말아야 할 것이다. 이 책에 제시된 사례들에서도 알 수 있듯이 언론이 세상을 바꾸었고, 바뀐 세상으로 인해 시민들이 더 행복해졌기 때문이다. '세상을 바꾼 언론' 속에는 정직한 언론인이 종사하고 있었고, 그들의 역할은 시대가 바뀌어도 변하지 않는 시금석처럼 '진실성'을 담고 있었기에 소중한 것이다.

이 책이 제기하는 근원적 질문은 "정직한 언론인은 어떠한 사람을 지칭하며, '정직함(honesty)'이란 미덕을 언론인들이 수행하려면 어떠한 태도와 행위로 무장되어야 하는가?"이다. 정직함의 정의가 '행위의 공정하고(fairness) 똑바름(straightforwardness)과 사실들을 고수함(adherence to the facts)'[4]을 의미한다면, 여기에도 다양한 대답이

---

4 https://www.merriam-webster.com/dictionary/honesty

제시될 수 있을 것이다. 여기서는 미국 공영방송사인 NPR (National Public Radio)의 윤리강령 핸드북(NPR Ethics Handbook)을 잠시 살펴보고자 한다. 이 공영방송사가 제시하는 '정직한 언론인'의 행동강령에 따르면, 무엇보다 정직하게 행동하는 언론인들은 스스로 '신뢰'할 수 있는지를 입증하여야 한다. 또 언론인은 취재 및 보도과정에 거짓이 없어야 하며(genuine) 솔직해야(candid) 한다. 그리고 다른 사람들로부터 받은 정보의 출처를 명확하게 하여 독자에게 어떤 정보가 어떤 정보원으로부터 나왔는지를 완벽하게 제시해야 한다. 이외에도 언론인들은 과장된 어구나 선정적인 추측을 삼가야 한다. 물론 언론인들이 종종 이슈나 사건들을 설명하기 위해 가정적인 상황들을 구성하기도 하지만, 가정이란 조작된 상황임을 밝혀야 하며, 허구와 뉴스보도(리포팅)를 섞지 않도록 해야 한다. 아울러 정직한 언론이란 속임수 없이 정보를 정직하게 편집하여 제시하며, 보도할 때 반드시 NPR 기자들임을 밝혀야 한다고 하였다. 아주 드문 경우에만, 예를 들어 공중의 안전이 문제가 되는 상황이나 생명과 관련된 경우에는 정보원의 신분을 숨길 수도 있지만, 그런 경우에도 충분히 숙고하고 모든 대안들을 고려해야 한다. 그런 후에 기사를 보도할 때에는 무엇을 했으며, 왜 그렇게 취재했는지를 충분히 밝혀야 한다.[5]

언론인들이 권력의 그늘에서 벗어나지 못하면, 그들은 중간상의 역할을 수행할 수밖에 없다. 언론인이라는 직업이 고상하려면 정직함을 전제로 시작해야 하며, 무기로써 보도의 정확성을 담보해야 할

---

5 http://ethics.npr.org/category/d-honesty

것이다. 언론과 언론인이 정직하고 신뢰할 수 있다면 그 자체로 돋보일 것이므로 어느 길을 결정하는가는 언론인들의 손에 달려 있다고 할 수 있다. 언론인들이 부패한 권력시스템의 일부가 되길 원하는가 아니면 권력을 감시하고 고칠 수 있도록 점검과 균형(check and balance)으로써 감시견의 역할을 고수할 것인지는 언론인들에게 달려 있다.[6] 이제부터 시대와 나라를 초월해 정직한 언론인들과 그들이 밝혀 낸 진실보도 사례들을 탐구해 보기로 한다.

6　http://www.dnaindia.com/analysis/column-what-is-honesty-in-journalism-2295213

"나는 고발한다"

드레퓌스 사건의 진실을 외친
에밀 졸라의 공개서한 보도(1898)

1. '공개서한' 보도의 선정배경

"지식인의 글은 군인의 총알 못지않게 강력한 무기가 될 수 있는가?"

진실이 은폐되거나 구조적 폭력이 진실을 압살하는 경우, 우리는 흔히 역사 속에서 종종 인용되는 드레퓌스 사건을 거론하거나 드레퓌스 사건의 진실을 용감하게 외쳤던 필자(언론인)는 누구였던가를 떠올리기도 한다.

'드레퓌스(Dreyfus) 사건'은 1894년부터 1906년까지 12년에 걸쳐 프랑스 국민을 좌우 대결의 소용돌이 속으로 몰아넣은 '사건 중의 사건'이었다. 19세기 말 프랑스 사회의 이념적 대립과 반유대주의 분위기 속에서 에밀 졸라(Émile Zola, 1840~1902)는 '드레퓌스' 군사재판이 잘못되었음을 규탄하는 공개서한을 문학신문인 〈로로르(L'Aurore, 여명)〉에 실었다. 그리고 그 공개서한은 프랑스 사회의 양심의 목소리를 대변하는 용기 있는 언론보도로서 프랑스의 저널리즘 발전에 큰 영향을 미친 것으로 평가받고 있다.

이 보도를 정직한 언론의 첫 사례로 선정한 이유는, 당시 '드레퓌스 사건'으로 프랑스 사회의 반유대주의 분위기가 팽배한 가운데 간첩죄로 억울하게 수감된 유대인 출신 장교 드레퓌스를 옹호하는 것 자체가 목숨을 걸 정도로 위험한 주장이었음에도 에밀 졸라가 공개서한 '나는 고발한다(J'accuse!)'를 통해 진실을 은폐하려는 국가 권력에 직격탄을 날렸기 때문이다. 특히 그의 용기 있는 기사(story)가 거짓된 판결을 뒤집는 도화선이 되어 프랑스 사회에 엄청난 영향과 정치적 파장을 가져왔기 때문에 언론으로서 신문의 역할이 두드러졌다고 볼 수 있다.

2. 드레퓌스 사건과 에밀 졸라

에밀 졸라는 공개서한 '나는 고발한다' 발표 후 "단언하건대 드레퓌스는 무죄이다. 나는 거기에 내 인생을 걸고, 내 명예를 걸겠다"고 말한 바 있다. 실제로 그는 1902년 돌연한 가스 중독사로 인생을 마감하였다. 에밀 졸라가 쓴 13편의 시론은 드레퓌스 사건과 긴밀히 연관되어 있다. 그의 시론은 프랑스 사회의 봉건적 보수성을 악화시키고 민주적 현대성을 강화하는 데 결정적 역할을 하였다. 만일 1898년 1월 13일 프랑스 대통령에게 보낸 에밀 졸라의 공개서한 '나는 고발한다'가 문학신문 〈로로르〉에 발표되지 않았더라면 드레퓌스 사건의 진실은 세상에서 빛을 보는 데 훨씬 더 오랜 시간이 걸렸을 것이다. 그것은 문자 그대로 '폭발의 도화선'이었다.[1] 그렇다면 드레퓌스 사건은 무엇인가?

드레퓌스 사건(L'affaire Dreyfus)은 19세기 후반의 수년 동안 프랑스를 휩쓸었던 반유대주의와 이 때문에 희생된 무고한 드레퓌스의 무죄 여부를 놓고 로마 가톨릭교회와 군부 등 보수세력과 진보세력이 격돌했던 사건이다. 에밀 졸라를 비롯한 드레퓌스의 무죄를 주장

---

1 유기환(2005). "드레퓌스 사건과 졸라의 글쓰기", 『프랑스학 연구』, 제32권, p.215.

한 드레퓌스파들에 반하여 드레퓌스의 유죄를 주장했던 반드레퓌스파들은 조직적인 반대운동을 벌이기 위하여 '프랑스 조국 연맹(Ligue de la Patrie Franaise)'을 결성하였다. 프랑스 학술원(Acadmie franaise)의 가톨릭 회원들은 이 단체에 일괄적으로 가입하였다.[2]

드레퓌스 사건이 일어났던 19세기 당시의 역사적 배경을 살펴보면, 프랑스는 독일을 상대로 한 방어전쟁에서 처참하게 패배를 당했고, 독일 측이 원하는 배상금을 주면 파리에서 물러나겠다고 하여 온 국민이 돈을 모아 갚으면서 독일로부터 겨우 풀려날 수 있었다. 그러나 이 사건으로 반(反)독일 감정이 팽배해졌고, 반유대주의도 온 유럽을 휩쓸고 있었다. 이때, 파리에 주재한 독일대사관에서 프랑스 군사기밀이 담긴 문서가 발견되었다. 그러자 사람들은 범인으로 알프

그림 2.1   알프레드 드레퓌스의 군적 박탈식(1895. 1. 5. 좌)과 알프레드 드레퓌스(우)

출처: 1895년 1월 13일자 〈르 프티 주르날〉에 실린 앙리 메예르(Henri Meyer)의 드레퓌스 군적 박탈식(https://ko.wikipedia.org)

---

2   폴 존슨(2013). 김주한 역. 『기독교의 역사(A History of Christianity)』. 포이에마, p.770.

레드 드레퓌스(Alfred Dreyfus) 대위를 지목한다. 그는 참모부의 유일한 유대인인데다가 그 당시 반독일 감정의 대상이었던 독일계 사람이었다. 그는 순식간에 억울한 누명을 쓰고 재판정에 서게 되었다. 심지어 그에게는 변호인 고용도 허용되지 않았다. 결국, 프랑스 육군의 포병 대위 알프레드 드레퓌스는 1894년 소령인 페르디낭 에스테라지(Ferdinand W. Esterhazy)─후에, 간첩으로 판명되었다─가 쓴 문건으로 인하여 반역죄로 유죄판결을 받았으며, 종신형과 치욕적인 군적 박탈식까지 선고받았다.

그는 군적 박탈식장에서 끝까지 자신의 무죄를 외쳤지만 "유대인을 죽여라"라는 군중들의 소리에 묻히고 말았다. 그는 강제로 불명예 전역된 뒤, 프랑스령 기아나의 악마섬으로 유배당한다. 드레퓌스는 무죄였음에도 누명을 뒤집어쓴 채 프랑스 군사 법정에 섰고, 변호사조차 허용되지 않았던 그에게 유죄판결은 너무나도 당연한 일이었다. 그 당시 반유대주의, 반독일주의에 의해 그는 희생양이 되었던 것이다.

드레퓌스는 잘못된 증거 자료, 즉 정보 유출로 발견된 문건에서 발견된 암호명 'D'에 따라 유대계 장교 알프레드 드레퓌스 이름의 첫 글자가 암호와 일치한다는 이유로 간첩으로 지목되었고, 유대인에 대한 편견이 그를 간첩으로 몰고 갔던 것이다. 이러한 잘못된 증거를 기초로 한 재판에서 유죄판결을 받은 드레퓌스는 사실 무죄였다. 당시 고급 장교들은 그들의 실수를 덮으려고 사실을 은폐했으며, 반유대적인 가톨릭교회와 보수주의 언론들도 드레퓌스 사건을 침소봉대하여 유대인들을 비난하는 모습을 보였다. 그러나 그는 끝까지 자신의 무죄를 외치며 억울함을 호소하였다.

그로부터 2년 뒤, 조르주 피카르 중령은 우연한 기회에 진짜 간첩 에스테라지를 적발하게 되었다. 그는 참모본부 정보국에서 또 다른 간첩사건을 조사하는 과정에서 드레퓌스는 무죄이며, 진범은 에스테라지라는 것을 알게 된다. 그는 참모본부 상부에 이 사실을 알리며 드레퓌스의 무죄를 주장했지만 진범은 무죄로 풀려나고 피카르는 군사기밀 누설죄로 체포된다. 드레퓌스의 무죄 주장도 묵살되었음은 물론이다. 그때 증거자료를 몰래 복사해서 실어 낸 어느 한 신문에 의해 드레퓌스 사건이 세상에 공개된다. 그러나 진범인 에스테라지는 이런저런 거짓말을 늘어놓고 다녔고, 놀랍게도 참모본부는 그의 거짓말을 눈감아 주었다. 그러한 사실이 알려지자, 군사법정은 많은 비난을 받았고, 일부 사람들은 피카르와 드레퓌스의 무죄를 주장하였다.

실제로 재판 과정에서 드레퓌스는 문서의 서명과 자신의 글씨체가 다르다는 이의를 제기했었으나, 피고가 글씨체를 바꾸어 썼다는 말도 안 되는 근거를 내세워 묵살당하였다. 그렇게 드레퓌스는 악마섬에 유배를 당하였고, 그 사이 프랑스 본토에서는 진범인 에스테라지가 발각되어 논란을 겪다가, 결국 무죄판결을 받고 풀려났다.[3]

드레퓌스 사건은 1894년부터 1906년까지 12년에 걸쳐 프랑스 국민을 좌우 이념 대결의 소용돌이 속으로 몰아넣은 '사건 중의 사건'이다(유기환, 2005). 이 사건은 드레퓌스의 재판과 유죄판결부터 피카르

---

3 https://ko.wikipedia.org/wiki/드레퓌스 사건

중령의 문제제기, 에스테라지 재판을 거쳐 무죄석방으로 이어지면서 '드레퓌스파'와 '반드레퓌스파'의 격렬한 대립을 가져왔다. 이 판결을 계기로 에밀 졸라는 당시 프랑스 대통령인 펠릭스 포르에게 보내는 편지, '나는 고발한다'라는 공개서한을 문학지에 보도함으로써 프랑스 사회 전반에 엄청난 파장을 가져왔고, 그 후 드레퓌스 사건의 재심과 사면을 이끌어 내게 되었다. 하지만 군사법정은 재심을 통해 5대 2로 드레퓌스의 유죄를 확정했고, 동시에 정부는 사면을 택하여 사법적 종결을 시도하고자 하였다. 당시 다수의 우파는 국익을 내세웠고, 좌파는 정의를 내세웠다.

1) 드레퓌스 사건의 전말[4]

1894년 12월 19일 군사법정에서 비공개로 시작된 드레퓌스 사건은 프랑스와 독일 간의 전쟁기간 중 독일에 전달되었다는 문제의 명세서의 작성자로 드레퓌스 대위가 추정되어, 1895년 그는 군적 박탈과 종신유배를 선고받게 되었다. 그러나 1896년 프랑스 참모본부 정보국장이 된 피카르 중령은 드레퓌스 사건에서 문제가 된 명세서의 진짜 작성자가 에스테라지 소령임을 알게 되어 참모총장 부아데프르 장군과 참모차장 공스 장군에게 진실을 밝힐 것을 건의했으나, 오히려 신임국방부 장관 비요 장군에 의해 그는 동부전선과 튀니지로 격리되고 만다. 군부가 재심에 반대한 표면적 이유는 정보전에서 오고 간 국가기밀이 공개되면 전쟁이 발발할 수 있다는 것이었으나 사실

---

4 유기환(2005), 앞의 논문, pp.218-220 중 일부 내용 요약.

은 드레퓌스의 무죄가 곧 참모본부의 궤멸을 뜻하기 때문이었다. 1897년 6월 튀니지에서 파리로 돌아온 피카르는 친구인 르블루아 변호사에게 사건의 진상을 털어놓게 되고, 이는 다시 상원 부의장에게 전달되어 본격적으로 드레퓌스 사건의 재심운동이 시작되었다.

1897년 11월 드레퓌스의 형 마티외 드레퓌스는 에스테라지 소령을 공식 고소하는 편지를 국방부 장관 비요에게 보냈고, 에스테라지는 참모본부와 긴밀한 대책 후 필적전문가들에게 압력을 가해 문제의 명세서 필적이 에스테라지의 것이 아니라는 판정을 이끌어 냈으며, 1898년 군사법정은 만장일치로 에스테라지를 무죄석방했다. 그러나 에스테라지의 무죄석방은 드레퓌스파와 반드레퓌스파의 대립을 격화시켰으며, 특히 에밀 졸라는 이 혐오스러운 판결을 계기로 드레퓌스 사건에 혼신을 다하게 되었다.

사건 판결 이틀 후인 1898년 1월 13일 〈로로르〉지는 언론사상 가장 유명한 기사가 된, 펠릭스 포르 대통령에게 보내는 편지 '나는 고발한다'를 일면 톱기사로 게재했다. 그날 〈로로르〉지는 평소 판매부수의 열 배가 넘는 30만 부를 찍어 삽시간에 동이 났으며, 단 하루만에 파리를 통째로 뒤흔들게 되었다.[5] 에밀 졸라의 '나는 고발한다'는 도발적이고 호전적인 제목으로써 국가 권력에 직격탄을 날린 글이었다. '나는 고발한다' 발표 후 졸라는 "단언하건대 드레퓌스는 무죄이며, 거기에 내 인생을 걸고, 내 명예를 걸겠다"고 말했지만, 4년 뒤인 1902년에 돌연한 가스중독사로 인생을 마감함으로써 그의 죽음

---

5   아르망 이스라엘(2002). 이은진 역. 『다시 읽는 드레퓌스 사건』, p.291 재인용. 앞의 논문, p.220.

에 의문이 제기되기도 하였다.[6]

　'나는 고발한다' 보도 이후 드레퓌스 사건의 재심은 불가피해졌고, 1898년 9월 드레퓌스 부인의 재심요청에 따라 파기원(破棄院, 프랑스의 대법원)은 1898년 10월 재심이 타당한 것으로 판결했다. 1899년 드레퓌스 사건의 재심이 열렸는데 진상이 드러났음에도 불구하고 군사법정은 5대 2로 드레퓌스의 유죄를 재차 확정했고, 정부는 참모본부와 드레퓌스를 다 살리는 길로써 유죄확정과 사면을 동시에 채택하였다. 1899년 9월, 대통령 에밀 루베가 수순에 따라 드레퓌스를 사면하는 행정명령에 서명함으로써 이 사건을 사법적으로 종결했지만, 드레퓌스파는 이 사면을 받아들이지 않았다. 왜냐하면 드레퓌스가 사면을 수용한다는 것은 그의 무죄를 초지일관 주장했던 피카르를 곤경으로 몰아넣는다는 것을 의미했기 때문이다.

　1900년 12월 의회는 사면법을 통과시켰는데 이러한 사면법은 좌우를 막론한 모든 사건 관련자들을 사면함으로써 가능한 논쟁을 원천봉쇄하고자 하는 것이었다. 즉, 프랑스 정부와 의회는 드레퓌스 사건의 진실을 밝히기보다는 프랑스 사회를 양분시키고 있는 논란거리를 잠재우는 데 역점을 둔 것으로 추정할 수 있다. 사면법이 통과된 이후, 드레퓌스파는 사면법 통과를 시민에 대한 반역행위로 규탄했으나 소용이 없었고, 드레퓌스 사건의 종결을 의미하는 복권은 1904년 3월에서야 이루어졌다. 파기원은 명예를 되찾기 위해 이미 사면 혜택을 자진 반납한 드레퓌스가 제기한 새로운 재심요구를 타당하다고

6　Henri Mitterand(1995), *Zola, la vérité en marche*, Gallimard, p.109.

인정해 보충수사를 명령했으며, 1906년 7월 12일, 마침내 드레퓌스에 대한 유죄선고가 오류였음을 만천하에 선언하였다. 이에 따라 의회는 드레퓌스와 피카르의 군대복귀법안 및 에밀 졸라 유해의 팡테옹(Pantheon) 이장법안을 가결하였다. 드레퓌스와 피카르의 군대복귀와 에밀 졸라의 복권은 곧 자유와 정의와 진실의 복권을 의미했지만, 실제 반역자인 에스테라지와 사건을 오도한 사람들이나 참모장군은 법적으로 단죄되지 않았다.[7]

> ### 드레퓌스 사건 전개 내용 요지(1894~1906)
>
> - 프랑스 vs 독일 간 전쟁으로 프랑스 내부에 반유대주의적 분위기가 팽배함
> - 1894년 9월: 정보 유출과 관련된 문서 발견. 알자스 출생의 유대계인 알프레드 드레퓌스 대위가 범인으로 지목됨
> - 반역죄로 유죄, 종신형 선고를 받고, 강제로 군적이 박탈되어 프랑스령 기아나의 악마섬으로 유배됨
> - 변호인을 선임할 수 없었고, 재판정에서도 "유대인을 죽여라"라는 성난 군중심리가 드러남
> - 1896년: 조르주 피카르 중령이 페르디낭 에스테라지가 간첩임을 적발해 상부에 보고했으나 오히려 군사기밀 누설죄로 체포됨
> - 1898년 1월 13일: 문학신문 〈로로르(L'Aurore, 여명)〉에 에밀 졸라가 '나는 고발한다'를 기고함
> - 1898년 8월: 에스테라지와 문서를 함께 조작한 앙리 중령 자살
> - 1904년: 재심 청구
> - 1906년: 드레퓌스 무죄 선고

---

7 유기환(2005), 앞의 논문, p.221.

2) 에밀 졸라의 공개서한 '나는 고발한다'

당시 명망 있던 작가 에밀 졸라는 1898년 1월 13일에 문학신문 〈로로르〉에 '나는 고발한다!(J'accuse!)'라는 제목으로 대통령 펠릭스 포르(Felix Faure)에게 보내는 유명한 공개편지를 기고함으로써 대중에게 드레퓌스의 무고함과 군법회의의 문제점들을 폭로한다. 에밀 졸라 이외에도 여러 지식인과 신문사 〈르 피가로(Le Figaro)〉 등이 에스테라지 범인설을 주장했지만 대부분 언론들은 반유대주의 감정 때문에 "드레퓌스는 죽어라"는 등의 폭언을 일삼았다.

드레퓌스 사건이 일어나기 전에도 이미 프랑스를 비롯한 전 유럽에서는 로마 가톨릭교회의 선동으로 반유대주의가 기승을 부렸다. 가톨릭교회는 〈라 크루아(La Croix)〉, 〈라 리브르 파롤(La Libre Parole)〉, 〈랭트랑지장(L'Intransigeant)〉 같은 가톨릭 계열 신문들을 통해 "유대인은 프랑스의 적이다. 매점매석한다. 신을 살해한 민족이다. 그들은 저주받았고 우리는 기독교인이다"라며 매일처럼 반유대주의를 조장했다. 이 반유대주의는 민족주의, 국수주의와 결합하여 온 프랑스를 휩쓸었고, 드레퓌스 사건은 이런 반유대주의가 만들어 낸 정치적 추문이다. 드레퓌스가 체포된 사실을 맨 처음 특종으로 보도한 신문도 바로 〈라 리브르 파롤〉이다. 〈라 리브르 파롤〉은 1894년 11월 19일 '대역죄, 유대인 장교 체포'라는 제목으로 드레퓌스 사건을 최초로 보도했고 이 보도로 프랑스는 극도의 갈등과 분열 양상에 빠지게 된다.[8]

---

8 막스 갈로(2009). 노서경 역. 『장 조레스 그의 삶』. 당대. p.199. '드레퓌스 사건' 당시, 대부분의 사회주의자들이 '부르주아 내부의 일'로 규정짓고 무관심한 상황에서 조레스는 유일하게 홀로 의회 연단에 서서 드레퓌스를 옹호하는 발언을 했다고 한다.

그림 2.2 〈로로르〉에 실린 '나는 고발한다(J'Accuse…!)' 전문
출처: 〈L'Aurore〉, 13 January 1898.

　　에밀 졸라는 공개서한에서, 사법적인 오류들과 심각한 증거부족
을 지적하면서 반유대주의 정부의 드레퓌스에 대한 불법적인 투옥을
비난하고 규탄하였다. 공개서한 기사는 신문의 전면에 게재됨으로써
프랑스뿐만 아니라 국외에도 큰 반향과 논란을 초래하였다. 드레퓌
스 사건 초기에는 큰 관심을 두지 않았던 졸라는 드레퓌스 사건의 진
실 규명을 요구하는 캠페인에 참여하게 되었고, '나는 고발한다'라는
용기 있는 글을 통해 진실과 정의를 위해 위험을 무릅썼다.

　　유기환(2005)에 따르면, 에밀 졸라는 작가라는 직업의 본질은 '양
심에 귀를 기울이는 것'으로 이해하며, 드레퓌스 사건을 '있는 그대
로' 보고자 하였다. 그는 언론인은 아니었지만, 작가로서 객관적 시

각을 견지하고자 했고, '선량하게 살아온 시민의 자격'으로서 '진범들의 악랄한 죄상'을 글을 통해 고발한 것도 일종의 양심고백처럼 진실과 정의의 승리를 위한 객관적 관점을 확보하기 위한 것이었다. 그는 자신을 법적 소송으로 몰고 간 '나는 고발한다'에서 드레퓌스 사건과 관련된 구체적인 인물들을 가장 집약적으로 고발하였다. 특히 그는 기사에서 '나는 고발한다'라는 문장을 여덟 문단의 첫머리에 되풀이하면서 진실을 은폐했던 사건 주역들을 고발하는 고발장을 용기 있게 써 내려갔다.

먼저 그는 드레퓌스 사건의 예심을 맡은 조사장교로서 '사법적 오판의 악마적 생산자 역할'을 한 뒤파티 드클랑 중령을 고발한다. 다음으로 '위험에 빠진 참모본부를 구한다는 명목으로' 공범자가 된 네 명의 장군들, 메르시에(Mercier), 비요(Billot), 부아데프르(Boisdeffre), 공스(Gonse)를 고발한다. 그 다음 에스테라지 사건과 관련하여 '불공정의 기념비와도 같은 조사'를 한 페리외(Pellieux) 장군과 라바리(Ravary) 소령을 고발한다. 연이어 그는 '날조된 거짓보고서'를 작성한 세 명의 필적 전문가, 벨롬(Belhomme), 바리나르(Varinard), 쿠아르(Couard)를 고발한다. 그 다음에 여론을 오도하기 위해 '가증스러운 언론 캠페인'을 벌인 국방부를 고발한다. 끝으로 '비공개 서류에 근거해서 유죄를 선고한' 첫 번째 군사법정(드레퓌스 사건 담당 군사법정) 및 '첫 번째 군사법정의 불법성을 은폐하기 위해 진실을 알고서도 범죄자를 무죄 석방한' 두 번째 군사법정(에스테라지 사건 담당 군사법정)을 고발하였다(V930). 더 나아가 그는 고발의 대상에 드레퓌스에 대한 기소장을 포함하고 있어 고발장 내용과는 대조적인 언어, 모순

된 언어로써 기만을 드러내려는 역설과 딜레마의 문체를 잘 보여 주고 있다.[9]

> "드레퓌스는 수개 국어를 구사합니다. 유죄. 그의 방에서 위험한 서류가 한 장도 발견되지 않았습니다. 유죄. 그는 가끔 조상의 나라를 방문합니다. 유죄. 그는 근면하며 모든 것을 알고자 할 정도로 지식욕이 강합니다. 유죄. 그는 마음의 동요를 일으키지 않습니다. 유죄. 그는 마음의 동요를 일으킵니다. 유죄."(V924).

한편, 에밀 졸라의 『멈추지 않는 진실』에는 총 13편의 글들이 담겨 있다. 드레퓌스를 옹호하기 위한 적극적인 글쓰기는 졸라의 개인적인 희생과 대가를 요구했는데 사람들은 그가 유대인 조직으로부터 돈을 받고 있다고 모략했으며, 이로 인해 아카데미 프랑세즈 회원도 될 수 없었다. 보도 이후에 그의 경제적 손실 또한 막중했는데 재판비용과 작품 판매부수의 격감, 망명생활, 작가로서의 집필시간 부족 등이 그를 파산상태로 몰고 갔으며, 의문의 가스 중독사로 인해 그는 자신의 생명을 진실규명을 위해 희생했다는 해석도 있다.

졸라는 드레퓌스 사건 관련 보도로 인해 명예훼손죄(libel)로 기소당했으며, 1898년 2월 23일에 유죄판결을 받았다. 투옥을 피하기 위해 그는 영국으로 갔다가 1899년 6월에 본국으로 돌아왔다. 졸라의 글이 신문에 실림으로써 드레퓌스의 무죄가 대중에게 널리 알려졌지만 진리를 위한 '용기 있는 고발'은 많은 희생을 감내해야 함을 시사한다. 비록 드레퓌스 사건으로 에밀 졸라가 받은 고통의 보상은 사후

---

9 유기환(2005). 앞의 논문. p.232.

그림 2.3   에밀 졸라의 초상

출처: https://www.britannica.com/biography/Emile-Zola

에 이루어졌지만 그가 진실과 정의를 위해 중단 없이 13편의 글쓰기를 시도했다는 점은 오늘날의 작가들과 저널리스트들에게 경종을 울린다고 하겠다.

그는 이런 말을 남겼다.

"진실이 전진하고 있고, 아무것도 그 발걸음을 멈추게 하지 못하리라…."(p.29)

"제가 이룬 모든 것, 제가 획득한 명성, 프랑스 문학의 확산에 기여한 제 작품들에 기대어 저는 드레퓌스의 무죄를 단언합니다. 만일 드레퓌스가 무죄가 아니라면, 제 작품이 사라져도, 제가 이룬 그 모든 것이 무너져도 좋습니다. 그는 무죄입니다."(p.123)

-에밀 졸라(2005), 유기환 역. 『나는 고발한다』.

3. 드레퓌스 사건의 언론사적 의미와 사회적 영향

1) 언론을 통한 여론조작과 여론제조

드레퓌스 사건에 대한 전말은 앞서 서술한 바와 같이 19세기에서 20세기로 넘어가는 시대에 벌어진 프랑스의 보수세력과 공화 진보세력의 대혈전이자, 민족주의·반유대주의와 정의·인권에 관한 저널리스트들의 최대 논쟁거리였다. 그렇다면 드레퓌스 사건은 언론사에 어떤 의미를 가져왔는가? 이 사건은 1870~1871년 독일과의 전쟁에서 패한 프랑스 사회 전반에 독일에 대한 적대감이 팽배해 있을 때 발발한 것으로, 사건 처음부터 논쟁을 일으킨 저널리즘은 투쟁의 과정을 거치면서 민족주의자들과 지식인들이 서로 격렬하게 논쟁함으로써 프랑스 현대 저널리즘의 분수령을 이루기도 하였다.[10]

2006년 8월 7일자 〈르 피가로(Le Figaro)〉의 '드레퓌스 사건의 폭풍 속에서'라는 제목의 특집기사에서 크리스토프 샤를(Christophe Charle)은 "정치적 변화의 동력이나 반대세력으로서의 신문의 이미지는 드레퓌스 사건에서 벗어날 즈음 크게 손상되어 있었으며, 발언할 수밖에 없다고 느꼈던 지식인들은 원칙이 없거나 본분을 망각한 저널리즘이 민주주의에 가하는 위험을 깨달았다. 이 쓰라린 경험 이후, 일부 지식인은 시장법칙과 대중의 편견에 추종적인 기존 주요 매체에 대한 공적 토론의 의존성과 싸우기 위해 새로운 매체를 창간하려

---

10 임종권(2010). "프랑스 제3공화국의 정치세력-우파와 가톨릭교회", 『숭실사학회』, 제29집, pp.345-377.

고 노력하였다"고 말하였다.[11]

드레퓌스 사건이 여론의 싸움으로까지 확산되는 데 영향을 미친 각 신문의 논객들은 직업 언론인이 아니라 당시 정치나 문학 등에서 이름이 알려진 준저널리스트들이었으며, 이들은 신문을 창간하거나 편집장으로서 신문을 주도해 나갔다. 드레퓌스 진영에 속한 클레망소(Clemenceau)는 〈로로르〉의 편집국장으로서 에밀 졸라의 '나는 고발한다'를 전격 게재하였고, 급진파 상원의원으로서 〈르 파리(le Paris)〉와 〈르 라디칼(le Radical)〉에 논평을 기고해 온 알튀르 랑크(Arthur Ranc)는 정치가이자 저널리스트였다. 반드레퓌스 진영의 모리스 바레스(Maurice Barres)는 〈르 주르날(le Journal)〉에 글을 정기적으로 기고하고 있었으며, 그 외에도 많은 작가, 정치인을 비롯해 지식인들이 신문에 논평과 글을 발표함으로써 여론 주도자로서의 역할을 했다.[12]

드레퓌스 사건은 무엇보다 프랑스 제3공화국의 사회 및 정치적 상황에서 신문의 역할을 명확히 보여 준 사건이었다. 신문들은 이 사건이 스캔들화되는 전개과정과 연출에 특별한 매개역할을 수행했으며, 여론을 동원하는 수단으로 이용되기도 하였다. 대중신문들은 독자들에게 반유대주의 사상을 심어 줌으로써 편견을 강화시킨 동시에 드레퓌스 사건이 수반한 사상의 논쟁을 정치적 이념논쟁으로 확산시켰다. 특히 반유대주의자들에 의해 운영되었던 신문인 〈라 리브

---

11 임종권(2008), "현대 프랑스 저널리즘의 기원과 특징", 『프랑스사 연구』, 제19호, pp.146-152. Christophe Charle(2000) 재인용.
12 임종권(2010), 앞의 논문, pp.352-353.

르 파롤〉은 유대인들이 국가에 해로운 존재인 것처럼 드레퓌스 사건을 몰아갔다. 프랑스의 가톨릭 계열 신문인 〈라 크루와〉도 드레퓌스 사건이 터지자 '드레퓌스는 프랑스 국민을 파멸시키고 프랑스 영토를 차지하려고 획책해 온 국제적 유대인 조직의 스파이'라고 보도했다. 이들 신문들은 모두 입을 모아 드레퓌스를 사형에 처하라고 요구했다.[13]

대표적인 저널리스트이자 작가였던 에두아르 드뤼몽(Édouard A. Drumont)은 신문을 이용해 1892년 5월 드레퓌스가 독일에 군사비밀을 팔았다는 증거도 제시하지 않은 채 그를 의심한 '군대에서 유대인'이라는 시리즈 기사를 발표함으로써 독자들에게 유대인이 선천적으

그림 2.4 드레퓌스 대위의 군법재판 장면

출처: 게티이미지코리아

---

13 니홀라스 할라스(1955). 황의방 역(2015). 『나는 고발한다 드레퓌스사건과 집단 히스테리』. 한길사, p.96.

로 배반정신을 가지고 있다는 인식을 심어 주기도 하였다. 또 다른 대중신문들도 드레퓌스의 간첩행위를 정당화하고 재판에 불리한 분위기를 조장하기 위해 온갖 추측기사를 보도하였다.[14]

반면에 에밀 졸라는 1897년 11월 25일에 "진실은 행진 중이다. 아무도 이것을 멈추게 할 수 없을 것이다"[15]라는 첫 기고문을 〈르 피가로〉에 보도하였다. 이 글은 반유대주의와 민족주의자들의 열광이 고조되는 것을 걱정한 에밀 졸라가 젊은 청년들에게 호소하는 글이었는데 이로 인해 드레퓌스의 재심을 위한 캠페인 전략이 크게 변화하기 시작했다. 이후 〈로로르〉가 진짜 범인인 에스테라지를 고소하고 드레퓌스의 무죄를 밝히는 증거서류를 제시하자 신문들은 앞 다퉈 인터뷰와 증언기사를 보도해 독자들의 호기심을 자극했으며, 신문들은 연이은 특종보도의 과정에서 결정적인 새로운 자료를 제시하기도 하였다.

그러나 1898년 1월 10일과 11일의 군법회의에 의해 에스테라지를 고소한 것이 실패로 돌아가자 법적 투쟁이 소용없음을 깨달은 드레퓌스파는 신문을 이용한 스캔들을 일으켜 국민들과 국가의 관심을 이끌 수 있는 극단적인 수단을 취하게 되었는데 이것이 에밀 졸라의 유명한, '공화국 대통령에게 보내는 공개편지', 즉 '나는 고발한다(J' Accuse!)'였다. '나는 고발한다'라는 제목을 생각해 낸 사람은 바로 조르주 클레망소였다. 편집장이자 정치가였던 클레망소와 작가로서 명

---

14 임종권(2010). 앞의 논문, pp.355-356.
15 La vérité est train d'être en march et rien ne peut l'arrêter. 번역문이므로, 최대한 원문의 느낌을 살렸다-지은이 주.

망이 높았던 졸라는 드레퓌스 소송의 재심을 획득하기 위해 힘을 합하였고, 드레퓌스의 무죄를 확신해 이를 국민들에게 알리기 위해 신문을 통해 여론을 주도하고자 하였다. 특히 저널리스트의 경험이 풍부한 이 두 사람은 서로 드레퓌스 사건에 대한 진실을 밝히려 한 저널리스트의 의무를 스스로에게 요구했던 것이다.[16]

에밀 졸라는 드레퓌스파의 주장에 대한 진실성과 반드레퓌스파의 주장에 대한 오류를 신문을 통해서 세상 사람들에게 증명해 보여 주고자 했으며, 이를 통해 이 사건에 관련된 모든 사람들이 법정으로 소환될 것이라고 생각했다. 그는 신문을 통해 소송을 제기했으며 여론재판을 만들어 냈던 것이다.[17] 그러나 당시 드레퓌스파를 지지하는 신문은 55개 신문 가운데 8개 신문에 불과했으며, 이 중 7개가 파리에서 발행되고 있어 지방신문은 이 사건과 직접적인 관련이 거의 없었다. 드레퓌스파 신문을 구독했던 독자는 프랑스 전체에서 겨우 8% 정도에 불과하였다. 하지만 1898년 1월 13일, 에밀 졸라의 '나는 고발한다'의 기사로 인해 〈로로르〉가 30만 부 배포되면서 민족주의자들은 큰 자극을 받았으며, 신문들 사이의 비난과 논쟁은 더욱 격화되었고, 양 진영의 저널리스트들은 각기 선택한 진영의 대변자 역할을 해 나갔다.

한편, 에밀 졸라 외에도 아나톨 프랑스(Anatole France), 에밀 뒤르켐(Emile Durkheim), 마르셀 프루스트(Marcel Proust), 클로드 모네(Claude Monet) 등이 망설임 없이 드레퓌스 재심 청원서에 서명했다.

---

16 임종권(2010). 앞의 논문, p.366.
17 임종권(2010). 앞의 논문, p.359.

당시의 수많은 작가들, 정치가들, 사회학자들이 드레퓌스 사건에 가담한 일은, 법률적인 정의와 사회 정의의 문제에 대해 다시 한번 생각하게 되는 계기가 되었다. 이들이 가담하는 데는 졸라의 글이 큰 역할을 했으며, 지성인들뿐만 아니라 프랑스 전역의 수많은 사람들에게 큰 반향을 불러일으켰던 것이다.[18]

에스테라지와 함께 문서를 조작했던 앙리 중령이 체포된 뒤 감방에서 자살하며 참모본부의 음모가 드러나자 좌파 공화주의자들은 경악했다. 그들은 가톨릭교회와 군부가 안보를 구실로 정치와 공공생활을 얼마나 침식해 들어갔는가를 인식하기 시작했다. 장 조레스는 이때 드레퓌스 사건을 파헤치는 안내서, 『증거들』이라는 책을 펴냈으며, 이때부터 드레퓌스의 재심을 요구하는 목소리가 높아졌다. 〈로로르〉지는 감옥에서 자살한 앙리 중령이 자살하지 않았다는 기사를 실었다. 〈로로르〉는 "예수회원들이 앙리 중령의 손에 면도날을 쥐어주면서 불명예 퇴역으로 추방되겠느냐 아니면 그의 미망인에게 연금을 주는 조건으로 자살하겠느냐 둘 중 하나를 택하라고 강요했다"는 것이었다.[19]

2) 프랑스 저널리즘과 영미 저널리즘의 차이

여기서 프랑스 저널리즘이 영미 저널리즘과 차이가 있음을 살펴볼 필요가 있다. 그것은 저널리즘의 탄생이 국가마다 다르기 때문인

---

18 이선구(2006). "드레퓌스 사건에 대한 아나톨 프랑스의 반응". 『한국프랑스학논집』. 55. pp.206-207.
19 니홀라스 할라스(1955). 앞의 책. p.335.

데 16~17세기 유럽에서 첫 신문이 탄생한 이후, 19세기에 들어서야 본격적인 신문산업이 발전했으며, 이 시기부터 저널리스트란 직업이 인정받기 시작하였다. 또 유럽에서는 신문의 형식과 내용이 나라마다 달랐는데 일찍이 신문의 산업화가 이루어진 영국과 미국에서 논증방식으로 작성된 기사를 보도하는 독자적인 신문양식이 등장했던 것이다.

샤라비(Chalaby)는, 취재보도와 인터뷰 같은 신문의 고유한 화법 관행은 미국의 저널리스트들에 의해 창안되고 발전된 것이며, 이러한 영미 저널리즘을 프랑스 저널리스트들이 점진적으로 받아들였다고 보았다.[20] 19세기 초의 영미 신문들이 뉴스의 길이와 정확성, 객관적 사실 등을 중요하게 보도했다면, 프랑스 신문은 자신이 지지하는 정치노선에 따라 뉴스를 정리하고 해석하는 관행을 유지하고 있었다. 즉, 영미 신문들과 달리 프랑스 신문들은 뉴스 중심의 신문이라기보다 해설과 정치적 의견(opinion)에 중점을 둔 경향 저널리즘에 충실했는데, 이러한 점은 독창적인 측면과 취약성을 모두 안고 있었다. 경향지로서의 신문들은 특히 영미 신문들과 달리 뉴스 취재를 전문적으로 담당한 직업적인 기자들을 고용하지 않았으며, 문학과 정치라는 프랑스 저널리즘의 독창적인 장르를 탄생시켰다.

영미에서 대부분의 신문사들이 직업적인 전문 저널리스트나 해외특파원을 고용해 뉴스를 생산했다면, 프랑스에서는 20세기 들어서야 리포터가 직업으로서 사회적인 인정을 받아 영미 저널리즘의 관

---

20 임종권(2007). "영미 저널리즘과 비교해 본 프랑스 현대 저널리즘", 『현상과 인식』. Jean K. Chalaby(1996). p.141 재인용.

점에서 보면 후진성을 면치 못한 것처럼 볼 수 있다. 그러나 정치적 이념이나 의견을 중심으로 한 해설과 비평에서 출발한 프랑스 저널리즘은 영미 저널리즘과 구별해서 평가해야 하며, 단순한 소식지로서보다는 저널리스트의 생각이나 의견을 담은 해설이 더 중요시되었던 것이다. 물론 19세기 말 미국식 저널리즘의 핵심인 뉴스보도는 점차 프랑스에도 영향을 미치게 되었다. 이러한 현상에 대해 에밀 졸라는 "1881년 통제할 수 없는 뉴스의 흐름이 극으로 치닫고 저널리즘을 변화시키고 있는 한편, 주요한 토론기사와 문학비평을 죽이고 있다"며 점차 프랑스 신문에도 속보, 일상생활 뉴스 그리고 리포터와 현장탐방 기사의 중요성이 증대되고 있음에 불안감을 표시하기도 하였다(Michael B. Palmer, 1983: 92).

에밀 졸라의 '나는 고발한다'가 당시 프랑스 저널리즘의 특성을 잘 반영하고 있듯이, 정치적 교리나 평론의 특성이 강한 당시 신문기사들은 영미 저널리즘 관점에서 보면 객관성과 중립성을 전혀 담보하지 못하고 있었다. 즉, 19세기 후반에 이미 뉴스와 정보를 중심으로 한 영미의 저널리즘은 어떤 경우든 저널리스트가 특정 정치적 단체나 인물을 추종하는 것을 드러내거나 뉴스에 개인의 견해를 섞는 것을 허용하지 않았으며, 뉴스의 보도형식은 '사실'과 '의견' 분리를 강조하였다. 이러한 저널리즘의 양식은 오늘날의 언론사들에도 해당되는데 이는 뉴스와 의견을 각기 독특한 두 장르로 엄격하게 구분한 영미 저널리즘의 전통을 추종한 것이라고 볼 수 있다. '뉴스'와 '의견'을 철저히 분리하면서 뉴스의 목적은 사건의 사실에 대한 설명을 위한 것이며, 사건의 가치판단은 논설이나 사설 등에서 다루도록 했던 것이다.

그러나 프랑스 신문의 전통에서는 사건의 사실과 해설 사이에 분명한 구분이 없고 뉴스와 저널리스트의 의견이 섞여 있는 것이 보통이었으며, 저널리스트가 기사를 작성하는 방식에 자유로움과 독자성을 갖고 있었다. 이것은 미국과 영국 신문에 비해 프랑스 신문에는 많은 문학인들이 저널리스트로서 활동하였으며, 저널리즘에서 문학과 문인들이 차지하는 비중이 매우 높았음을 반영한다. 특히 제3공화국 시기에 대부분의 문인들이 저널리스트이자 동시에 작가로서 활발한 활동을 수행했기 때문에 신문과 문학의 관계가 프랑스 신문의 독특한 논증적인 보도관행을 발전시켰고 이로 인해 프랑스 신문은 유난히 논쟁기사가 큰 비중을 차지하게 되었다.[21] 또한 프랑스 신문 보도에서 정치는 중요한 핵심을 이루고 있었다. 따라서 대부분의 신문보도에서 톱기사는 당연히 정치였으며, 저널리스트들은 정치적 관점을 설명하고 해설하는 능력이 요구되었고, 발자크(Balzac), 뒤마(Dumas), 위고(Hugo), 졸라 등 유명한 문인들이 저널리스트로서 활동함에 따라 기사 작성에서 문학적인 방식이 저널리즘적인 방식보다 더 중시되었다. 따라서 당시 이러한 문학과 저널리즘의 동거현상은 영미 학자들로 하여금 프랑스 저널리스트들이 작성한 기사는 감정적이고, 감각적이며, '동정주의'였다는 비판을 낳게 하였다[Chalaby (1996) 재인용, 임종권, 2007:151-152].

21　임종권(2007). 앞의 논문. p.148.

3) 드레퓌스 사건이 가져온 정교분리[22]

드레퓌스 사건은 '라페르(l'Affaire: 사건)'라고도 불리는데 프랑스 제3공화국의 역사와 현대사에 중요한 이정표가 되었다. 이 사건의 소용돌이 속에서 로마 가톨릭교회를 주축으로 한 보수파와 공화파가 확연하게 나뉘어 이들을 중심으로 서로 다른 정치사회적 세력들의 입장 차이를 분명하게 드러냈다. 이 사건의 영향으로 마침내 프랑스에서는 1901년의 '결사에 관한 법(Association loi de 1901)'의 규정과 이후 새로운 일련의 법률들을 통해서 교회와 국가의 관계가 새롭게 정립되었다. 그리고 마침내 1905년 정교분리법인 '국가와 종교 분리에 대한 법(loi de separation des Eglises et de l'Etat)'이 통과되었다. 국가와 종교의 분리를 위한 이 법은 오늘날에도 여전히 유효한 정교분리원칙, 즉 정치와 종교의 완전한 분리를 의미하는 '라이시테(lacit: 비종교성)' 원칙을 확립하였다.

---

22 민유기(2012), "프랑스 급진공화파의 반교권주의와 1901년 결사법", 『프랑스사연구』 제27호(한국프랑스사학회), pp.93~122.

'국가폭력'으로 변질된 '자유'의 역설

서구 제국주의의 아프리카 수탈을 폭로한
최초 탐사보도기자 모렐의 보도(1900)

1. 모렐의 '콩고 수탈' 보도 선정배경

영국 출신의 에드먼드 딘 모렐(Edmund D. Morel)은 우연한 기회에 벨기에령 콩고에서 벌어지는 잔혹한 제국주의적 수탈과 노동착취, 노예박해 실태를 알고 콩고에 들어가 〈웨스트 아프리칸 메일(West African Mail)〉을 창간한 뒤 레오폴드 2세의 잔혹상을 폭로하고, 이를 전 세계에 알리는 인권 캠페인을 전개한 최초의 탐사보도 전문기자(muckraker)였다. 그는 원래 언론인이 아닌 선박회사 직원이었으나 콩고 선적화물 관련 일을 하다가 벨기에 레오폴드 2세의 아프리카 수탈 현실을 목격하고 언론인으로 변신하게 되었다. 모렐은 콩고에서 레오폴드 2세의 정책에 반대해 싸운 가장 중요한 인물로서 〈콩고개혁협회〉를 창시해 레오폴드 2세 개인 통치하에 있던 콩고공화국을 벨기에 정부로 이양하는 데 큰 역할을 하였다.

레오폴드 2세(Leopold II, 1835~1909)는 1865년 벨기에의 왕좌에 올라 아프리카 식민지 개척에 몰두하였으며, 1876년 〈국제콩고협회〉를 설립하고 탐험가 헨리 모턴 스탠리(Henry M. Stanley)를 대리인으로 삼아 콩고개발에 나섰다. 이후 미국을 필두로 독일, 영국, 프랑스 등 열강으로부터 자유국가 승인을 얻고 1885년 벨기에보다 80배나 큰 콩고국을 자신의 개인 식민지로 만드는 데 성공하게 된다. 그는 1891년 콩고에서 야생고무가 채집되자 콩고인들에게 무자비한 노예노동을 강요하였다. 그의 비인간적 잔학행위는 모렐의 콩고개혁운동을 촉발시켰을 뿐 아니라 열강들로부터 큰 비난을 받았고, 그는 마지못해 1908년 콩고국을 벨기에 정부에 양도하였다. 콩고 땅을 밟지 않았던 레오폴드 2세가 노예노동을 원격조종한 기간을 전후한 1880~1920년 사이에 콩고 인구의 절반인 약 1,000만 명이 죽었다. 진실은 은폐된 채, 부당하게도 유럽 언론은 그를 사재를 털어 아프리카에서 공익사업을 펼치는 인도주의자로 칭송했지만 에드먼드 모렐이라는 젊은 영국 기자에 의해 그것이 허구였음이 드러난다.[1] 겉으로는 아프리카 미개지를 개척, 유럽의 인도주의를 전파한다고 하면서 실상은 식민지로 삼아 약탈과 살육을 자행한 제국주의 통치자를 모렐이 용기 있게 언론을 통해 비판하고 보도했다는 점에서 정직한 언론 사례로 선정하였다.

2. 사건의 개요와 콩고 보도

1) 사건개요

1865년 벨기에 왕으로 즉위한 레오폴드 2세의 콩고 지배는 아프리카를 식민지화하고 왕 개인의 이익을 위해 수탈을 서슴지 않았던 전형적인 무자비한 제국주의 통치였다. 레오폴드 2세는 1876년 아프리카에 벨기에의 근거지 설립 목적을 발표하였고, 브뤼셀에서 지리학 회담을 개최했으며, 개척지인 콩고 식민지화를 위해 40여 명의 벨기에인 실업가, 군인으로 구성된 〈국제아프리카협회〉라는 단체를 설립해, 회장으로 취임하였다.

1 　아담 호크쉴드(2003). 이종인 역. 『레오폴드왕의 유령』. 무우수.

그는 1878년에 콩고회사라는 사설 회사를 만들어, 문맹의 콩고인들에게 주권과 통치권을 포기하는 소유권양도각서를 넘겨받는 작업을 했으며, 1884년 베를린회의(Berlin Conference)에서 콩고의 실질적 지배권을 확실하게 인정받았다. 이후 그는 1885년에서부터 1908년 11월 15일까지 콩고자유국을 지배하며 '콩고자유국의 국왕(King Sovereign of the Congo Free State)'으로 등극하였고, 1892년부터 콩고의 상아와 고무 무역을 독점하였다. '콩고자유국'이라는 명칭은 역설적이게도 레오폴드 2세가 모든 외부적 통제나 비난으로부터 콩고가 독립적이기 원했음을 뜻한다. 레오폴드 2세의 수탈은 원주민들에게 생산 할당량을 지정하고 할당량을 채우지 못한 경우 손을 절단하는 잔혹한 통치행위로 이어졌는데, 역사가들의 추산상 약 1,000만 명의 콩고인을 학살한 것으로 알려졌다.[2]

콩고의 이러한 실상에 대해 미국의 군인 출신 목사였던 조지 윌리엄스(George Williams)를 비롯해 많은 선교사들이 실태를 고발하고자 했으나 실패하였다. 그러나 당시 콩고를 오가는 화물독점 회사 엘더 뎀프스터(Elder Dempster) 직원이었던 모렐은 화물을 운반하던 중 회사 무역 기록과 콩고자유국의 무역 기록이 일치하지 않는다는 것을 발견하고 자료를 수집해 언론을 통하여 이를 고발하기 시작하였다. 그가 추동한 자유국가 콩고에 대한 선전 전쟁(propaganda war)은 벨기에 레오폴드 2세와 '콩고자유국' 비평가들 사이에 벌어진 전 세

---

2 Thompson, T. Jack(2002). "Light on the Dark Continent: The Photography of Alice Seely Harris and the Congo Atrocities of the Early Twentieth Century" *International Bulletin of Missionary Research*, p.146.

계적인 미디어 선전 캠페인이었다. 레오폴드 2세는 미디어 사용에 매우 교활해서 '콩고자유국'에 대한 자신의 실제적이고 사적인 통치를 여러 국가들로부터 지지받고자 했다. 이러한 레오폴드 2세에 대항해 에드먼드 모렐은 성공적으로 캠페인을 펼쳤으며, 레오폴드 2세의 폭정에 공중의 관심을 집중시켰다. 모렐은 특히 영국 의회와 고위 관료들의 지지를 얻었으며, 저서와 신문, 팸플릿 등을 이용한 홍보 (publicity) 캠페인을 통해 대중의 이목을 끄는 데 성공함으로써 결국 레오폴드 2세가 콩고의 지배를 포기하고 벨기에 정부로 지배권을 양도하도록 하였다.

2) 콩고자유국에 대한 선전 전쟁[3]

　1884~1912년, 콩고자유국(The Congo Free State)에 대한 선전 전쟁은 유럽의 제국주의가 최고조에 달했을 때 발생하였다. 당시 유럽은 물건에 대한 수요가 늘어나 제국주의를 추동하였고, 인도에서의 영국동인도회사를 제외하고는 아시아에서 유럽의 지분은 대부분 무역소에 한정되었으며, 무역을 보호하기 위해 필요한 전략적인 전초기지로 국한되었다. 하지만 산업화는 심각하게 부족한 원자재에 대한 유럽의 수요를 증가시켰으며, 1870년대의 혹심한 장기 불경기는 유럽의 산업제품과 금융서비스를 위한 새로운 시장들을 앞다투어 개척하도록 이끌었다. 유럽 국가들은 아프리카의 천연자원을 착취하여 거기에 새로운 시장을 개발하기로 결정하였다. 제국주의가 본격화된

3　https://en.wikipedia.org/wiki/Congo_Free_State 내용을 발췌, 요약함.

계기라고 할 수 있겠다.

(1) 레오폴드 2세의 콩고 식민지 획득

1800년대 말 벨기에의 왕 레오폴드 2세는 큰 권력을 갖기 위해서는 해외의 식민지들이 결정적으로 중요하다고 생각하고 벨기에를 위한 식민지를 설립하고자 하였다. 벨기에 입법부는 식민지 기업체를 허용하지 않는데 레오폴드 2세는 결국 자신을 위해 벨기에 정부로부터 그러한 목적으로 돈을 융자받아 콩고에 식민지를 획득했다. 아프리카와 아시아에 식민지들을 세우려던 많은 계획들이 실패한 후에, 그는 1876년에 '국제아프리카협회(the International African Association: IAA)'라 불리는 국제 과학 및 박애주의 협회를 가장한 개인 소유의 회사를 조직했다. 이 회사는 그가 의장이었으며, 콩고에서 자신의 야망을 정당화하기 위해 다음과 같은 명시적인 목표들을 내세웠다. "적도 부근의 아프리카에서 노예무역을 진압하고, 원주민 부족들을 통일하며, 콩고강 주변의 사람들을 근대화시킨다. 원주민들에게 도덕심을 가져다주고, 죄의식에 대한 개념을 갖게 하며, 지역의 경제를 발전시킨다."

레오폴드 2세는 광범위하게 탐험가와 모험가들을 고용해 콩고를 탐사하고 개발하는 일에 참여시켰다. 특히 1878년에 레오폴드 2세의 회사는 영국의 탐험가 헨리 모턴 스탠리를 고용하여 콩고지역에 식민지를 건설하고자 하였다. 스탠리가 아프리카로 떠나기 전에 레오폴드 2세는 골드 백만 프랑의 기금으로 탐험위원회를 만들었고, 스탠리를 의장으로 해서 자신이 착수한 IAA의 목표를 지키기로 약속

그림 3.1 레오폴드 2세(좌)와 탐험가 헨리 모턴 스탠리(우)

출처: London Stereoscopic & Photographic Company. http://www.sil.si.edu/digitalcollec-
tions/hst/scientific-identity/fullsize/SIL14-S006-01a.jpg. https://en.wikipedia.org/
wiki/

했다.

  1884년 봄, 레오폴드 2세는 강대국들에게 콩고자유국이 독립국
가여야 하며 자신이 그 국가의 수장이어야 한다고 확신시키는 캠페
인을 시작했다. 그 결과, 1884~1885년의 베를린회의에서 14개의 유
럽 국가들과 미국의 대표들은 그와 스탠리가 주장한 대로 레오폴드
2세를 그 지역 대부분의 주권자로서 인정했다. 레오폴드 2세는 콩고
자유국의 통치자로서 자기 자신을 생각했지만, 그 이름 자체는 독립
적이고, 경제적, 종교적인 자유를 암시했다.

  레오폴드 2세는 영국에서 홍보캠페인을 시작했는데 그는 포르투

갈의 노예기록에 주의를 환기시키면서 비평가들의 관심을 돌렸다. 그는 콩고 유역에서 노예상인들을 몰아낼 것을 제안하면서, 비밀리에 영국 상인들에게 만약 자신이 콩고의 공식적인 통치권을 갖게 된다면 포르투갈이 제안했던 것과 똑같은 최상의 혜택을 영국에게 주겠다고 말했다. 동시에 레오폴드 2세는 오토 폰 비스마르크(Otto von Bismarck)에게 자신은 그 어느 나라에도 특별지위를 부여하지 않고 독일 무역상들도 다른 나라 상인들처럼 환영한다고 약속하였다. 그리고 나서 레오폴드 2세는 프랑스에도 콩고강 북쪽 제방 전 지역의 소유권을 주도록 협회가 지지할 것이라고 제안했으며, 만약 자신의 개인적인 부가 콩고 전 지역을 보유하기에 불충분하다고 입증되면 콩고를 프랑스에게 귀속시키겠다는 달콤함 제안을 건넸다.

레오폴드 2세는 경제력과 군사력이 성장하고 있었던 미합중국의 체스터 아서(Chester A. Arthur) 대통령에게도 스탠리가 획득한 조약의 편집본을 보내 자신의 협회가 사욕이 없는 인본주의 단체이며, 콩고 원주민들이 책임감을 가질 준비가 되면 바로 권력을 인도하겠다고 제안하였다. 그는 대통령에게 개방적인 자유무역을 약속하였고, 레오폴드 2세의 신하들은 미국 남부 국회의원들에게 콩고자유국이 전통적인 남부(Deep South)의 자유를 위해 새로운 근거지가 될 수 있다고 말했는데 정치인들은 그러한 의견을 환영했다. 그해 4월 미국 의회는 콩고가 벨기에 왕 통치하의 주권국이라는 조약의 법적 지위를 결정했다. 미국에 이어 프랑스의 승인도 곧 뒤따랐고, 독일을 비롯하여 연이어 모든 다른 유럽 국가들이 조약을 인정하게 되었다. 이처럼 IAA가 인정된 주권국가의 합법적인 정부로 여겨졌기 때문에

그림 3.2　1892년 당시 콩고자유국 지도

출처: www.groseducationalmedia.ca/vsc/congofreestate1

비스마르크는 레오폴드 2세를 초청하여, 유럽의 대국들과 아프리카 문제들을 논의하기도 하였다.

　1884년 11월 15일, IAA는 유럽 강국 사이에서의 아프리카 지역의 영토 배치에 관한 '아프리카 문제'를 해결하기 위해 회의를 열었다. 장시간의 논쟁과 10번의 회담 후에 강대국들은 아프리카 지도자로 누구를 세운다거나 뿌리깊은 인종적, 부족 간의 정치적 문제를 해결하기 위한 의견 교류 없이 자신들에게 유리한 식민지 국경을 정하는 데 합의를 했다. 콩고자유국은 거의 260만 km²로 둘러싸인 중앙 아프리카에서 가장 큰 지역이었다([그림 3.2] 참조).

(2) 고무채취와 콩고자유국에서의 잔학행위들

처음 몇 년간 레오폴드 2세의 통치 아래 콩고의 주요 수출 품목은 상아였다. 그러나 1890년대 초 자전거와 자동차 타이어의 발명으로 인해 세계 고무시장 규모가 확대되면서 레오폴드 2세는 고무채취에 주력할 것을 명하여, 이후에는 고무채취에서 훨씬 더 많은 이득을 취했다. 하지만 당시 고무는 재배한 것이 아닌 야생고무였다. 고무 줄기는 중앙아프리카 전 지역에 걸쳐 자라지만, 줄기에서 고무를 수확하는 일은 나무에서보다 훨씬 더 어려웠다. 또 야생고무 채취는 노동력이 필요한데 현금을 지불하기보다 약간의 음식만을 제공했기 때문에 사람들 사이에서 인기가 없었다. 따라서 식민통치자들은 더 강압적인 방법을 강구해 고무수출의 양적 수준을 유지하고자 하였다.

한편, 아프리카산 고무값이 급상승하면서 덜 비싼 아시아산 제품들이 고무시장을 차지하였다. 그러자 레오폴드 2세는 노동자들에게 더 높은 생산성을 요구했으며, 최소의 비용으로 고무를 추출하는 시스템을 주문했다. 레오폴드 2세의 대리인들은 베를린회의 조약을 명백하게 위반하면서도 강압적인 노동을 시켰으며, 노예들의 노동력을 이용해 고무와 상아를 채취하였다. 마을마다 월 할당량이 부과되었으며, 이러한 기준을 충족시키지 못할 경우에 여러 가혹한 처사가 내려졌다. 하마의 등껍질로 만들어진 '치코티'라는 채찍으로 고통스러운 채찍질을 당했으며, 여성들은 인질로 잡혀 남편들이 고무채취를 하도록 강간을 당했고, 극단적인 경우에는 본보기로 마을사람들을 살해했다. 주요 생산단위 마을을 제외하고는 유럽회사의 간부들의 경계와 감독이 미치지 못했기 때문에 각 마을의 감시인들에 대한 이

기괴한 만행은 계속되었다. 그들은 항아리 단지를 쏘는 게임 대신에 공식적으로 인간에게 총을 사용했으며 총알 사용에 대한 좀 더 확실한 근거를 대기 위해, 경비들에게 자신이 죽인 사람의 오른손을 자르게 하고, 사용한 탄환 수에 대해 손의 수를 계산했던 유럽 관리들에게 그것을 가져가도록 지시했다.[4]

높은 생산량을 유지하기 위해 레오폴드 2세는 1885년에 공화국 군대(Force Publique: FP)라 불리는 무력집단을 만들어 군사력과 경찰력을 동원하였다. 1886년에 그는 많은 벨기에 장교들과 사병들을 그 지역에 보내서 군사력을 이용했는데 FP의 장교 및 사병들은 모두 백인들로, 벨기에의 정규 군인들과 외국인 용병들이었다. 공화국 군대는 실제로 노예감독이 되어, 사람들을 무력으로 탄압하여 공짜로 일하게 하였다. 그들은 또한 다른 나라들에 고무나 상아를 파는 것을 불법으로 한 레오폴드 2세의 법을 집행했다. 그들이 감행한 신체절단, 마을파괴, 살인, 대량학살을 포함하는 통치 방법들은 노예들과 지역주민들을 위협하여 더 높은 고무 산출량을 내게 하였다.[5] 콩고 자유국에서는 오른손을 절단하는 행위와 매일 노예들을 채찍질하는 일들이 비일비재하였다.[6]

선교사들이 찍은 사진과 카메라만이 이 사건의 유일한 목격자로서 역사적 증언을 해 준 셈이며, 마크 트웨인(Mark Twain)의 『레오폴

---

4 Thompson(2002), 앞의 논문, p.147.
5 Morel, E. D.(1969). *The Black Man's Burden: The White Man in Africa from the Fifteenth Century to World War I.* New York: Monthly Review Press.
6 Louis, W. Roger and Stengers, J.(1968). *E. D. Morel's History of the Conco Reform Movement.* Oxford: Clarendon Press.

그림 3.3 신체가 절단된 콩고의 어린이들

출처: Photograph by John Hobbis Harris, image from *King Leopold's Soliloquy*

그림 3.4 자기 딸의 절단된 손과 발을 보는 콩고 주민

출처: Photograph by Alice Harris, 1904. From Edmund D. Morel, *King Leopold's Rule in Africa*(London: Heinemann, 1904). p.144

드왕의 독백』에서 인용된 것처럼 레오폴드 2세가 유일하게 뇌물을 줄 수 없었던 부패하지 않는 존재였다. 실제로 앨리스 시일리 해리스(Alice S. Harris) 같은 선교 사진작가가 찍은 사진들은 텔레비전이 없던 시절에 콩고에서 벌어진 잔학행위를 알리는 데 정서적으로 가장 큰 영향을 미쳤다. 그녀가 찍은 사진들은 슬라이드 복사본으로 만들어져 사진에 대한 설명과 함께 영국과 유럽, 북미로 보내졌으며, 마크 트웨인의 『레오폴드왕의 독백』과 같은 소책자에도 그녀의 사진이 실리게 되었다([그림 3.3], [그림 3.4] 참조).

이 사진들은 모렐의 저서 『아프리카에서의 레오폴드왕의 통치』에도 실렸다. 이러한 사진들은 1890년대 콩고에서 일어난 잔혹행위에 관한 전말서(자세한 사항들)가 다시 유럽과 북미로 전파되는 데 중요한 역할을 하였다. 그 결과, 아프리카계 미국인이자 변호사, 목사, 언론인인 조지 워싱턴 윌리엄스가 1890년에 콩고를 방문해 레오폴드 2세에게 그의 통치에 관해 신랄하게 비난하는 공개서한을 썼다. 그는 미국의 해리슨 대통령과 국무장관에게도 편지를 썼는데 '인류에 대한 범죄'라는 표현을 썼다(Thompson, 2002).

레오폴드 2세의 이와 같은 야만적 통치행위는 나중에 아프리카인들의 피를 뜻하는 '붉은 고무(Red Rubber)'로 칭하게 되었다. 공화국 군대는 어린이들을 비롯해 수백만 명의 콩고 원주민들을 죽음으로 몰았으며, 천만 명 혹은 그보다 많은 사람들의 신체를 절단했다. 하지만 레오폴드 2세는 이러한 잔혹행위에 대해 알지 못한다고 부인했다.

한편, 고무는 콩고자유국과 앵글로-벨기에 인디아 고무회사(ABIR)와 같은 회사에 엄청난 이득을 가져왔다. 벨기에의 데니엘 반

그로웨그(Daniël Vangroenweghe) 교수는 레오폴드 2세가 콩고 사람들의 착취를 통해 고무나무에서만 약 12억 5,000만 유로를 획득했다고 평가하였다. 또 다른 계산은 레오폴드 2세가 1905년 이전까지 콩고 착취에서 얻은 이득이 현재 시가로 약 5억 유로에 달한다고 추정하였다. 고무회사의 주식가치는 한 주에 500프랑(1892, 골드 프랑)에서 1903년에 1만 5,000골드 프랑으로 올랐으며, 배당금이 1892년에는 1프랑이었으나 1903년에는 1,200프랑이 되어 원래 한 주의 가격이었던 500프랑의 주가보다 두 배 이상으로 상승하였다.[7]

(3) 콩고에서의 선교사 활동과 언론을 통한 콩고 문제 제기

레오폴드 2세는 영국, 미국, 스웨덴으로부터 수백 명의 외국인 신교도 선교사들이 콩고에 가는 것을 허용하였다. IAA의 목표로 볼 때, 그는 아프리카인들을 문명화시키겠다는 제의를 거절할 수가 없었다. 콩고에 복음을 전파하기 위해 간 선교사들은 일부다처제 폐지를 위해 싸우고, 아프리카 사람들에게 죄에 대한 두려움을 심어 주기 위해 노력했다. 그러나 레오폴드 2세의 만행에 시달리던 콩고 사람들은 유럽 사람을 단지 보기만 해도 도망치고 숨었다. 선교사들은 콩고자유국에서의 야만적인 잔혹한 사건들을 인지하고, 신문사와 잡지사에 편지를 보냈을 뿐만 아니라 레오폴드 2세에게 개인적인 서신을 보냄으로써, 그가 저지른 폭력에 항의하기 시작하였다. 하지만 그들의 노력은 그러한 상황에 대한 공중의 관심을 끄는 데 거의 효과가

---

7 https://en.wikipedia.org/wiki/Congo_Free_State_propaganda_war

없었다.

1880년대 말 아프리카계 미국인 기독교 선교사인 윌리엄 셰퍼드 (William Sheppard)는 미국 신문들과 잡지에 그가 목격했던 신체절단 과 살인에 대해 글을 쓰기 시작했다. 레오폴드 2세는 셰퍼드에게 조세와 추방으로 위협하여 글을 쓰지 못하도록 했으며, 연속해서 선교 사들이 모든 용건을 자신에게 직접 전달하도록 하고 언론에 보내지 않도록 요구하였다. 스웨덴의 침례교 선교사인 조블럼(E. V. Sjöblom)도 많은 사람들에게 콩고의 잔혹행위에 대해 알리고, 1896년 에 스웨덴 언론에 콩고의 고무 산업에 관한 상세한 기사를 발행했는 데, 이것이 다른 곳에서 재출판되었다. 그는 언론이 참여한 공적 미팅에서 공화국 군대의 야만성에 대하여 발언했지만 이에 대해 콩고

그림 3.5 레오폴드 2세를 비난한 윌리엄 셰퍼드(William Shepherd, 좌)와 조지 워싱턴 윌리엄스(George W. Williams, 우)

출처: https://commons.wikimedia.org/wiki/File:WHS_portrait.jpg

자유국 관료들이 신문기사와 레오폴드 2세의 편지, 논평 등을 통해 벨기에와 영국 언론에 역공을 펴서 재빨리 그를 침묵시켰다.

이후 남북전쟁 당시 북군의 대령 출신인 조지 워싱턴 윌리엄스 (George W. Williams) 목사도 1889년에 유럽 언론 신디케이트를 위해 글을 쓰기 시작했다. 그는 레오폴드 2세와 인터뷰를 한 후 '기독교 문명화'를 실제로 보기 위해 콩고로 갔다. 1891년 4월 초에 윌리엄은 벨기에의 왕이자 콩고자유국의 주권자인 레오폴드 2세에게 그의 대리인들에 의해 자행된 그 지역의 고통에 대한 공개서한을 썼다. 그 편지는 유럽과 미국의 여론이 콩고정권에 반대하는 데 영향을 미쳤다. 윌리엄이 쓴 글의 마지막 페이지들은 레오폴드 2세가 일반 대중의 신체절단을 포함해 많은 범죄에 책임이 있다고 비난하였다. 그는 '미합중국 공화국 대통령에게 보내는 콩고국가와 국민에 대한 보고서(A Report upon the Congo-State and country to the President of the Republic of the United States of America)'를 작성했으며, 레오폴드 2세가 미국 여론을 어떻게 조작했는지를 기술하였다. 벤자민 해리슨 대통령이 그의 사본을 받았을 땐, 이미 그 공개서한이 유럽과 미국의 신문들에 게재되었다. 1891년 4월 14일에, 〈뉴욕타임스〉는 전면기사로 전체 진술 목록을 실었다.

하지만 레오폴드 2세의 홍보대사는 신문사 편집장들을 매수하여 레오폴드 2세의 선한 행위에 관한 기사들을 쓰도록 했으며, 레오폴드 2세는 콩고와 그 미래를 위한 자신의 꿈과 열망에 관해 인터뷰를 했다. 그에 관한 〈뉴욕타임스〉 기사가 나온 후, 미국에서 레오폴드 2세의 지지자들은 윌리엄이 거짓말을 하고 불륜을 저질렀다고 비난하는 기사를 냈다. 1891년 늦은 여름기간 동안 벨기에 의회는 레오폴드 2세를 비호했으며, 45페이지에 달하는 보고서를 언론사들에 배포하여 윌리엄의 비난들을 효과적으로 반박하였다. 윌리엄은 불명예를 안은 채 8월 2일 사망하고 말았다.

앞서 언급한 선교사들 이외에도 콩고의 잔학행위들을 목격한 많은 선교사들이 사악한 레오폴드 2세 정권이 저지른 만행들을 사진으로 기록하긴 했으나 그들은 미디어와 언론에 정통하지 못했거나 정치적 영향력이 없었다. 대중들은 영국의 인문주의 단체로부터 제기된 레오폴드 2세에 관한 비난을 금세 잊어버렸고, 노예제도 폐지론의 잔재처럼 여겼다. 선교사들과 마찬가지로 대중에게는 비평가들도 그저 세계의 모퉁이에 유난히 관심을 가지는 인물인 양 여겨졌던 것이다.

(4) 에드먼드 모렐과 〈웨스트 아프리칸 메일〉

1891년에 에드먼드 모렐은 리버풀의 선박회사인 엘더 뎀프스터(Elder Dempster)의 사원이 되었다. 2년 뒤인 1893년, 모렐은 수입을 늘리고 자신의 가족을 지원하기 위해 엘더 뎀프스터의 사업에 피해를 주는 프랑스의 보호주의에 대한 글을 쓰기 시작했다. 아프리카 사람들에 대한 동정심과 다른 문화에 대한 존경심을 보인 영국의 여행가이자 작가인 메리 킹슬리(Mary Kingsley)에게서 영향을 받은 모렐은 아프리카의 탈식민지 운동을 지지하지 않는 영국의 외무부에 대해 비판적이었다. 엘더 뎀프스터 회사는 콩고자유국과 선박계약을 맺고 있었는데 주 업무는 앤트웝(Antwerp)과 보마(Boma) 사이를 운항

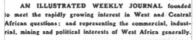

그림 3.6 〈웨스트 아프리칸 메일〉(좌)과 편집장 E. D. 모렐(우)

출처: www.historyireland.com/20th-century-contemporary-history/

하는 것이었다.

　　당시 '원주민들의 보호협회(the Aborigines' Protection Society)' 같은 단체들은 이미 콩고에서의 잔혹행위에 대해 캠페인을 벌이기 시작했다. 모렐은 프랑스를 담당했기 때문에 종종 벨기에로 출장을 갔으며, 거기서 그는 엘더 뎀프스터가 보유하고 있는 콩고자유국의 내부 장부를 보았다. 벨기에에서 콩고로 운송되는 것은 주로 총과 사슬, 무기와 화약들로 상업적인 물건은 없었지만, 식민지에서 출발한 배들은 고무원자재와 아이보리 같은 값비싼 제품으로 가득 채워져서 왔으므로 그는 벨기에의 정책이 착취라고 생각했다.

　　〈웨스트 아프리칸 메일(West African Mail)〉은 모렐에게 중요한 언론매체였다. 모렐은 이 주간 신문에 자신이 쓴 기사들과 선교사들로부터 오는 편지, 지도, 만화, 사진 등을 실었는데, 모두 '서부 및 중앙 아프리카의 문제들에 대한 급속한 관심사에 부응하는' 것들이었다.[8]

존 홀트(John Holt)라는 모렐의 오랜 친구이자 사업가는 그 신문사의 창업자금을 도왔으며, 나중에 다른 지지자들도 투자를 했다.

모렐은 '서부아프리카에서의 무역독점(Trading Monopolies in West Africa)'이라는 제목의 5부 연작을 집필하였는데, 그는 처음으로 자유무역과 원주민 권리에 관한 기사들을 썼다.

> "서부아프리카에서의 자유무역은, 모두를 위한 자유무역이다; 영국인에게라면 프랑스령 또는 독일령의 식민지에서 자유무역이 벌어지는 것이다. 서부아프리카 대륙에는 모든 유럽의 열강들이 자유롭고 구속받지 않는 상업을 행할 만한 충분한 여지가 있다… 각각의 식민지에서 더 많은 원주민들에게 무역의 혜택이 돌아갈수록… 식민지 거주민들의 만족과 생산능력은 더 확실하게 커진다."[9]

그러나 그는 노예제도에 대해서는 "나쁘고, 잔인하며, 사악하고, 무서우며, 폭력적"이라는 형용사를 사용해 글을 쓰기 시작했다.

> "콩고회사들이 본국으로 보내는 고무에는… 수백 명 흑인들의 피가 묻어 있다." 그는 이것을 '탐욕의 사악함이 낳은 끔찍한 구조'라고 칭했다. 콩고국가 전역이 피로 물들었으며, 그 역사는 피의 흔적이고, 그 행위는 피비린내 나는 것이며, 그로 인해 세워진 건축물들은 피로 굳어졌다-불행한 흑인들의 피로-모든 동기 중 가장 더럽고 탐욕스러운 금전적인 이득을 위해 불행한 흑인들이 공짜로 흘린 (죽임을 당한) 불행한 피다.[10]

---

8 Hochschild, Adam(1998). *King Leopold's Ghost: A Story of Greed, Terror, and Heroism in Colonial Africa*. Mariner Books. p.186.

9 E. D. Morel(1903). "Trading Monopolies in West Africa", *West African Mail*, Liverpool. p.35.

10 E. D. Morel(1903). 앞의 글. pp.9-10.

모렐은 또한 영국과 벨기에의 주요 신문들에 글을 실었다. 1903년 1월에 원주민 보호단체의 사무총장인 H. R. 폭스(H. R. Fox Bourne)가 쓴 『콩고 땅에서의 문명(Civilisation in Congoland: a story of international wrong doing)』은 모렐의 주장에 힘을 실어 주었다. 또 여러 기관이 정부의 조치를 요구하는 결의안을 통과시켰다. 이에 따라 찰스 딜크 경(Sir Charles Dilke)은 이러한 많은 사안들을 의회에서 논의에 부쳤다.

1903년에 모렐은 그의 첫 팸플릿, 『콩고의 공포(The Congo Horrors)』를 썼는데 이 책자는 이전보다 훨씬 더 많은 사람들에게 배포됐다. 그는 종교적인 함의를 간직한 채 자유무역 남용의 부당함을 강조했으며, 레오폴드 2세를 비난하였다. "콩고에서 벌어지는 살육과 부당이득 취득은 문명화에 대한 태만의 결과이며, 레오폴드 2세는 부당이득취득자이다".[11] 이 팸플릿은 찰스 딜크 경과 로저 케이스먼트(Roger Casement) 같은 영국의 고위관료들의 이목을 끌었다.

모렐은 계속해서 '콩고의 스캔들', '콩고 여성과 아이들의 취급'과 같은 글들을 집필했으며, 미국에서 〈아프리카학 저널(the African Studies Journal)〉에 출간하였다. 또 런던 국제유니온에서 『신아프리카 노예제도(The New African Slavery)』를 발간하였다. 이 저널들은 잔학행위(야만행위)에 대한 선교사들로부터의 많은 정보와 증언들을 담고 있었다. 공중은 이러한 잔학행위에 대해 의회의 행동을 촉구했다.

1903년 말에 모렐은 또 112페이지에 달하는 『콩고노예국가(The Congo Slave State)』라는 제목의 팸플릿을 작성하였는데, 그것은 아주

---

11 E. D. Morel(1903). *The Congo Horrors*. Liverpool. p.5.

강력하고 맹렬한 내용을 담은 것이었다. 그 팸플릿은 콩고의 모든 부서에 손을 뻗치고 있는 레오폴드 2세의 시스템에 관해 완전하고 상세한 기술들을 담고 있었으며, 의회보고서들과 잔학행위를 구체적으로 묘사하고 있었다. 찰스 딜크 경은 의회에 팸플릿의 사본을 소개해 상당한 화제를 불러일으켰고, 콩고의 노예제도를 반대하는 결의안을 통과시켰다.

1904년 이전에 모렐은 서부아프리카에 대한 두 권의 책을 더 발간하였다. 첫 번째 책은 『서부아프리카의 사안들(Affairs of West Africa)』이라는 제목으로, 그 지역의 역사와 거주민들, 식물군과 동물군, 물리적 특성, 산업들, 무역과 재정을 논하였는데 모든 것은 서아프리카를 직접 가 보지 않은 채 집필한 것이었다. 그는 자신이 엘더 뎀프스터 선박회사에서 일하는 동안 만났던 무역업자와 선원, 접촉했던 선교사들로부터 정보를 얻었다. 모렐은 레오폴드 2세와 콩고자유국의 통치방식을 강하게 공격하는 한편 프랑스령의 콩고와 서아프리카의 식민지 통치방식에 대해서는 찬사하였다. 그는 이어서 서아프리카에서 일어나는 문제에 대한 영국과 프랑스의 이해와 공감을 촉구하였다.

모렐은 또 다른 책, 『프랑스령 콩고에서의 영국(The British Case in the French Congo)』을 3개월 후에 출간했으며, 그 책에서 그는 프랑스의 노력을 찬탄하며, 또 다시 서아프리카에서의 사악한 행위에 대해 콩고자유국을 비난하였다. 영국의 공중이 정부의 조치를 요구함에 따라 1903년 5월 20일 의회는 영국 정부가 강대국들과 그 문제에 관하여 협상할 것을 허용하는 결의안을 통과시켰다. 의회는 공중이 그

문제를 인지하도록 한 것에 대해 모렐에게 '깊은 감사'를 표하였다.[12]

그의 세 번째 저서인 『아프리카에서의 레오폴드왕의 통치(King Leopold's Rule in Africa)』(1905)는 손발이 잘린 여성과 아이들의 사진을 수록하였다. 그는 주로 사진 자체가 만행을 말할 수 있도록 하였지만, 효과적으로 글을 쓰기도 했다. 모렐은 그의 책에서 반복적으로 그 주장에 대해 못을 박았다. 그는 "세계가 학대를 종식하기 위해, 인류의 이름으로, 상식적인 예의와 동정심으로, 명예 자체를 위해서라도 함께 나아가야 한다"고 주장하였다. 그는 특히 영국과 미국 정부 및 국민이 콩고자유국 탄생에 큰 책임이 있으므로 이러한 극악무도한 위법행위를 처리하기 위해 단호히 결심해야 함을 역설하였다.[13] 이 책들에 실린 그의 말과 콩고에 관한 사실들은 서평(book reviews)을 통해 전 유럽과 미국에 알려졌으며, 서평가들은 책에 실린 끔찍한 사진과 기사들을 상세하게 묘사하였다.

3. 언론과 모렐의 저술이 가져온 사회변화 및 의미

1) 콩고개혁협회의 탄생배경

모렐의 저술이 영국 내에서 '콩고 문제'에 대한 공중의 감정을 움직임에 따라 의회는 국제 위원회로 하여금 이에 대한 조사를 벌이도

---

12 https://en.wikipedia.org/wiki/Congo_Free_State_propaganda_war 재인용, Cocks, Frederick Seymour, *E. D. Morel: The man and his Work*, London: George Allen & Unwin LTD.

13 E. D. Morel(1905), *King Leopold's Rule in Africa*. New York: Funk and Wagnalls Company, p.101.

록 하였다. 아프리카의 영국 영사인 로저 케이스먼트는 콩고로 가서 영국 정부에 보낼 보고서를 집필하였다. 케이스먼트는 선교사들, 원주민들, 선박의 선장들, 철도노동자들과 인터뷰를 했으며, 이제까지 기술했던 것 중 가장 섬뜩한 사건들을 담은 보고서를 갖고 돌아왔다. 많은 사람들은 그 보고서가 아프리카에서 벌어진 착취행위가 명백한 범죄행위임을 증명했다고 생각하였다. 32페이지에 달하는 보고서는 콩고자유국의 시스템이 개혁되어야만 한다는 뜻깊고 폭넓은 여론을 영국에서 조성하였다. 영국 정부는 케이스먼트의 작업을 격찬하여 그에게 작위를 부여하였다. 모렐은 케이스먼트 보고서를 〈웨스트 아프리칸 메일〉 신문에 실었고, 전 세계 신문사들은 케이스먼트 보고서를 보도하였다.

케이스먼트와 모렐은 더블린에서 그 상황을 논의하고자 만났다. 케이스먼트는 모렐을 설득하여 콩고에서 레오폴드 2세의 폭정과 싸우기 위한 조직을 수립하자고 제안했으며, 그 결과 1903년 11월에 '콩고개혁협회(Congo Reform Association: CRA)'가 탄생하였다. 케이스먼트는 착수금으로 100파운드를 내놓았고, 모렐은 리버풀로 돌아가서 새 조직의 활동을 시작하였다.

콩고개혁에 대한 미국과 영국의 압박이 증가하자, 레오폴드 2세는 1905년에 자신이 직접 조사위원회를 꾸려서 자신과 집행부에 대한 비난을 면제받고 콩고에서의 통치에 대해 정당성을 입증하고자 하였지만, 그 반대현상이 나타났다. 조사위원회의 부정적인 보고서는 콩고의 주요 개혁에 대한 압력을 더욱 더 증가시켰다. 한 예로 1906년 12월에 〈뉴욕 아메리칸(New York American)〉 신문은 일주일

그림 3.7 〈웨스트 아프리칸 메일〉의 '콩고개혁협회'에 관한 특집보도

출처: www.congoreformassociation.org/cra-history

동안의 기사를 통해 콩고의 잔학행위를 예증하는 앨리스 해리스의 다큐멘터리 사진들을 사용하면서 콩고개혁문제를 보도하였다.[14] 마침내 1908년 11월, 레오폴드 2세는 콩고통치를 벨기에 정부로 이양하기로 동의하였고, 다음해에 사망하였다.

2) 언론과 콩고개혁협회

1900년에 모렐은 주간잡지 〈스피커(Speaker)〉에 기사들을 연재하면서, 10여 년 전에 미국인 조지 워싱턴 윌리엄스에 의해 시작된 콩고의 잘못된 통치를 반대하는 캠페인에 새로운 활기를 불어넣었다. 그는 레오폴드 2세가 콩고자유국의 절대통치자로서 노예제도를 모

---

14 Thompson(2002), 앞의 논문, p.148.

방하는 엄청난 강제노동 시스템을 창출했음을 깨달았다. 콩고와의 무역에서 엘더 뎀프스터의 대표가 되었음에도 불구하고, 1902년에 모렐은 자신의 캠페인을 추진하기 위해 사임하였다. 그는 풀타임 저 널리스트가 되었으며, 처음 찾은 직업이 당시 막 설립된 정기간행 물, 〈웨스트 아프리카(West Africa)〉의 편집부 일이었다.

1903년에 그는 자신의 잡지를 설립했는데 그것이 바로 존 홀트와 공동으로 만든 〈웨스트 아프리칸 메일(The West African Mail)〉이었다. 존 홀트는 사업가로 콩고자유국의 시스템이 서아프리카의 다른 식민 지에도 적용될 것을 두려워했던 메리 킹슬리의 친구였다. 이 잡지는 '급속히 성장하고 있는 서부 및 중앙 아프리카의 문제들에 대한 관심 에 부응하기 위해 사진이 많이 포함된 주간 저널'이었다.[15] 이 기간 동안에 모렐은 몇 권의 팸플릿(소책자)과 첫 저서인 『서아프리카의 사건(Affairs of West Africa)』을 발간하였다.

앞서 살펴본 바와 같이, 1903년에 영국 하원은 콩고에 관한 결의안 을 통과시켰다. 그 후에 로저 케이스먼트는 콩고의 영국 영사로 가서 실태조사를 착수했는데 그의 1904년 보고서는 모렐의 고발을 확신시 켜 주었으며, 여론에 상당한 영향을 미쳤다. 모렐은 그 보고서가 발간 되기 바로 전에 케이스먼트를 만났고, 케이스먼트는 자신이 찾던 협력 자임을 깨달았다. 케이스먼트는 또한 모렐을 설득하여, 콩고의 문제 만을 특별히 다루는 기구, '콩고개혁협회(Congo Reform Association)' 를 설립하도록 제안하였다. 콩고개혁협회의 지부는 멀리 미국에서까

---

15 Hochschild(1998), 앞의 책, p.186.

지 수립되었으며 1913년에 활동이 중단되었다.

한편, 벨기에의 사회주의 지도자인 에밀 반데르벨드(Emile Vandervelde)는 벨기에 의회의 토론보고서 사본을 모렐에게 보내면서 그를 도왔다. '콩고개혁협회'는 조세프 콘래드(Joseph Conrad)와 아나톨 프랑스(Anatole France), 코난 도일(Conan Doyle), 마크 트웨인 같은 유명한 작가들의 지지를 받았다. 조세프 콘래드는 콩고를 배경으로『어둠의 심장(Heart of Darkness)』을 썼고, 코난 도일은 1908년에『콩고의 범죄(The Crime of the Congo)』를 썼으며, 마크 트웨인은 가장 유명한 풍자적인 단편 스토리『레오폴드왕의 독백(King Leopold's Soliloquy, 1905)』으로 콩고개혁 운동에 기여하였다.

마크 트웨인은 콩고자유국에서 레오폴드 2세의 통치를 반대하는 캠페인 운동가들에 대해 레오폴드 2세, 즉 벨기에 왕이 한탄하는 모습을 묘사하였다. 레오폴드 2세에게 어려움을 초래한 것은 바로 운동가들이 카메라로 찍은 사진증거들이었다.

> 레오폴드 2세는 "코닥(the Kodak)이 우리에게 혹독한 재난을 가져왔다. 우리가 직면한 가장 강력한 적인 것이다. 나의 오랜 통치기간 중에 매수할 수 없었던 유일한 목격자이다."라고 한탄하였다.

이처럼 암흑의 대륙, 콩고에 빛을 비출 수 있었던 것은 영국의 앨리스 해리스 같은 선교사들이 콩고의 잔학행위들을 사진으로 기록했기 때문이다. 해리스는 이 기간 동안 수백 장의 사진들을 찍었으며, 콩고 당국이 빠르게 성장하는 고무무역에서 이윤을 극대화하기 위해 직간접적으로 저지른 잔혹행위들을 사진들로 기록했던 것이다 (Thompson, 2002).

영국의 런던대학교 정치경제학 도서관에 자리한 E. D. 모렐의 컬렉션에는 마크 트웨인의 『레오폴드왕의 독백』 저술에 새로운 빛을 조명하는 4개의 발간되지 않은 편지들이 있는데 이 중 3개는 언론인이자 개혁가인 모렐에게 보낸 것이었다. 그 편지 중 첫 번째는 1904년 10월 15일에 뉴욕의 그로스브너 호텔에서 마크 트웨인이 모렐에게 저녁 초대를 하기 위해 쓴 것으로 레오폴드 2세의 콩고 착취에 관한 경악스러운 스캔들에 관해 이야기하고자 하였다. 이 편지를 받고 모렐은 10월 17일 저녁에 뉴욕 5번가 21번지에 있는 트웨인의 집으로 가서 트웨인이 콩고 원주민들의 대의를 위해 글을 써주기로 약속을 받아냈다(Hawkins, 1978).[16]

당시 마크 트웨인(본명 Samuel Langhorne Clemens)은 레오폴드 2세에 관한 '의회청원서 기록'을 읽고, 콩고에서의 만행을 중단하기 위해 세상에 알리고자 하였다. 그는 시어도어 루스벨트 대통령에게 이 사안에 대해 말했으며, 『레오폴드왕의 독백』이라는 소책자를 발간하였는데, 모렐이 주도한 '콩고개혁협회'는 이것을 주요 프로파간다(propaganda)의 자료 중 하나로써 출판, 배포하였다.

하지만 마크 트웨인은 1906년 1월 8일 바버(Dr. Barbour)에게 보낸 다른 편지에서 자신은 콩고 문제에 더 이상 참여하지 않겠다고 하였다. 그는 모렐에게 말했듯이 콩고에 관한 글을 쓰겠다고 했으며,

---

16 Hunt Hawkins(1978), Mark Twain's Involvement with the Congo Reform Movement: "A Fury of Generous Indignation", The New England Quarterly.

자신의 자유를 위해 더 이상 이 운동에 자신이 공식적으로 묶이지 않겠다고 하였다. 그는 자신의 관심사는 순전히 문학적인 것이며, 콩고개혁운동에 참여했던 일에 대해 부담감을 토로하였다. 그는 "자신은 반딧불이이며, 꿀벌이 아니다"라고 표현하였고, 더 이상 콩고 문제에 관여하지 않겠다고 하였다. 그는 편지에서 "만약 내가 모렐처럼 에너지와 지능, 근면함과 집중력, 끈기와 같은 훌륭한 자질을 갖췄으면 좋으련만… 나는 그렇지 못하다. 그가 자동차라면, 나는 손수레이다"라고 편지에 썼다.[17]

콩고개혁에 작가 및 언론인 못지않게 기여한 사람들은 바로 아프리카 선교사들이다. 기독교 선교사들은 모렐의 가장 큰 협력자들로 그에게 잔학통치를 목격한 많은 진술과 해당 장면이 기록된 사진들을 제공하였다. 미국의 윌리엄 모리슨과 윌리엄 헨리 셰퍼드, 영국의 존 호비스 해리스와 앨리스 해리스, 초콜릿 백만장자인 윌리엄 캐드베리는 퀘이커 교도로서 그의 주요 재정적 후원자 중 하나였다. 미국의 인권활동가인 부커. T. 워싱턴도 그 캠페인에 참여하였다. 프랑스 언론인 피에르 미유(Pierre Mille)는 모렐에 관한 책을 썼고, 벨기에 사회주의 리더인 에밀 반데르벨드는 앞서 언급한 바와 같이 벨기에 의회토론 보고서 사본을 모렐에게 보내 주었다. 모렐은 또한 비밀리에 콩고자유국의 몇몇 관리들과도 연락을 취하였다. 영국의 교회와 미국의 종교단체들조차도 그를 후원하였다.

〈웨스트 아프리칸 메일〉에서 시작된 콩고자유국의 잔학통치에

---

17 Wuliger, Robert(1953). "Mark Twain on King Leopold's Soliloquy", *American Literature*, Vol.25, No.2, (May, 1953), pp.234-237.

대한 고발보도 등이 콩고개혁협회 운동으로까지 확산됨으로써, 1905년에 승리를 거두게 되었다. 즉, 국제적인 여론과 외부의 압력하에 레오폴드 2세 자신이 만든 조사위원회가 식민통치에 관한 모렐의 고발들이 모두 사실임을 충분히 확인했을 때 승리를 거두게 된 것이었다. 그 결과, 1908년에 콩고는 벨기에 정부로 합병되었으며, 정부의 통치하에 놓이게 되었다. 이러한 조치에도 불구하고 모렐은 1913년까지 캠페인을 지속했는데 그는 콩고에서의 상황에 실제 변화가 일어나는 것을 보고자 원했기 때문이다. 콩고의 식민통치에 관한 잘못된 일들이 여전히 많이 남았음에도 감정적인 순간들은 지나갔고 콩고개혁을 추진하기 위한 지원도 줄어들면서 '콩고개혁협회'는 1913년에 운영을 중단하였다.

4. 모렐의 추도식에서

폴 샤프(Paul Sharp)는 1924년 모렐의 추도식에서 다음과 같이 그를 기렸다. "E. D. 모렐은 야만적인 제국의 종식을 도왔던 사람이며, 그의 지칠 줄 모르는 캠페인은 국제사면위원회(Amnesty International) 같은 단체의 토대를 놓았고, 선거에서 윈스턴 처칠을 패배시켰던 사람이었지만, 유명하지는 않았다. 하지만 분명한 것은 '칭송받지 못한 영웅'에게 영예를 부여할 자격이 있다는 점이다."[18]

---

18 http://www.onthisdeity.com/12th-november-1924-%E2%80%93-the-death-of-e-d-morel/

버크(B. U. Burke)도 그를 추도하면서 "영국은 후세들이 도덕적으로 위대하다고 칭송한 공직자 한 명을 잃었으며, 그는 콩고의 완전한 해방을 가져왔고, … 영국의 '민주통제연합(Union of Democratic Control)'을 조직해 핵심인물로서 조직 설립에 책임을 졌다는 점에서 공적 유산을 남겼다"고 하였다(the open court, 1924).

모렐은 기사들과 팸플릿, 저서에서 영국의 공중들에게 레오폴드 2세 정권이 콩고에서 저지른 잔학행위들에 관심을 갖게 했으며, 1904년에 콩고개혁협회를 건립해 콩고에서의 필요한 개혁이 성취된 1913년까지 불굴의 에너지로 일을 하였다. 그의 원주민 권리에 대한 옹호는 콩고에만 한정되지 않았으며, 그의 저서들은 아프리카 전역의 상황을 다루기도 하였다. 이중언어 사용자인 모렐은 프랑스의 공직생활과 정치의 복잡함을 잘 알고 있었으며, 영어뿐만 아니라 불어로도 저널을 집필하였다.

버크는 모렐의 추도사에서 〈포린 어페어(Foreign Affairs)〉 12월호에 실렸던, 로맹 롤랑(Romain Rolland)이 모렐에 대해 아름답게 찬사한 내용을 몇 문장 인용하면서 말을 마쳤다. 그가 인용한 로맹 롤랑의 문장을 통해 모렐의 삶과 그의 인격에 대해 이해할 수가 있을 것이다.

"그는 인종과 신념에 상관없는 인류의 대표자였다. 그는 사악한 사람들과 투쟁하기 위해 준비하였고, 짓밟힌 사람들과 그들을 방어하기 위해 나섰던…. 진정한 영웅적인 인물이다. 오늘날 우리는 그의 위상을 가늠할 수 없다. 해가 갈수록 그는 당대의 최고인물이 될 것이다.… 프랑스 사람으로서 나는 나의 종족이 이런 위대한 영국인의 일부라고 주장할 수 있음을 자랑스럽게 생각한다. 그는 양국의 가장 위대한 속성들을 자신 안에 겸비한 사람이다. 결코 흔들리지 않는, 명확하게 내다본 이상과 패배를 모르는 두려움 없는 실천이 바로 그것이다."

-〈포린 어페어〉 1924. 10.

모렐과 콩고사건 개관

- 리버풀 선박회사인 엘더 뎀프스터의 직원
- 프랑스 보호주의와 관련된 글을 기고해 왔으며, 평소 마리 킹슬리의 책에서 영향을 받아 영국 외무부의 아프리카 식민정책에 비판적인 시각을 견지
- 1900년: 콩고인 박해에 대한 캠페인을 위해 새로운 삶 시작
- 잡지 〈스피커(Speaker)〉에 콩고자유국의 박해 내용 기고
- 1902년: 선박회사를 퇴사하고 풀타임 언론인이 됨
- 1903년: 존 홀트와 함께 자신의 잡지인 〈웨스트 아프리칸 메일(West African Mail)〉 창설, 첫 책 『서부아프리카 사안들(Affairs of West Africa)』을 펴냄.
- 1904년: 콩고의 영국 영사관인 로저 케이스먼트가 조사를 위해 콩고에 파견됨. 모렐의 고발들이 사실임을 보여 주는 보고서를 작성함
- 콩고개혁협회(Congo Reform Association)가 설립됨
  이 콩고개혁협회는 미국에서도 설립되었으며, 당시 저명한 조세프 콘라드, 아나톨 프랑스, 코난 도일, 마크 트웨인 등이 지지함
- 1905년: 외부 압력으로 레오폴드 2세가 조사위원회를 파견함
- 1908년: 잔학통치가 확인되어 콩고는 벨기에 정부로 합병됨
- 1913년: 콩고개혁협회는 운영을 중단함

출처: https://en.wikipedia.org/wiki/E._D._Morel 요약

See It Now

Murrow vs McCarthy

Edward R. Murrow
on Life magazine

광기 어린 마녀사냥에 종지부를 찍다

매카시즘 광풍을 잠재운
머로의 'See It Now'(1954)

1. 에드워드 머로의 'See It Now' 보도의 선정배경

'See It Now'는 6.25전쟁 이후 미국 사회에서 고조된 공산주의에 대한 공포심을 이용해 공산주의자 색출 광풍을 주도한 조세프 매카시(Joseph McCarthy) 상원의원 주장의 허구성을 용기 있게 폭로해 매카시즘을 잠재운 텔레비전 뉴스 다큐멘터리 보도이다. 프레드 W. 프렌들리(Fred W. Friendly)와 에드워드 R. 머로(Edward R. Murrow)가 만든 이 프로그램은 머로가 직접 진행을 맡았으며, 영어로 45~48분 동안 방송된 흑백 뉴스매거진 프로그램이다.

이 쇼는 머로와 프렌들리가 만든 라디오의 'Hear It Now'를 각색한 프로그램으로서 1951년 11월 18일에 미국의 동부 뉴욕 지역과 서부 샌프란시스코 지역에서 동시에 첫 방송을 시작했으며, 북미 대륙의 양 지역에서 리포터들이 머로에게 생방송보도를 하였다. 돈 휴윗(Don Hewitt)이 연출을 맡았으며, 〈CBS〉네트워크방송사에서 제작배급하였고, 1958년 7월 7일까지 7년 동안 방송하였다.

제2차 세계대전 동안 라디오 특파원으로 활약했던 에드워드 머로는 '정부에 200여 명의 공산주의자들이 있다'는 조세프 매카시 상원의원의 폭탄선언에서 비롯된 공산주의자 색출 파동(매카시 열풍)에 정면으로 맞섰다. 소위 빨갱이로 찍힐까 봐 아무도 나서지 못했던 그 시절, 머로는 "미국 국민들은 공산주의에 물들지 않고도 공산주의 이념을 논할 수 있을 만큼 성숙한 국민이다"라며 사상의 자유를 외쳤다. 디트로이트 신문에서 단신으로 다뤘던, 연좌제로 인해 강제 퇴역당한 사병의 이야기를 탐사보도로 취재했던 머로와 프로듀서 프렌들리는 'See It Now' 프로그램을 통해 이 인권침해의 뿌리에 매카시 의원의 편협한 공산주의관이 있음을 신랄하게 파헤쳤다. 그 과정에서 매카시 의원은 머로의 과거 행적을 들먹이고 광고주들은 광고를 빼겠다고 압력을 넣었지만, 결과는 매카시 의원의 몰락과 머로의 승리로 끝났다. 머로는 당시 광적인 매카시즘에 맞서 미국 국민에게 매카시 주장의 진실을 텔레비전 보도를 통해 깨닫게 해 준 용기 있는 언론인이었으며 'See It Now'는 텔레비전 방송역사에서 시사다큐멘터리 보도의 전형을 보여 주었다는 점에서 정직한 언론사례로 선정하였다.

1952년부터 1957년까지 'See It Now'는 네 번의 에미상을 수상했으며, 세 번 더 수상후보작으로 선정되었다.[1] 이 프로그램은 또 1952년 피보디상을 수상했는데, 텔레비전의 주간 톱뉴스 기사들을 간결하고 명료하게 지적으로 분석했다는 평가를 받았다. 뉴스매거진 형식의 시사다큐멘터리 프로그램인 'See It Now'는 뉴스를 제시하는 데 현저하게 효과적인 포맷을 사용하고 뉴스에 유머와 분노를 종종 담으면서 머로의 개성을 표현하였고, 항상 사려 깊은 생각을 전달했다는 평가를 받고 있다. 이는 1950년대 미국 사회에 큰 영향을 미친 텔레비전 시사 프로그램으로 꼽힌다.

---

1 https://en.wikipedia.org/wiki/See_It_Now

2. 미국의 매카시즘과 매카시 보도 배경

1) 매카시즘과 언론

  매카시즘(McCarthyism)은 1950년대 미국 여론을 가장 들끓게 했던 반공산주의 열풍을 가리킨다. 이 사건은 1950년대 냉전시대의 국제정세와 미국 내 공산주의가 확산되는 것을 우려하는 공화당 상원의원 조세프 매카시(Joseph McCarthy, 1908~1957)의 반공산주의 캠페인이었다. 그는 자신의 정치적 목적을 달성하였고, 언론장악을 통해 매카시즘 광풍을 일으켜 진보주의 성향의 과학자, 학자, 예술인 등을 마녀사냥하듯 공산주의자로 몰아갔다. 1950년 2월, 매카시 의원은 "국무부 안에 205명의 공산주의자가 있다"는 폭탄발언을 하고 1949년 이후 수년간 상원 특별조사위원회를 통해 공산주의자 색출을 위한 청문회를 실시했다.

  매카시의 공산주의자 색출 및 고발은 그가 1946년 위스콘신주 연방 상원의원으로 당선되었으나 경력위조, 상대방에 대한 명예훼손, 로비스트로부터의 금품수수, 음주추태 등으로 정치적으로 사면초가에 몰린 상태에서, 그의 정치 생명이 끝난 것으로 여겨지던 시기에 이루어졌다. 충격적인 이슈 없이는 회복할 수 없는 상황에서 매카시는 1950년 공화당 당원대회에서 "미국에 공산주의자들이 활동하고 있으며, 나는 297명의 공산주의자 명단을 갖고 있다"라고 주장하여 미국 사회에 엄청난 충격을 던졌으며 대중의 관심을 이끌어 냈다.[2]

  그 무렵, 중국에서는 마오쩌둥이 1949년에 집권하였고 소련은 핵

---

2 https://ko.wikipedia.org/wiki/매카시즘

무기 폭발 실험을 실시해 미국 사회는 소련의 위협과 공산주의에 대한 두려움이 증가하였다. 이와 같은 냉전시대의 국제정세를 토대로 미국 내 공산주의 확산을 막기 위하여 1949년에 '비미(非美)활동위원회(Committee on Un-American Activities)' 활동으로 할리우드의 작가, 배우, 감독, 제작자 등이 의회의 조사를 받았으며, 신문들은 매카시의 폭로를 사실 여부에 관계없이 헤드라인으로 삼았고 많은 사람들이 동조하기 시작했다. 황색언론의 동조 덕에 매카시는 대중적인 인지도와 지지를 확고하게 늘려 나갔다. 매카시는 실제로 공산주의자 명단을 공개하지 않았지만 그의 증거 없는 주장에 대한 지지자가 늘어남에 따라 반공산주의자로 명성과 권력을 얻을 수 있었다.

미국에서 매카시즘을 확산시키는 데는 황색언론(Yellow Journalism)의 역할이 컸다. 폭로성 헤드라인이 연이어 등장했고, 매카시의 폭로를 다룬 신문은 불티나게 팔려 나갔다. 매카시가 과거 민주당 소속 주요 행정관료와 자신을 반대하는 정치인들을 공산주의자로 몰면서 소위 미국 내 '적색공포(Red Scare)'가 만연하게 되었다. 특히 비미활동위원회의 공개 청문회에서 매카시는 마구잡이식 공산주의자 색출 작업을 진행하였다.

매카시즘에 적극 동조한 유명인으로는 유명한 반공주의자들인 로널드 레이건(Ronald Reagan), 엘리아 카잔(Elia Kazan), 월트 디즈니(Walt Disney)를 꼽을 수 있으며, 반대로 피해자로는 영화인 찰리 채플린(Charles Chaplin), 극작가 아서 밀러(Arthur Miller), 작곡가겸 지휘자 레너드 번스타인(Leonard Bernstein), 시인 및 극작가인 베르톨트 브레히트(Bertolt Brecht) 등을 들 수 있다. 매카시즘으로 인한 피해자 수를 정확하게 집계하기는 힘들지만 수백 명이 수감되었으며 1만 명에서 1만 2,000명이 직업을 잃어야만 했다. 수감된 사람들은 직업을 잃거나 청문회에서 과거 혹은 미래에 공산당과 관련된 그 어떤 종류의 접촉을 했거나 할 것인지 질문받았다. 하지만 대부분 반국가 내지 공산주의와 관련이 있다는 혐의 자체가 굉장히 미약한 것들이었다.[3] 대부분의 경우 '비미활동위원회'에 소환되거나 다른 위원회에서 혐의가 제기되었다는 이유만으로 해고되었다.[4] 〈워싱턴포스트 (washington post)〉의 만평작가 허버트 블록(Herbert Block)은 이러한

그림 4.1 비미(非美)활동위원회의 공개 청문회 장면

출처: https://www.google.co.kr/imgres?imgurl=http://ppss.kr/wp-content/uploads/2016/02/2-33-540×351.jpg

---

3 Schrecker, Ellen(1998). *Many Are the Crimes: McCarthyism in America*. Little, Brown and Company. p.xiii, p.4.

4 Schrecker, Ellen(2002). *The Age of McCarthyism: A Brief History with Documents*(Second Edition). Bedford / St. Martin's, pp.63-64.

현상을 '매카시즘(McCarthyism)'이라 명명하였다. 1953년, 매카시는 상원의 상임조사위원회의 의장이 되어 공산주의 스파이를 색출하는 데 이 기구를 이용하였는데 대부분의 빈약한 증거는 '미국의 소리(Vocie of America)'라는 해외 라디오방송에서 찾았고 부적절한 특혜행사에 영향을 미쳐 육군과 마찰을 빚게 되었다.

그는 언론 가운데 특히 당시 영향력 있던 〈AP〉, 〈UP〉, 〈인터내셔널 뉴스 서비스(International News Service)〉 통신사들을 악용하였으며, 통신사들은 라디오를 통해 영향력을 발휘하였다. 매카시는 언론의 특성과 운영방식, 가치 등을 이해하고 있었기 때문에 대량홍보(publicity)를 생성시킬 수 있었다.

매카시의 미디어 기법이 성공한 것은 비난하는 타이밍이 절묘했기 때문이다. 그는 통신사들이 비난대상으로부터 사실 여부를 확인할 시간적 여유를 갖지 못할 정확한 시간을 계산해 폭탄과 같은 명단을 발표하기도 하였다. 경쟁이 치열한 통신사 기자들은 일방적인 기사들을 배포할 수밖에 없게 되었고, 그 결과 매카시의 전략적인 미디어 기법은 신문사들의 언론 관행을 악용하여 무수한 거짓말들을 유포시켰을 뿐만 아니라 허위보도를 조장시켰다. 예를 들어, 매카시는 뉴스보도 마감시간 10분 전에 존스홉킨스대학의 오언 라티모어(Owen Lattimore) 교수가 스파이였다고 발표했지만, 기사보도 후에 공개한 문서에는 전혀 근거가 없었다. 또한 신문사들이 사실 확인을 하고 이를 보도를 통해 명료화시켰을 때는 이미 비난기사보다 주목을 받지 못하게 되었다. 매카시가 소위 '가짜뉴스'의 유포를 서슴지 않고 악용했던 것은 신문사를 비롯한 언론사들의 시간적 제약을 알

그림 4.2 공산주의자를 폭로하는 조세프 매카시 의원
출처: http://cfile25.uf.tistory.com/image/26710B365229C2200F3F2D

기 때문에 가능했다. 매카시의 또 다른 언론활용 기법은 객관주의의
개념을 악용하는 것이었다. 1950년대의 뉴스보도는 사실만을 그대
로 인용하도록 단순 골격만을 제공하였으며, 모든 해석을 금하는 것
이 관행이었다. 따라서 매카시는 기자들이 자신이 한 비난을 코멘트
없이 보도할 것이라는 점을 알았다.

　매카시즘이 만연하기 전에 머로는 매카시에게 큰 관심을 기울이
지 않았었다. 매카시 상원의원이 1950년 초에 처음으로 선정적인 공
산주의자 고발을 했을 때 머로는 방송에서 "만약 공중의 증언 비중이
그 정도로 나타나고 있다면, 매카시 상원의원의 고발은 증거가 불충
분하지만 그것은 내 책임이 아니다"라고 말하기도 하였다. 1950년

말에 그는 〈CBS〉와 충성서약 계약을 하면서 향후 3년 동안 매카시에 반대하는 운동을 하지 않기로 하였다. 머로가 그렇게 오랫동안 왜 말하지 않았는지는 명확하지 않지만 당시 〈CBS〉 프로그램이 협찬사인 캠벨수프(Campbell Soup)를 잃고 지쳐 있어서 싸울 분위기가 아니었다는 견해도 있다. 어쨌든 그는 타이밍에 관하여 정치가다운 감각을 갖고 있었고, 당시 6.25전쟁의 영향으로 반공산주의에 대해 공격하기에는 적합한 때가 아니라고 감지했을지도 모른다. 또한 당시 방송국 네트워크에 대한 정치적 압력은 좌익에서 우익으로 옮겨지고 있었다. 매카시 의원과 동맹적 관계인 오하이오 출신의 존 브리커(John Bricker) 상원의원은 연방정부가 네트워크를 규제하는 법안을 발의하였다. 협찬사들도 정치적 논쟁을 좋아하지 않았으며, 〈CBS〉는 매카시즘의 기간을 이겨 내고자 하는 사업적 이해관계가 있었다.

1940년대 미국의 방송사들은 방송 중에 사설을 금하는 연방통신위원회(FCC)의 '메이플라워 원칙(Mayflower Doctrine)'에 합의한 상태였는데, 머로는 이 정책에 항상 반대했고, 〈CBS〉 사장 페일리(Paley)에게 대안으로서 방송사업자들이 의견을 표현하고, 여기에 반대하는 사람들에게 방송 중에 대응할 기회를 주자고 제안하였다. 1949년에 FCC는 '메이플라워 원칙'을 폐기하고, 머로가 제안했던 것과 유사한 '공정성 원칙(Fairness Doctrine)'으로 대체하였다. 이 정책으로 인해 방송사업자들은 공적 사안들을 편성할 수 있었으며, 반대 견해에도 동일한 시간을 제공한다는 조건으로 TV 사설프로그램에 대한 금지를 해제하였다. 머로가 매카시에 관해 시사보도프로그램을 다룰 수 있었던 것은 '공정성 원칙'이 있었기에 가능한 것이었으며, TV 프로그램에서 매카시를 비참하게 만든 답변을 보도하도록 권한을 부여한 것이었다.

머로가 매카시에 대한 방송을 시작한 것은 1953년 가을, 미시간 출신의 공군 예비역 중위인 마일로 라둘로비치(Milo Radulovich)가 자기 아버지와 여동생이 불명확한 공산주의협회에 연루되었다는 이유로 복무에서 면직된 사건에 관한 프로그램이었다. 첫 방송에서 머로는 매카시와 연관되어 있지는 않지만 노동자계층인 중서부지역의 이민자 아들이 연관된 사건에 착안하여 방송을 하였으며, 공군이 그의 면직결정을 번복하게 하였다. 1953년에 매카시의 위협적인 조사관인 도널드 슈라인(Donald Surine)은 머로의 기자들 중 조세프 워쉬바(Joseph Wershba)를 붙들고, 라둘로비치 프로그램에 대해 불만을 토로하면서, 1930년대 머로가 국제교육기관에 있었을 때 운영을 도왔던 모스크바 여름학교에 대한 뉴스클립을 보여 주었다. 이것은 머로로 하여금 입을 다무는 게 좋을 것이며 그렇지 않으면 매카시가 그를 끌어내릴 것이라는 직접적이고도 개인적인 위협을 더하는 지시였다.

그러자 머로는 라둘로비치 프로그램이 성공을 거두었음에도 매카시에 대한 공격 여부를 놓고 망설이게 되었다. 1954년 3월 9일에 매카시에 관한 첫 번째 'See It Now' 시사프로그램이 방송되었을 때, 매카시의 권력은 최고조에서 내려오고 있었기 때문이다. 바로 몇 주 전에 매카시는 육군 대 매카시 청문회를 겪었으며, 주요 뉴스 조직들 가운데 오직 허스트(Hearst)만이 매카시를 지지하였다. 매카시 쇼에서 머로는 매카시에 반대하는 많은 주요 신문들을 쌓아 놓고 이를 부각시켰는데, 여기에는 〈타임스(The Times)〉, 〈더 헤럴드 트리뷴(The

Herald Tribune)〉, 〈세인트루인스 포스트-디스패치(The St. Louis Post Dispatch)〉, 〈시카고 트리뷴(The Chicago Tribune)〉 등이 포함되었으며, 많은 신문사들은 매카시를 반대하였다.[5]

2) 'See It Now' 프로그램과 매카시 상원의원 보도

'See It Now'는 1951년 11월 18일에 〈CBS〉 라디오 프로그램인 'Hear It Now'를 텔레비전 쇼로 전환한 것이었다. 'See It Now'는 1950년대의 많은 논쟁적인 사안들에 집중했지만, '적색공포(Red Scare)'를 비난하고, 조세프 매카시 상원의원의 정치적 몰락에 기여했던 쇼로

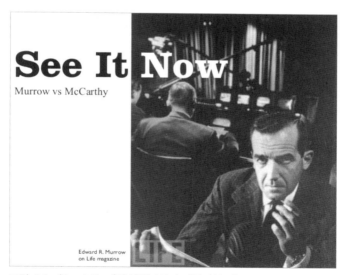

그림 4.3　'See It Now'의 진행자이자 제작자인 머로
출처: http://blog.ohmynews.com/q9447/326369

5　Lemann, Nichokas(2006). The Wayward Press, "The Murrow Doctrine", *The New Yorker*, January 23 & 30. pp.41–42.

서 가장 많이 기억된다. 가장 인기 있었던 보도 중 하나는 1952년에 방송된 '한국에서의 크리스마스'였다. 이것은 머로가 6.25전쟁에 UN 전투부대로 배치된 미군들과 이야기를 나눴던 것이다.

미국 텔레비전 뉴스 저널리즘의 대표 주자였던 머로는 'See It Now'에서 강박적으로 진행된 마녀사냥식 공산주의자 색출과정을 다룬 수많은 에피소드를 만들었다. 그중 많이 알려진 에피소드 중 하나는 1953년 가을, 미군 중위인 마일로 라둘로비치 관련 내용으로 그의 가족이 공산주의를 지지한다고 기소된 후에 무죄로 풀려난 사건이었다. 한편, 매카시와 관련한 방송 자체는 모두 네 편으로 이루어졌는데, 'See It Now'의 첫 두 편은 '매카시'에 관한 것이었고, 세 번째는 '매카시의 대답', 네 번째는 '매카시의 대답에 대한 머로의 대답'으로 매카시와 관련해 국민적인 자각과 각성을 충분히 활용한 프로그램이었다.[6]

매카시 관련 프로그램은 1954년 3월 9일 화요일에 텔레비전의 가장 좋은 시간대라고 여겨진 방송시간에 방영되었다.[7] 머로는 매카시를 비판하기 위해 그의 연설과 선언문을 발췌하여 사용했고, 그 자신이 자기모순에 빠지는 에피소드들을 적시하였다.[8] 머로와 프렌들리는 프로그램을 위한 신문광고를 직접 지불했으며, 〈CBS〉의 돈이 홍보 캠페인에 사용되는 것이나 〈CBS〉 로고 사용조차 허용하지 않았다.

---

6 Lemann(2006), 앞의 글, p.42.
7 "A Report on Senator Joseph R. McCarthy(video)". See It Now. March 9, 1954. CBS Retrieved May 16, 2011.
8 "A Report on Senator Joseph R. McCarthy(transcript)". See It Now. March 9, 1954. CBS. Retrieved May 16, 2011.

프로그램에서 머로는 매카시의 가장 솔직한 발언을 담았으며, 대부분의 방송 녹음은 매카시 자신이 직접 증인들을 심문하고 연설하도록 한 것을 사용함으로써 머로와 프렌들리는 자신들이 느낀 민주주의에 대한 주요 위험요인은 혐의가 의심되는 공산주의자들이 아니라 매카시의 행동 자체임을 보여 주고자 하였다. 그가 몸을 긁거나 귀를 잡아당기고, 목적 없는 몸짓을 하거나, 낄낄거리고 머리를 만지는 등 방송에서 드러난 그의 끔찍한 행동을 보는 것 자체만으로도, 그에 대해서 가장 공포스러운 점이 무엇인지 즉시 이해할 수 있었다. 그는 머로를 포함해서 누구든 그 어떤 확고한 증거를 제시하지 않고도 공산주의자라고 고발할 자세였다. 반면에 머로는 자신이 카메라 앞에서 상냥하고 느긋할 수 있을 것이라는 점을 일반인이 알기 때문에 방송 첫 회에서 가장 효과적인 태도로 분노를 아름답게 통제하였으며, 침착하고 멋지게 보였다. 머로는 엔딩 발언에서 다음과 같이 말했다.[9]

"자기 나라의 역사에 익숙한 사람은 누구도 의회위원회가 유익하다는 것을 부인할 수 없을 것입니다. 입법이 되기 전에 조사과정이 필요하기 때문이지요. 하지만 조사하는 것과 박해하는 것 사이에는 매우 분명한 선이 존재합니다. 위스콘신의 젊은 상원의원은 그 선을 반복적으로 밟고 넘어섰습니다. 그의 주요 성취는 공중의 마음을 공산주의의 내적, 외적 위협 사이에 놓이도록 혼동시키는 데 있었습니다. 우리는 의견을 달리하는 것과 변절(충절하지 못하는 것)을 혼동해서는 안

9 Edward. R. Murrow(1954). "A Report on Senator Joseph R. McCarthy" See It Now. CBS-TV, March 9, 1954.

됩니다. 우리는 항상 비난이 곧 증명은 아니라는 것을 기억해야 하고, 그러한 선고판결은 증거에 의존해야 하며, 법의 정당한 절차에 의거해야 함을 명심해야만 합니다."

머로는 카메라를 똑바로 쳐다보면서 다음과 같은 멘트로 프로그램을 끝냈다.

"위스콘신의 초선 상원의원의 행동은 해외의 우리 동맹들 사이에 불안과 실망을 야기했으며, 우리의 적들에게는 상당한 위안을 주었습니다. 그러면 그것은 누구의 잘못인가요? 사실상 그의 잘못은 아닙니다. 그는 공포스러운 상황을 창출하지는 않았으며, 단순히 그것을 상당히 성공적으로 악용했습니다. 카시우스(Cassius)가 맞았습니다. '친애하는 브루투스(Brutus), 잘못은 우리의 장성들에 있는 것이 아니라 우리 자신들한테 있다'고. 안녕히 주무십시오, 행운을 빕니다(Good night, and good luck)."

그 프로그램은 언론인과 정치인 사이의 마지막 결전이었던 중요한 텔레비전 방송이었다.[10] 그날 방송 이후 수만 건의 편지와 전보, 전화가 〈CBS〉 본사에 쇄도하였는데 대체로 전화 건 사람들의 반응은 15대 1로 머로에 우호적이었다.[11] 프렌들리는 나중에 회고록에서 상당히 많은 트럭 운전사들이 머로 옆에 차를 세우고 "훌륭한 쇼였습니다, 에드"라고 소리쳤다고 상기하였다.[12]

이후에 머로는 30분짜리 'See It Now' 프로그램에서 매카시에게

---

10 Lemann(2006), 앞의 글, p.42.
11 Adams, Val(March 11, 1954). "PRAISE POURS IN ON MURROW SHOW"(http://query. nytimes.com/gst/abstract.html?res), *New York Times*, p.19.
12 https://en.wikipedia.org/wiki/Edward_R._Murrow.

그에 대한 비난에 반응할 기회를 제공하였으며, 매카시는 초청을 수락해 1954년 4월 6일 방송에 출연하였다. 그 방송에서 매카시는 머로의 비난을 반박하였고, 머로가 공산주의 동조자라고 비난하였다. 매카시는 또한 자신을 비방하는 사람들을 다음과 같이 공격함으로써 대중에게 어필하고자 하였다.

> "보통은 나는 중요한 일을 하고 있는 중에 일부러 시간을 내면서까지 머로에게 일일이 대응하지 않는다. 하지만 이 경우에 머로가 심벌이자 리더이며, 개별적인 공산주의자들과 반역자들을 용감히 노출시키고자 하는 사람의 목을 조르려는 곳에서 항상 발견되는, 가장 영리한 앞잡이기 때문에 이 일을 하는 것이 정당하다고 느낀다"고 하였다.[13]

하지만 이 날의 방송에서 나타난 매카시의 반박 내용은 궁극적으로 이미 쇠퇴하는 그의 인기를 더욱 줄어들게 하는 데 기여했다. 그의 노력은 프렌들리의 기술적 전문성과 머로의 수사법 솜씨에 필적하기에는 역부족이었다. 매카시가 출연한 바로 다음 프로그램에서 머로는 "상원의원이 우리가 제작한 사실 관련 진술들에 대해 전혀 언급하지 않았다"고 논평하였으며, 자신에 대한 매카시의 비난을 반박하였다.[14] 그 방송 이후에 매카시는 상원의원직과 우호적인 여론을 모두 상실하게 되었다.

---

13 "Prosecution of E. R. Murrow on CBS's See It Now"(http://www.americanrhetoric.com/speechs/josephmccarthycbsseeitnow.htm). See It Now, CBS. April 6, 1954. Retrieved August 10, 2016.

14 "Response to senator Joe McCarthy"(http://www.americanrhetoric.com/speeches/edward-murrowtomccarthy.htm). See It Now, CBS. April 13, 1954. Retrieved August 10, 2016.

3. 'See It Now'가 저널리즘에 미친 영향

1) 텔레비전 저널리즘에 미친 영향

'See It Now'는 매카시에 대한 전국적인 반발을 가져오는 데 기여했으며, 텔레비전 역사에서 하나의 전환점이 되었다. 1950년대 유아기적 매체인 텔레비전에 머로가 미친 영향은 실제로 대단했으며, 방송 이후 수만 건의 편지, 전보, 전화 등이 〈CBS〉 본사로 쇄도하였다. 또 이 시사보도 프로그램은 전국의 신문, 잡지로부터 상당한 지지를 받았다. 'See It Now'는 녹화되기보다는 라이브로 방송되었으며, 관련 영상자료들을 제공하면서 텔레비전 뉴스에 신선함을 가져왔고, TV 저널리즘과 미국 방송기자들에게 주요한 영향을 미치면서 많은 후속편들을 낳았다. 대부분 'CBS Reports'의 반복적인 뉴스 다큐멘터리 시리즈들이었는데, 잘 알려진 '60Minutes'는 'See It Now' 제작자인 돈 휴윗(Don Hewitt)에 의해 창안되었다. 초기에 제작된 전편들은 'See It Now' 이전 제작자들인 파머 윌리엄스와 조 워쉬바(Palmer Williams and Joe Wershba)가 만들었다.

'See It Now'는 텔레비전 초창기에 시청자들이 무엇이든지 화면을 통해 볼 수 있도록 의회나 시민 활동과 관련된 다양한 현장 촬영 자료를 제공했다. 1954년 3월에 매카시 상원의원에 관해 방송했을 때도 제작자 프렌들리와 머로는 매카시와 관련된 객관적 사실자료를 모아 머로가 이에 대해 직접 해설을 했다. 선택한 영상자료는 매카시 상원의원의 최악의 장면과 일관성이 전혀 없는 모습들을 보여 주었으며, 매카시에 대하여 경멸적으로 '위스콘신 출신의 초선 상원의원'

이라고 반복적으로 언급했고, 그에 대하여 매우 비판적인 사설들을 읽어 주었다.

한편, 당시는 텔레비전 네트워크 방송사들이 점차 대형 사업규모로 변신하던 시절이었다. 텔레비전 프로그램을 '제품'으로 만들고자 하는 경영자들이 지배하면서부터 프로그램의 형식은 점차 표준화되고 효율적인 방법으로 제작되기 시작하였다. 생방송보다는 녹화 방송이 더 선호되었고, 〈ABC〉의 등장으로 광고주에게 더 많은 수용자를 제공해 주는 네트워크사들이 유리하게 되었다. 'See It Now'는 도발적인 주제들을 많이 다루었고, 새로운 영상경험을 제공하는 등 객관적인 장점들에도 불구하고, 많은 시청자들을 확보하지 못했기 때문에 시청률이 낮았다. 결국 시청률 하락에 따른 광고주의 압박에 의해 프로그램이 종영될 위기에 놓이고 말았다. 또한 머로의 개인적인 보도스타일, 즉 전지전능한 태도와 기자로서의 철저함은 1950년대 말에는 시대적으로 진부하게 보였고, 유행에 뒤떨어져 보였으며, 그의 매너도 더 이상 대중의 취향에 부합되지 못하였다.[15]

뉴스에 대해 강타하는 머로의 보도접근법은 결국 텔레비전의 세계에서 자신에게도 영향을 미쳤다. 그의 유명한 토크쇼인 'Person to Person'은 팬이 좋아하는 프로그램으로 오히려 'See It Now'보다 시청률이 잘 나왔다. 'See It Now'는 이따금씩 논쟁적인 주제를 다룰 때 높은 시청률이 나왔지만 일반적으로 그 프로그램은 프라임타임에서 시청률이 낮은 편이었다. 1950년대 중반에 퀴즈쇼가 텔레비전을 휩

---

15 Baughman, James, L.(1981). "See It Now and Television's Golden Age, 1951-58", *Journal of Popular Culture*, Fall 1981, 15,2, p.106.

쓸었을 때 머로는 'See It Now'가 〈CBS〉의 프라임타임 고정물로 될 날이 얼마 남지 않았음을 깨달았다. 광고주인 앨코아(Alcoa)가 협찬을 끝냈을 때, 그 쇼는 이따금씩 특집시리즈로서 일요일 오후 5시 시간대로 옮겨졌다. 이 당시 네트워크 방송사는 머로의 프로그램 때문에 피해를 입었다고 주장하는 이들에게 발언권의 '동등한 시간'[16]을 반복적으로 부여했으며, 머로는 자신과 상의 없이 벌어지는 이러한 처사에 매우 분개하였다. 머로는 〈CBS〉 사장에게 만약 회사가 계속해서 그러한 동등시간 요청을 요구한다면, 자신은 그 프로그램을 더 이상 제작할 수 없다고 항의하였다. 머로와 사장 페일리의 심한 언쟁은 그 프로그램의 종식시키는 계기가 되었다. 'See It Now'는 1958년 7월 7일에 방송된, 전후 독일을 다루는 'Watch on the Ruhr'를 마지막으로 종영되었다.

3개월 후인 1958년 10월 15일, 시카고에서 열린 '라디오 & 텔레비전 뉴스 연출자협회'에서 머로는 '전파와 빛'이라는 제목의 연설에서 "TV가 공중의 관심사는 뒷전으로 하고, 오락과 상업주의에 빠져있다"며 맹렬히 비난하였다. 다음은 그의 연설문의 일부이다.

> "매일, 주요 사건이 다뤄져야 할 시청률의 피크시간대에, 텔레비전은 우리가 사는 이 세상의 현실로부터 우리를 격리시키고 있다. 만약 이러한 상태가 계속된다면, 우리는 '일단 지금은 보고, 나중에 그 대가를 지불하세요(LOOK NOW, AND DAY LATER)'라고 읽도록 광고 구호를 변경해야 될지도 모른다."[17]

---

16 공정성 차원에서 시사프로그램의 경우 반대입장에 대해 균등한 시간을 Fairness Doctrine에 따라 제공해야 함.

시카고 연설에서의 그의 심한 논조는 머로와 페일리의 우정을 심각하게 손상시켰다. 머로의 경력에 악영향을 미친 또 다른 요인은 바로 새로운 텔레비전 저널리스트로 부상한 월터 크롱카이트(Walter Cronkite)였다. 1950년에 등장한 월터 크롱카이트는 1961년에 머로가 방송국에서 사임할 때까지 〈CBS〉에서 진행자로서 라이벌 경쟁을 계속했던 것이다.

다큐멘터리 시리즈인 'CBS Reports'의 첫 에피소드에 참여한 이후에 머로는 〈CBS〉와의 갈등과 좌절로 인해 육체적인 스트레스가 커져 1959년 여름에서 1960년 중반까지 'CBS Reports'와 'Small World' 일을 계속하면서도 안식기간을 취하였다. 'CBS Reports'의 제작책임자인 프렌들리는 방송사가 안식기간 후에 머로로 하여금 다시 공동제작자가 될 수 있도록 허용해 주길 바랐지만, 결국 그의 기대대로는 되지 못하였다. 머로가 TV 역사에 남긴 중요한 대기록은 'CBS Reports'의 '창피한 수확(Harvest of Shame)'이라는 한 회에서 리포트와 해설을 한 것이었다. 이 프로그램은 미국 이주 농장노동자들의 역경을 다룬 것으로서 프렌들리가 연출하고 데이비드 로(David Low)가 제작했으며, 1960년 11월 추수감사절 바로 직후에 방영되었다.[18] 매카시가 주도한 반공산주의 시대에 대한 'See It Now'의 탐사보도는 2005년에 영화 〈굿나잇 앤 굿럭(Good Night And Good Luck)〉의 핵심내용이 되어 제작되었다.

---

17 Edward. R. Murrow Speech. Radio-Television News Directors Association, October 15, 1958, Retrieved August 10, 2016. http://www.rtdna.org/content/edward_r_murrow_s〉1968_ wires_lights_in_a_box_speech#.

18 http://en.wikipedia.org/wiki/Edward_R_Murrow.

> **에드워드 R. 머로(1908~1965)의 주요 경력과 TV 작품들**
>
> - 1935년: CBS 입사
> - 1940년: 독일의 영국 항공 공습에 대한 라디오 생중계를 통해 민간인 피해자와 파괴된 건물의 참상이 방송된 후, 제2차 세계대전 참전에 부정적이었던 미국 여론의 전향
> - 1950년: 시사보도프로그램 'See It Now' 론칭
> - 1953년: 공군 예비역 중위 마일로 라둘로비치의 연좌제로 인한 강제 퇴역 고발. 이에 대해 항의 · 위협했던 매카시 진영에 대한 탐사 진행
> - 1954년 3/9: 'See It Now'에서 매카시 의원 고발
> - 1958년: 'See It Now' 시청률 부진으로 종영
> - 1960년: 다큐멘터리 프로그램 '창피한 수확(Harvest of Shame)' 참여, 이민노동자들의 고난 고발
> - 1961년: 정보국 이동
>
> - 1951~1958: 'See It Now'(진행자)
> - 1953~1959: 'Person to Person'(진행자)
> - 1958~1960: 'Small World'(사회자 및 제작자)

2) 'See It Now' 프로그램에 대한 언론의 반응

머로가 텔레비전 프로그램을 통해 매카시 상원의원을 공격했던 사건은 미국 저널리즘 역사 연구자들의 많은 관심을 불러일으켰으며, 당시 신문과 잡지상에 독자와 시청자들이 어떤 반응을 보였는가에 대한 연구를 독려하였다. 머로뿐만 아니라 매카시에 대해 일반 시민들은 어떤 의견을 언론사로 보냈는지 살펴보기 위해 1954년에 미 전역 네 곳에서 발행된 일간지 14개에 실린 2,343개 독자편지와 2,107개의 사설, 그리고 4개의 전국 잡지를 대상으로 한 문헌분석 연

구는 당시 언론에 미친 'See It Now'의 사회적 영향과 파장을 가늠해 볼 수 있는 주요 자료여서 여기서 소개하고자 한다.[19]

당시 머로의 'See It Now' TV 시사보도 프로그램은 1954년 3월 9일 동부시간대 저녁 10시 30분에 뉴욕시 채널 2번에서 방송했는데 당시 TV수상기를 소유한 사람들 가운데 9.2%인 약 300만 명이 36개 도시에서 시청한 것으로 집계되었다. 〈뉴욕타임스(New York Times)〉는 "두려움 없는 머로가 매카시에 대한 여론의 조류를 뒤집었고 방송이 영혼을 탈환하도록 했다"고 평가하였다.[20] 또한 많은 역사가들은 머로가 1954년에 사람들이 텔레비전의 파워를 다시 생각하도록 패러다임을 이동시켰다고 말했다. 라디오 논평가인 엘머 데이비스(Elmer Davis)는 머로의 3월 9일 방송프로그램이 텔레비전에 종사하는 사람들에게 TV란 매체가 자신의 행동과 말을 화면에 담음으로써 한 사람의 인격과 기록을 보여 줄 수 있다는 것을 가르쳤다고 역설하였다.[21]

머로와 그의 역할에 대한 전설은 이후에도 오랫동안 수그러들지 않았다. CBS의 베테랑 앵커인 댄 래더(Dan Rather)는 1994년 TV쇼에서 "텔레비전에서 머로가 매카시에 맞선 장면은 조세프 매카시 시대의 종말을 전조(signaled)하였다"고 역설했다.[22] 수많은 저널리즘 역사책들에도 '머로의 용기 있는 방송은 매카시 상원의원의 몰락의 시작'이었으며, "텔레비전이 정부의 제4부로서의 역할에 부응하였음

---

19 Brian Thornton(2003). "Published Reaction When Murrow Battled McCarthy", *Journalism History*. Fall 2003. 29. pp.133-146.

20 *New York Times*. March 11, 1954. A12.

21 Thornton, B.(2003). 앞의 논문. p.135. 재인용.

22 Michael Blowen. "Murrow and McCarthy Revisited". Boston Globe, June 15, 1994. Rather hosted a Murrow CBS special, "When America Trembles Murrow/McCarthy" that aired June 15, 1994. Thornton(2003). p.135. 재인용.

을 보여 주었다"고 기록하고 있다.[23]

오늘날의 신문들도 계속해서 머로를 매카시즘의 해결사로 소개하고 있다. 〈런던타임스(The London Times)〉는 2000년 3월 29일에 머로의 유명한 1954년 3월 9일 방송을 보도하면서 "매카시의 몰락을 확실하게 하기 위해 공중의 충분한 지지를 얻도록 충격요법을 썼다"고 표현하였다.[24]

이외에도 많은 언론사들이 오늘날까지도 머로의 매카시 의원 보도를 인용하면서 평가하고 있다. 머로의 방송보도에 대한 공중의 반응이 즉각적이고, 압도적이었으며, 거의 모두 머로에 우호적으로 나타났다는 점은 〈CBS〉가 집계한 피드백에서도 잘 나타났다. 〈CBS〉는 초기 4시간 동안 2,365통의 전화를 받았는데 이 중 151통을 제외한 전화들이 모두 머로를 지지하였다. 그후 24시간 내에 1만 2,000통의 전화가 왔는데 이는 TV 역사에서 가장 큰 기록이었다. 당시 전화녹음은 이루어지지 않았지만, 약 15:1로 머로에게 우호적인 전화가 압도적으로 많았다. 1954년 3월 22일 〈뉴스위크(Newsweek)〉는 〈CBS〉보다 더 나아가 전화 온 건수가 3,000건 더 많은 1만 5,000건이라고 발표했으며, 이러한 전화는 계속되었고, 〈CBS〉 제작자인 프레드 프렌들리는 '매카시-머로 쇼'에 대하여 〈CBS〉와 그 계열사로 걸려 온 전화 건수는 전부 7만 5,000건 이상이었으며, 약 10:1로 머로에게 우호적이었다고 주장하였다.[25]

---

23 Hiley Ward(1997). *Mainstreams of American Media History*, Boston: Ally and Bacon, 2002, p.469. Thornton(2003), p.135.

24 *London Times*, March 29, 2000.

25 *Newsweek*(March 22, 1954). The Scorched Air: Murrow vs. Senator McCarthy, p.88. Thornton(2003) 재인용, p.136.

그러나 이렇듯 많은 전화쇄도 이전에 몇몇 역사가들은 이미 매카시의 몰락을 예고했다. 그는 3월 9일 TV쇼 전부터 이미 정치적으로 쇠퇴하고 있었다. 영향력 있는 공화당원들이 매카시를 맹렬히 비난하는 데 가담했으며, 〈뉴욕타임스〉와 〈뉴욕헤럴드 트리뷴〉, 〈워싱턴 포스트〉를 포함해 많은 신문사들도 반매카시 사설을 싣는 캠페인을 진행하고 있었다. 또한 TV논평 쇼뿐만 아니라 진보적인 신문 칼럼니스트와 기자들 역시 매카시에 대한 불만이 날로 더 늘어갔다. 월터 리프만(Walter Lippmann), 제임스 레스턴(James Reston), 조세프 올솝(Joseph Alsop)과 스튜어트 올솝(Stewart Alsop) 등이 한목소리로 반 매카시 논평을 내놓았다.[26]

머로는 언론학 분야에서 당시에 엄청난 양의 조사연구를 낳는 데 기여했으며, 매카시와 그의 대결구도는 몇몇 학자들의 주요 연구주제가 되었다. 그는 방송에 정기적으로 출연했을 뿐만 아니라 그가 출연한 방송은 많은 신문과 잡지의 주요 기삿거리가 되었으며, 1950년대 초에 새롭게 등장한 TV 비평가들은 머로에 대해서 빈번하게 글을 썼다. 예를 들어, 그는 1953년 12월에 〈뉴스위크〉의 커버스토리의 주인공이었으며, 1954년에 두 번 더 〈뉴스위크〉 커버스토리에 등장했고, 〈타임(Time)〉지에도 한 번 실렸다. 〈뉴요커(The New Yorker)〉라는 잡지도 1953년 12월과 1954년 3월에 그의 프로필을 다루었으며, 이외에도 많은 신문, 잡지사들이 머로에 대한 기사를 다루었다. 머로의 전기 작가인 알렉산더 켄드릭(Alexander Kendrick)은 머로와

---

26 Thornton, B.(2003). Thornton(2003), p.137.

매카시의 마지막 결전은 "전국의 거리와 가정, 신문과 잡지, 라디오와 텔레비전 등에서 계속적인 반향을 불러일으켰으며, 머로와 매카시의 대결을 전국적인 굉장한 구경거리(스펙터클)로 만들었다"고 썼다.[27]

이와 같은 머로의 권력자에 대한 용기 있는 비판 보도는 미국 사회에서 매카시즘 광풍을 몰아내는 단초를 제공했던 것이다.

'See It Now'(1954) '매카시 의원' 보도의 마지막 부분 원문 발췌
The historic See It Now broadcast of March 9 1954 on CBS TV

We can deny our heritage and our history, but we cannot escape responsibility for the result. ⋯ We proclaim ourselves ⋯ the defenders of freedom, wherever it continues to exist in the world, but we cannot defend freedom abroad by deserting it at home.

No one familiar with the history of this country can deny that congressional committees are useful. It is necessary to investigate before legislating, but the line between investigating and persecuting is a very fine one and the junior Senator from Wisconsin has stepped over it repeatedly. His primary achievement has been in confusing the public mind as between the internal and the external threats of communism. We must not confuse dissent with disloyalty. We must remember always that accusation is not proof and that conviction depends upon evidence and due process of law. We will not walk in fear, one of another. We will not be driven by fear into an age of unreason, if

---

27 Kendrick, Alexander(1969). *Prime Time: The Life of Edward R. Murrow*, Little, Brown, p.60.

we dig deep in our history and our doctrine, and remember that we are not descended from fearful men — not from men who feared to write, to speak, to associate and to defend causes that were, for the moment, unpopular.

This is no time for men who oppose Senator McCarthy's methods to keep silent, or for those who approve. We can deny our heritage and our history, but we cannot escape responsibility for the result. There is no way for a citizen of a republic to abdicate his responsibilities. As a nation we have come into our full inheritance at a tender age. We proclaim ourselves, as indeed we are, the defenders of freedom, wherever it continues to exist in the world, but we cannot defend freedom abroad by deserting it at home. The actions of the junior Senator from Wisconsin have caused alarm and dismay amongst our allies abroad, and given considerable comfort to our enemies. And whose fault is that? Not really his. He didn't create this situation of fear; he merely exploited it — and rather successfully. Cassius was right. "The fault, dear Brutus, is not in our stars, but in ourselves." Good night, and good luck.

출처: the transcripts of A Report on Senator Joseph R. McCarthy at Wikisource.

언론 자유를 수호하라

서독 정치권력 민주화에 결정적으로 기여한
'슈피겔 사건' 보도(1962)

1. '슈피겔 사건' 보도의 선정배경

서독의 전후 역사에서 1960년대는 정치사회적으로 매우 중요한 시기로 인정받고 있다. 역사학자들은 이 시기를 서독 사회의 민주화와 자유화가 착수된 단계로 분류한다. 이 시기에 발생한 '슈피겔 사건(Spiegel Affair)'은 1962년 아데나워(Adenauer) 정부의 위기를 초래하였는데 이것은 정부가 언론을 제어하는 것에 대하여 시민과 학생들이 대규모 시위를 벌이고, 주요 언론들이 정부를 비판하여 서독의 정치권력과 민주화에 결정적인 영향을 미친 사건이다.

1962년 10월 8일, 서독의 시사주간지 〈슈피겔(Der Spiegel)〉은 커버스토리로 북대서양조약기구(NATO)의 훈련계획 'Fallex 62'를 다루었다. 〈슈피겔〉이 서독 방위계획의 허점을 폭로하면서 서독군의 방위태세와 핵무장 조짐을 비판하는 기사를 게재하자 정부는 대대적인 탄압을 가했다. 기사가 보도된 약 2주 후에 서독 정부는 국가기밀누설죄(반역)를 적용, 〈슈피겔〉 발행인과 담당기자 등을 체포하고 기소하였다. 경찰은 10월 26일에 함부르크의 〈슈피겔〉 편집국에 들이닥쳐 〈슈피겔〉 본사를 압수수색하고 발행인 루돌프 아우크슈타인(Rudolf Augstein)을 비롯해 기자 8명을 구속했다. 담당기자였던 콘라트 아흘러(Conrad Ahlers)는 휴가 중 스페인의 한 호텔에서 서독 당국의 요청에 따라 스페인 경찰에 의해 끌려가기도 했다. 그 후 '슈피겔 사건'으로 편집국은 4주간 폐쇄되었으며, 이 사건은 언론자유탄압의 상징적인 사건이 되었다.

이 사건의 핵심은 권력 남용에 대해 가차 없는 탐사보도로 유명한 〈슈피겔〉이 서독 국방부의 스캔들을 잇달아 폭로하자 서독 정부가 국가 기밀을 누설했다는 이유로 발행인과 기자를 반역 혐의로 구속한 것이다. 하지만 언론 탄압을 비난하는 대규모의 학생 및 시민들의 시위와 주요 언론들의 정부에 대한 비판이 계속되면서 결국 아데나워 총리와 국방장관이 물러나고 말았다. "독일 민주주의가 '슈피겔 사건'과 함께 시작되었다"는 말이 이때 나왔을 정도로, 이전까지 서독 정부는 매우 권위주의적 관행을 벗어나지 못했으나 이 사건을 계기로 민주주의적 관행으로 바뀌는 중대한 전환점이 되었다. 〈슈피겔〉을 정직한 언론으로 선정한 이유는 바로 이 언론보도 사건이 서독에 정치적 민주화 변화를 가져온 주요 단초가 되었으며, 자유언론의 역할에 대한 시민들의 지지를 얻어 내고 공론장의 탄생을 가져오는 데 기여했기 때문이다.

2. '슈피겔 사건'의 개요

1) 전후 시대적 상황과 독일 언론의 탄생

서독에서 68세대라 불리는 1960년대 후반의 시위세대는 진정한 민주화를 추동한 세력으로 간주되며, 그들과 공론장 민주화의 연계는 매우 중요하다고 할 수 있다. 특히 전위파의 역할을 한 언론인 엘리트들은 정치적 결정과 수용자의 기대 변화를 가져오는 데 중요한 영향을 미쳤다. 정치적 갈등을 다루는 미디어의 변화 패턴과 언론에서의 새롭고 도전적인 취재관행들, 그리고 이동하는 미디어 엘리트의 세대 간 구성이 서독 사회가 변화와 갈등을 어떻게 협상해 나가야 하는지 그 방법을 변형시켰던 것이다. 서독의 정치지형에서 일어난 점진적인 민주화를 추적해 볼 때, '비판적인 공론장'이란 미디어 실천과 미디어 엘리트, 수용자들이 정치와 공중, 국가와 사회의 변화하는 관계를 반영하는 민주적인 정치문화에서 중요한 역할을 담당한다.[1]

1945년 제2차 세계대전 종식 후에 서독에서의 자유로운 언론은 연합군 당국에 의해 허가를 받았으며, 독일에서 민주적으로 합법화된 근거가 없었다. 독일민의 재교육은 자유로운 언론에 의해 전개되어야 했지만, 모든 언론은 연합군의 허가를 받는 제한과 검열에 처하였다. 이러한 상황하에서 서독의 정기간행물과 신문들이 1945~1949년 사이에 창간되었으며, 주간 잡지로 〈슈피겔(Der Spiegel)〉, 〈디차이트(Die Zeit)〉, 〈스턴 앤 퀵(Stern and Quick)〉 등이 발간되었고, 전국 일간지로 〈디벨트(Die Welt)〉, 〈쥐트도이체 차이퉁 운트 프랑크푸르트 알게마이네 차이퉁(Süddeutsche Zeitung und Frankfurter Allgemeine Zeitung(FAZ))〉이 설립되었다. 1949년 이후에 이들은 독일연방공화국에서 가장 중요한 전국구 잡지와 신문사로 발전하였다.

최초의 정치잡지인 〈슈피겔〉은 1947년 1월 4일에 발간되었으며, 전신인 〈디제 보케(Diese Woche)〉는 미국과 영국의 뉴스잡지를 모델로 하여 영국 군대의 집정 통치하에 발행되었다. 당시 편집장이었던 루돌프 아우크슈타인은 연합군 당국을 비판대상에서 배제하지 않았

---

1 Hodenberg(2006), "Mass media and the Generation of Conflict: West Germany's Long Sixties and the Formation of a Critical Public Sphere," *Contemporary European History*, 15, 3, pp.367-395.

그림 5.1 〈슈피겔〉의 초창기 편집회의 장면(상)과 잡
　　　　지 표지(하)
출처: https://www.goethe.de/en/kul/med/20894053.html
　　　Le fondateur du 《Spiegel》, Rudolf Augstein (deuxième
　　　en partant de la droite), accompagné de rédacteurs en
　　　1947 | Photo (détail): © DER SPIEGEL

기 때문에 영국은 이 신문을 없애고 싶어 하였다. 영국은 이 신문을
없애는 대신 아우크슈타인에게 새로운 잡지인 〈슈피겔〉에 대한 발행
허가를 부여하였다.

　　1949년에 편집이사회는 "〈슈피겔〉 잡지에서 취재 및 기록되고 인
용된 모든 뉴스, 정보, 사실들은 절대적으로 정확해야 한다"고 〈슈피
겔〉의 위상 수립을 결의하였다. 또한 "모든 뉴스와 정보, 사실들은
반드시 철저하게 면밀히 조사되어야 한다"고 밝혔다. 이러한 기준들

은 탐사 언론인들에게는 매우 높은 기준이었다.

1949년 독일연방공화국 수립 이후, 언론의 자유는 독일 헌법이 명하는 기본법(Basic Law) 제5조(자유로운 의사표현의 권리) 제1항에 "누구든지 말, 글 그리고 그림으로써 자유로이 의사를 표현하고 전파하며 일반적으로 접근할 수 있는 정보원으로부터 방해를 받지 않고 정보를 얻을 권리를 갖는다. 신문의 자유와 방송 및 필름을 통한 보도의 자유는 보장된다. 검열은 행하여지지 아니한다."고 되어 있다. 또 국가 안전에 관한 비밀정보를 공중에 노출하는 것을 막기 위한 특별한 언론 관련 법률은 독일에서는 존재하지 않았다. 그러다 1956년에 서독 정부는 정보활동 관련 주제들 가운데 국가 안전과 관련된 사안들을 발행할 때 다른 것들 사이에 비밀과 투명성 사이의 선을 긋기 위해 연방 언론법을 발전시키고자 하였다. 그와 같은 계획된 연방 언론법을 막기 위하여 1956년 11월 20일에 영국의 신문평의회를 모델로 삼아 독일의 신문평의회가 창설되었다.[2]

2) '슈피겔 사건'의 배경과 개요

한편, 1960년대 초반 독일 정치상황의 변동은 1950년대 집권한 아데나워 정권을 위협하고 있었다. '슈피겔 사건'은 아데나워 정권의 조기퇴진에 결정적인 영향을 미친 사건으로, 당시 '나토 재무장 정책'을 주도한 인물은 국방장관 프란츠 요제프 슈트라우스(Franz Josef Strauss)였다. 시사주간지 〈슈피겔〉은 오랫동안 슈트라우스를 '전쟁이

---

2 Hess, Sigurd(2009). "German Intelligence Organizations and the Media," *The Journal of Intelligence History* 9, pp.75–87.

나 쿠데타 없이는 수상직에서 물러나지 않을' 권력지향적인 인물로 공격하였다.[3] 〈슈피겔〉은 북대서양조약기구(NATO)의 훈련계획 'Fallex 62' 해부기사를 커버스토리로 다루었고, '방위를 제한하라'는 나토의 기동훈련에 대한 기사를 통해 서독 방위계획의 허점도 폭로하였다. 이 기사 내용은 국가기밀 문서를 기반으로 작성되었다는 인상을 주었는데, 〈슈피겔〉 기사가 나온 약 2주 후에 슈트라우스 국방장관과 보수 정치인들은 〈슈피겔〉 발행인과 담당기자들을 국가기밀 누설혐의로 체포, 기소하였다. 또 경찰은 함부르크의 〈슈피겔〉 편집국에 들이닥쳐 수천 건의 자료를 압수하였으며, 발행인을 비롯해 언론인들을 반역혐의로 체포, 구속하였다.

그러나 시간이 지나면서 국방장관 슈트라우스가 불법적으로 조치를 취한 사실이 알려져 독일 정부의 〈슈피겔〉 탄압은 역풍을 불러일으켰으며, 언론의 자유를 탄압하는 모습을 지켜본 독일 시민들이 정부를 비난하는 대규모 시위를 시작하였다. 또 기사의 상당 부분 내용은 핵 전문가라면 충분히 유추할 수 있는 문제였다. 이에 발행인인 루돌프 아우크슈타인은 주심리조차 받지 않고 103일 뒤에 석방되었으며, 부심리에서는 무죄를 선고받았다.[4]

그 후 슈피겔 사건의 결과는 서독에서 언론의 자유를 보장하는 중요한 단계로 간주되었으며, 역사가들은 이 사건을 비판적인 공론장의 출현을 위한 도화선으로 평가하고 있다. 연방공화국의 역사학

---

3 유진홍(2001). "1960년대 독일 학생운동의 파시즘 비판–파시즘 비판에서 대의제 민주주의 비판으로–". 중앙대학교대학원 사학과 서양사전공. 석사학위논문. p.50.
4 유진홍(2001). 앞의 논문. p.50.

자들은 독일에서 시민이 활발하게 정치적으로 참여하는 공론장을 설명할 때 아데나워 정부의 위기를 이끈 시사주간지 〈슈피겔〉 사건을 꼽는다. '슈피겔 사건'은 정부가 언론을 통제하려는 행위에 대해 대규모의 시위를 유발시켰으며, 언론인들의 거의 만장일치에 가까운 항의운동을 초래한 사건이었다. 그 사건은 비판적인 공론장의 출현을 위한 시작점일 뿐만 아니라 주요 이유가 되었다. 하지만 '슈피겔 사건'은 단 하나의 사건이나 민주화된 공론장을 야기한 '빅뱅'이 아니었다. 오히려 이 사건은 1950년대 이래로 미디어 스펙트럼의 양극화가 증가하고, 비판적인 정치보도가 성공을 위한 공식임을 발견한 젊은 기자들의 영향력이 커지면서, 오랜 기간 누적되어 온 정부와 대중매체 사이의 껄끄러운 긴장이 반영된 결과라고 봐야 할 것이다.[5]

3. '슈피겔 사건'의 전말과 서독 언론의 대응[6]

1) 슈피겔 사건의 세 단계

역사적인 '슈피겔 사건'은 뚜렷한 세 단계로 구분된다. 첫 단계는 1962년 10월 26, 27일 밤 동안에 뉴스 잡지사에 대한 노골적인 조치가 이루어진 때부터 11월 5일 아데나워 정권이 그 사건과 직접 연루된 두 명의 관료들을 희생시킨 후에 법무장관 볼프강 슈탐베르거

---

5 Hodenberg(2006), 앞의 논문, pp.370–371, 378
6 Ronald F. Bunn(2001), "The Spiegel Affair and the West German Press: The Initial Phase" 내용을 발췌, 요약하였음.

(Wolfgang Stammberger)가 사임한 11월 5일까지이다.

이 단계는 〈슈피겔〉에 대한 일련의 조치들이 취해진 시기로, 직접적이고 거의 자동적인 반응이 이루어진 시기로 기록되었다. 경찰은 〈슈피겔〉의 함부르크와 본 사무실을 포위, 침입하여 봉쇄하고, 사무실과 파일들, 금고, 서류들과 기사들을 통제하였다. 그들은 편집 기자들의 집도 찾아가 수색했으며, 클라우스 야코비(Claus Jacobi), 요하네스 엥겔(Johanes Engel), 그리고 한스 데틀레프 베커(Hans D. Becker)를 사무실에서 체포하였다. 그들은 또한 스페인에 있던 콘라트 아흘러를 비밀스러운 상황하에서 체포하였고, 헝가리에서 돌아온 한스 슈멜츠(Hans Schmelz)도 체포하였다. 발행인 루돌프 아우크슈타

그림 5.2 발행인 루돌프 아우크슈타인의 체포

출처: http://www.spiegel.de/international/germany/50th-anniversary-of-the-spiegel-affair-
    a-857030.html

인은 자신에게 체포영장이 발부되었다는 소리를 듣고 자발적으로 출두하였다. 더 나아가 〈슈피겔〉의 발행은 경찰의 주둔과 명백한 사전 검열로 방해를 받았고, 기자, 작가들과 직원들은 다른 곳의 작업 공간을 찾아야 했다.

〈슈피겔〉 사무실을 급습해서 초기에 기자들을 체포한 다음 날, 연방검찰청은 〈슈피겔〉이 독일 국민의 안전과 자유뿐만 아니라 연방 공화국의 안전을 위험하게 하는 방식으로 '국가기밀'을 발행해서 조치를 취했다고 발표하였다. 연방검찰청의 대변인은, 1962년 10월 10일자에 콘라트 아흘러가 쓴 〈슈피겔〉의 기사에서 주로 혐의가 제기되었다고 설명하였다. 아흘러와 아우크슈타인에 대한 기소는 구체적으로 '조국의 배반과, 정보의 반역적인 날조와 뇌물수수'였다.

이러한 첫 단계에 대한 언론의 반응은 즉각적인 반향을 불러일으켰다. 가장 중요한 사실은 다양한 세부사항에 이르기까지 전적으로 거의 〈슈피겔〉에 대해서만 배타적으로 당국의 조치가 나타났다는 점이다. 독일뿐 아니라 외국의 언론도 〈슈피겔〉 사건에 대하여 폭넓은 취재보도를 했는데, '밤과 안개, 게슈타포(Nacht und Nebel, Gestapo)', '경찰국가' 그리고 또 다른 독일을 연상하는 유사한 의미를 내포한 말과 단어들이 신문 기사와 사설들에 실렸고, 뉴스와 특집보도 방송으로 나갔다. 그중 하나는 매우 결정적이고 논쟁적인 TV-시리즈로 함부르크에서 제작된 것이었다.

〈슈피겔〉 사건에 대한 공중의 반응은 시간이 지나면서 격화되었다. 예술가, 작가, 지식인들이 모인 'The Gruppe47'은 베를린에서 10월 28일에 정기모임을 갖고, 루돌프 아우크슈타인의 석방과 요제

그림 5.3 '슈피겔 사건'에 대응해 언론 자유를 외친 시위장면(c. October–November 1962)

출처: Courtesy of the German Information Center

프 슈트라우스의 사임을 요구하고 성명서를 발표하였다. 10월 30일 엔 학생들과 동부의 시위대들, 평화주의자들이 프랑크푸르트에서 시위를 벌였으며, 하루 뒤에는 하노버, 베를린, 함부르크 등지에서 시위가 발생하였다. 학자들은 조사 과정에서 사용된 기법들을 명료화하라거나 비판하면서 정치지도자들에게 탄원하였다. 언론인들과 신문발행인 협회는 명백한 근거도 없이 합법적인 언론의 자유를 탄압하는 조치에 반대하는 시위를 보도했다. 서독의 가장 명망 있는 작가와 예술가 40여 명이 "전쟁이 시대착오적이고 상상할 수도 없는 시대에, 소위 국가기밀들을 밝히는 것은 옳을 뿐만 아니라 윤리적인 의무이다"라고 선언함으로써 추가적인 논쟁을 일으켰다. 이 사건에 대한 공중의 관심 역시 지대했는데, 사건발생 몇 주 후 엄청나게 많은 독일인들이 슈피겔 사건과 관련해 하나 혹은 그 이상의 주요 논쟁 국면에 대해서 알고 있다는, 신뢰할 만한 여론조사결과들이 이를 증명했다.

한편, 내각 멤버들과 다른 정치지도자들은 아데나워 총리의 설명을 요구했다. 자유민주당(FDP)을 이끄는 법무장관 슈탐베르거는 왜 자신과 경찰을 책임지고 있는 내무장관 란드(Land)가 〈슈피겔〉에 대한 급박한 조치를 고지받지 못했는지 설명을 요구했다. 함부르크의 시장인 폴 네베르만(Paul Nevermann)도 아데나워 총리에게 전보를 쳐서 설명을 요구하고, 함부르크 영토에 거주하는 연방관료의 권리를 검토하도록 위협하였다.

사민당(SPD)의 연방하원(Bendestag)들은 법사위원회를 요구하여, 11월 7일 의회소집에 앞서 10월 29일에서 11월 2일 사이에 일련의 질문들을 제기했는데, 이 질문들 가운데 결정적인 것은 다음과 같다. "어떤 상황하에서 콘라트 아흘러가 파시스트 정권 하의 스페인에서 체포되었는가?", "'슈피겔 사건'에서 국방부와 특별히 프란츠 요제프 슈트라우스의 역할은 무엇이었는가?", "〈슈피겔〉이 실제로 10월 10일 나토의 작전행동 'Fallex 62'에 대한 기사에서 국방기밀을 사용했다면, 그 기밀을 전달한 국방부 관료로 누가 체포되었는가?", "왜 국방장관과 내무장관은 고지받지 못했는가?" 등이다.

이와 같은 강렬한 반응과 집중포화된 질문들에 대해 아데나워 수상이나 다른 내각 멤버가 상황을 제대로 수습하지 못함으로써 본(Bonn) 정권은 허물어지는 듯하였다. 정부대변인은 불완전하고 모순된 성명을 언론에 발표하였다. 아무도 누가 〈슈피겔〉을 기소했는지를 몰랐다가, 10월 31일에 육군 예비역 장군인 프리드리히 본 하이트(Friedrich von der Heydte, Wuerzburg의 교수)가 자신이 일반시민으로서 그 일을 했노라고 시인했다. 그는 1955년에 〈슈피겔〉에 의해 공격을 받은 적이 있었다. 슈탐베르거 법무장관은 국무장관들이 의도적으로 자신에게 고지하지 않았음을 알았고, 이는 더 높은 지위에 있는 사람의 지시에 따라 발생한 것이 명백해졌다. 당시 바바리아(Bavaria) 선거 캠페인으로 분주했던 프란츠 요제프 슈트라우스는 자신은 결백하다고 주장했으며, 11월 3일 자신은 '슈피겔 사건'과 아무 관련이 없다고 기자들에게 말했다. 그러나 보크마 호프(Volkmar Hopf)는 자신이 슈트라우스 장관에게 자신의 상관인 슈탐베르거를 우회하라고 했다고 시인하였다. 이로써 '슈피겔 사건'의 첫 단계의 마지막을 장식하게 되었다.

슈탐베르거 법무장관의 사임에 직면한 아데나워 수상은 호프와 슈트라우스 두 명의 국무차관들을 희생시키는 결정을 내렸고, 이에 따라 슈트라우스는 사임을 했고 호프는 무한 휴직에 돌입했다. 그러나 돌연 슈탐베르거가 자신의 사임결정을 철수하고 자유민주당(FDP)과 함께 내각에 남기로 결정하면서 '슈피겔 사건'은 제2단계로 접어들었다. 11월 6일부터 11월 13일 사이에 국면은 확실하게 전환되었고, 12월 중순까지 아데나워 수상은 그의 새 내각을 정비하였다. 이에 대하여 루돌프 아우크슈타인은 '드레퓌스 대령도 없었고, 에밀 졸라도 없었다'라는 글을 썼다.

이 시기에 '슈피겔 사건'은 더욱 확대되었으며, 제1단계를 훨씬 더 능가하는 즉각적인 조치와 반응을 가져왔다. '슈피겔 사건'은 서독의 정치인들을 걱정시킨 이슈들에 대한 전면전이 되었으며, 다수의 독일 국민들을 혼란에 빠뜨렸고 1949년 독일연방공화국이 시작된 이후 최대로 독일 지성인들을 분열시켰다. 그렇지만 본(Bonn) 정부나 〈슈피겔〉의 지지자들 그 어느 쪽도 이런 식으로 일이 진행되길 계획했다는 증거는 없다. 사건들이 너무 급속하게 전개되어 어느 누구도 그것을 유리하게 통제할 수는 없었다. '슈피겔 사건'의 흐름은 서독 사회에서 그저 자연스럽게 변증법적인 수순을 밟아 해결되어 갔으며, 결과적으로 볼 때 이 사건의 주요한 함의는 서독 정권의 성격과 특성을 폭로했다는 점이다.

사민당(SPD)이 내각에 맞서서 일련의 질문을 제기하기로 한 결정은 '슈피겔 사건'의 두 번째 단계에 박차를 가했다. 여기에 스페인에서의 콘라트 아흘러의 비밀스러운 체포 역시 힘을 더하였다. 11월 6일, 스페인 경찰은 10월 27일에 인터폴을 통해 아흘러의 체포를 요구하는 전보를 받았다고 공개하였으며, 10월 26, 27일 밤에 마드리드 경찰은 전화를 받았다고 기자들에게 밝혔다. 연방 법무부는 바로 부인했지만, 11월 7일 사민당의 18개 질문에 직면한 내무장관은 아흘러의 체포는 다소 치외법권적이었다고 말했는데, 그것은 이미 아흘러를 구류한 이후에 체포영장이 마드리드로 보내졌기 때문이었다. 11월 8일, 프란츠 요제프 슈트라우스 국방장관은 정부 측 대표로 나서 국방부가 아흘러 체포에 참여했음을 시인하였고, 그의 안보담당 직원에게 마드리드로 전화를 해서 아흘러의 체포를 처리하게 했다고 밝혔다. 그는 아흘러가 모로코로 도망갈 수도 있을 것을 걱정해서 조치를 취했으며, 그를 놓칠 경우 국방부가 국가반역에 직면해서 비난을 받

그림 5.4　독일연방군과 슈트라우스 국방장관 관련 기사

출처: 게티이미지코리아

을지도 모르기 때문에 의무 차원에서 즉각적인 조치를 취한 것이었다고 설명하였다. 하루가 지나자 명약관화하게 계속된 논쟁과 언론의 비난으로 인해 슈트라우스는 그가 10월 27일 새벽 2시에 개인적으로 마드리드에 있는 독일 군사 담당관인 오킴 오스터(Ochim Oster) 대령에게 아흘러 체포를 처리하도록 전화했음을 시인하였다. 그는 또 자신이 국방담당 차관 호프로 하여금 또 다른 법무차관 슈트라우스에게 말하고, '슈피겔 조치'에 대하여 슈탐베르거 장관에게 알리지 말라고 했음을 인정하였다.

한편, 국방장관인 요제프 슈트라우스의 인정은 1962년 11월 5일에 내각에 남기로 합의했던 자유민주당(FDP)의 두 번째 내각 위기를 부르며 내각 멤버 다섯 명 전원의 사퇴를 초래했다. 슈트라우스 정치 경력은 논란과 함께 최대 위기에 봉착하게 되었으며, 결국에는 장관직을 사임하였다. 그 후 1949년 이래로 충분한 의석을 지지받지 못해 전국 정부를 구성하지 못했던 무능한 사회민주당(Social Democratic Party)은 반대당으로서 아데나워 정권을 조직적으로 비판할 수 있는 기회를 얻게 되었다.

한편 '슈피겔 사건'의 두 번째 단계는 국가 반역죄에 대한 많은 논란을 가져왔는데 이는 아데나워 정부에게 오히려 힘을 회복할 수 있는 기회를 가져왔다. 비록 슈트라우스 국방장관에 대한 비난은 11월 13일 이후에도 계속되어 주요 내각의 위기를 야기했지만, 아데나워 정책과 아데나워의 입장을 동의하는 지지를 받기도 하였다.

'슈피겔 사건'의 마지막 세 번째 단계의 전개는 11월 8일 연방하원(Bundestag) 토론에서 프란츠 요제프 슈트라우스에게 던져진 질문을 통해 살펴볼 수 있다. 독일사회민주당(SPD) 대변인은 국방부의 어떤 나치친위대(Schutzstaffel: SS) 지위에 있는 관료가 '슈피겔 조치'에 작업을 했는지 질문을 했고, 슈트라우스는 실제로 화가 나서 "비(非)-나치화는 끝났으며, 그의 사병들은 적절하게 업무에서 배제되었고, 매 사건마다 과거를 상기시킬 수는 없으며, 국방부보다 연방공화국의 다른 부서들에 전 SS대원들이 훨씬 더 많다"고 선언하였다. 이 질문은 비열했지만 마지막 답변은 효력이 있었다. 〈슈피겔〉 논쟁에서 이 이슈를 제기한 것은 두 가지 연관된 효과를 갖고 있다. 그것은 독일 사람들이 재개하고자 하지 않는 '비-나치화(denazification)'에 대한 전반적인 의문을 재개하였으며, 그 결과, 언론의 자유에 배타적으로 헌신한 싸움에 가담했던 많은 사람들을 떨어져 나가게 하였다. 공정하게 말하자면, 옷을 벗을 사람들이 반드시 나치는 아니었다고 말해야 했다. 이처럼 두 번째와 세 번째 단계에는 다양한 이슈들('반역'과 '비-나치화')과 많은 시위자들이 평화주의자였다는 사실, 그리고 무기반대 시위대(Easter marchers)가 〈슈피겔〉의 옹호자들을 소련연방 및 동독(DDR)의 공산주의적 기조와 연계시키려는 경향도 있었다.

'슈피겔 사건'은 이와 같이 서독 사회에 반역과 비-나치화에 대한 이슈를 공론장으로 재개하였으며, 많은 시위자들은 평화주의자였지만, 정치적으로나 이념적으로 서독 사회의 분열을 가져오기도 하였다. 또한 '슈피겔 사건' 전반에 걸쳐 아데나워의 정치적 손길은 더욱 명확하게 드러났다. 그는 장관들에게 그 사건에 대해 언급하지 못하도록 지시했으며, 공개적으로 장관들로부터 보고를 요청중이라고 발표했다.

11월 13일 이후 신문의 사설들은 반역에 대한 질문은 법원이 결정할 문제라고 주장했으며, 아데나워 자신과 그의 기본 프로그램은 위험에서 벗어난 듯하였다. 대중들의 격렬한 반응은 이제 프란츠 요제프 슈트라우스 한 사람에게 집중되었다. 콘라트 아흘러 사례에서 그의 행동과 이를 고의로 숨기려 했던 시도들은 11월 19일에 마침내 법무장관 슈탐베르거와 남은 자유민주당 장관들의 사임을 유도하는 탄환이 되었다. 슈트라우스를 포함해 모든 기독교민주연합(CDU) 장관들이 총사임한 바로 다음 날에 아데나워는 새로운 내각을 형성하기 위한 임시정부를 책임지게 되었다. 이러한 변화는 본 정권 내에 정치적 권력을 재조정하기 위한 투쟁이라고 특징지을 수 있는 차원에서 실제로 본(Bonn)에서 발생한 것이었다.

물론 본 밖에서 투쟁은 계속되었지만, '슈피겔 사건' 첫 단계에서의 극적인 흥분, 적개심과 강렬함은 사라졌다. 어쩌면 독일인들이 지쳤을지도 모른다. 하지만 그것보다는 '대의' 명분에 너무 많은 피해가 입혀졌기 때문일 수 있다. 기득권들의 책임 있는 반대와 비판은 수도뿐만 아니라 다른 주에서도 등장하였다. 국방장관 슈트라우스의 사임과 정부의 품위를 지켜 달라는 요구가 대통령에게 전달되었으며, 사회민주당(SPD)계 언론과 일부 신문사들도 루돌프 아우크슈타인 발

그림 5.5 아데나워 수상(DER SPIEGEL 41/1963)
출처: http://www.spiegel.de/spiegel/print/d-46172270.html

행인의 '반역'에 대한 사전 판단과 연방하원을 견뎌 내겠다는 아데나워의 발언을 비판하였다. 튀빙겐, 하이델베르크, 본과 다른 지역의 대학 교수들은 보다 명확한 시민의 권리를 인정할 것을 요구하는 청원서를 제출하였고, 사회민주당에서도 공개적으로 질문을 제기했다.

하지만 아데나워 수상의 새 내각 구성을 위한 협상은 4주에 걸쳐 의도적으로 느리게 진행되었다. 내각 구성이 늦춰진 배경에는 그가 정치적이고 이념적으로 무장된 집단들을 명확하게 이해하고 공감했기 때문이다. 서독 정권의 특성상 내각 구성에 대한 이슈가 지리한 토론으로 나아가게 되면, 진정한 '비-나치화'에 대한 성공이나, 독일의 통일이라는 모호한 가치, 또는 서방 동맹의 독일의 참여에 대한 가능한 대안 등 다른 이슈에 대한 논쟁이 확대되면서, 아데나워의 주요 프로그램과 그의 주요 정책들에 대한 경계는 오히려 흐려지게 되는 것이다. 따라서 그는 새로운 내각을 형성하는 과정에서 거의 배타적으로 협상과 거래를 하는 데 헌신할 수 있었다.

사건의 마지막 단계쯤 이르러 〈슈피겔〉의 발행인 루돌프 아우크슈타인의 "드레퓌스 대령도 없었고, '유감스럽게도' 에밀 졸라도 없었다"라는 깨달음은 정부와의 싸움에서 졌음을 인정하는 그만의 표현방식이었다. '슈피겔 사건'으로 등장했던 아데나워 정권은 이전보다 더욱 강해졌으며, 〈슈피겔〉의 보도에 기초해 정부의 '가부장제'에 반대하려던 시도는 분열과 분산을 겪었으며, 불일치하는 요소들로 인해 실패한 것이다. '슈피겔 사건' 이후에 아데나워 수상과 에르하르트(Erhard's)를 동의하는 다수는 더욱 더 확고하게 자리를 잡은 듯하였다.

2) '슈피겔 사건'에 대한 서독 언론의 반응

서독 당국이 〈슈피겔〉의 편집자들을 국가기밀을 노출한 반역죄로 주장하면서 체포한 결과 중 하나는 서독 언론들이 소리 높여 항의했던 반응이었다. '슈피겔 사건'에 대한 언론과 공중의 반응 역시 세 단계로 분석해 볼 수 있겠다. 첫 번째는 이슈가 틀지어져서(Framed) 공적 영역으로 광범위하게 투사되는 형성단계이고, 두 번째는 정당과 정부지도자들이 논쟁을 중재하거나 결정과정에서 이슈를 구체적인 요구로 전환시키는 대리인들이 직접적으로 협상에 관여하는 협상단계, 세 번째는 남아 있는 이슈들 혹은 정치적 해결로 처리하지 못한 것들이 명료화나 최종 결정을 위해 사법부로 옮겨지는 판결단계이다.

'슈피겔 사건'의 반응에 대한 이 기능적인 세 단계는 시간적으로 경계가 흐릿하지만 모든 단계들은 어떤 측면에서 동시에 발생하기도 하였다. 따라서 슈피겔 사건에 대한 해석은 어느 한 단계에만 한정될 필요는 없다. 사건을 조사할 때 특정한 프레임워크만 본다면 사건의 다양한 국면을 볼 수가 없을 것이다. 어디에 초점을 두든지, 이 사건을 분석할 때 정부가 공권력을 이용해 잡지사의 사무실을 급습하고 직원들에게 '반역죄'를 부과한 것에 대해, 서독 언론들이 공적인 논쟁을 불러일으키는 데 관여한 사실은 무시할 수가 없다.

서독의 주요 일간 신문들은 슈피겔 사건의 초기 단계 동안에 언론 커뮤니티의 중요한 부문 가운데 편집권의 대응을 발휘했는데, 구체적으로 급습 이후 첫 5일(1962년 10월 27일~31일) 동안에 보도의 틀을 짓고, 공적 영역으로 사안을 가져왔으며, 슈피겔 사건을 둘러싼 논쟁의 논조에도 영향을 미쳤다. 사건 이후 5일 동안에 많은 신문사들은 사설과 보도 논평에서 서독 당국이 10월 26일에 〈슈피겔〉에 대해 혐의를 제기한 절차나 실질적 결함에 대해 취한 조처를 매우 비판하였으며, 당국의 '슈피겔 조처'에 대한 21개 신문사들의 적대감은 다양한 이유들로 인용되고 보도되었다.

초기단계에서 신문사들은 모두 같은 이유로 비판하지는 않았지만, 다수의 신문사들이 기사 등장 이후 10월 26일 한밤중의 사무실 급습까지 2주 이상의 경과에 대해서는 모두 비판적이었다. 주요한 비판 가운데 두 가지 분명하면서도 연관된 전제들은 첫째, '슈피겔 사건'이라는 선례가 미래에 자유언론의 적절한 권리와 기능을 위태롭게 할 수 있다는 점과, 둘째, 아데나워 정부의 정책들이나 프란츠 요제프 슈트라우스와 같은 인물을 오랫동안 지속적으로 비판해 온 잡지사를 정부가 차별적이면서 정치적인 이유로 조사함으로써 의심스러운 법 위반을 조사하는 언론의 직무가 희생당한 것처럼 보였다는 점이다. 따라서 한밤중의 급습 사건은 공권 당국이 언론의 중요성에 대해 일종의 무감각함을 보여 준 것이며, 일부 신문사들은 언론사 급습을 나치시대의 '한밤중'의 체포에 비유하며 날을 세웠다.

특별히 기본법 제5조에서 금지한 '사전 검열'에 대한 불만들은 10월 26일 밤 동안에 수사관들이 〈슈피겔〉의 최종 마스터 교정쇄를 검열하고자 사무실을 임시 점령한 것에 대한 보도에서 나왔다. 〈슈피겔〉 함부르크 사무실의 기록보관소 자료들을 압류하고 수색한 점은 자유언론의 정보원 비밀에 대해 도전하는 것이었다. 10월 31일까지 함부르크 사무실의 임시 점령과 경찰의 잠정적인 사무실 내부 및 외부 커뮤니케이션 시스템의 감시는 의도적이든 그렇지 않든, 일종의 경제적 괴롭힘의 형식을 취한 것으로 보였고, 이는 언론사의 미래 운영을 간섭하는 결과를 초래하면서, 재정적으로 많은 언론 매체에 처참한 결과를 가져올 것이라고 여겨졌다.

　서독의 주요 언론들은 '슈피겔 사건'에 대하여 대략 아홉 가지의 비판내용들을 제시하였는데, 1) 〈슈피겔〉 기사가 나온 후 회사 급습까지의 사이에 2주간의 시간경과 문제, 2) 곧 나올 이슈에 대한 사전검열을 위해 10월 26일 밤에 수사관들이 급습을 시도한 점, 3) 〈슈피겔〉 사무실의 자료와 기록물 데이터를 장기적이고 광범위하게 수색하고 조사한 점, 4) 스페인에서 콘라트 아흘러를 체포하기 위해 사용한 절차를 둘러싼 논란과 법적 의혹, 5) 수사관들이 〈슈피겔〉에 협력한 공적 책임의 자리에 있는 협력자들을 즉시에 체포하지 못한 점, 6) 언론의 자유와 '국가기밀' 발행물 사이의 법적 구분의 모호성, 7) 본과 함부르크에서 밤중에 급습하고 체포를 시연한 점, 8) 프란츠 요제프 슈트라우스가 〈슈피겔〉 조사에 부적절하게 영향을 미친 가능성, 9) 당국이 10월 26일 급습 이후에 〈슈피겔〉의 함부르크 사무실의 전화 및 인터컴 시스템을 일시적으로 모니터한 이유 등이 비판의 주요 내용들이었다.

　특히 언론사들은 〈슈피겔〉에 대한 수사의 본질과 절차에 '정치적'이고 '개인적'인 고려가 작용했다는 것에 대해 비판적인 반응을 내보였으며, 비판적인 신문사들은 기사가 나간 이후에 시간이 너무 지났음에도 2주 이상이 지난 10월 26일에 당국이 조치를 취한 것은 '피바크(Fibag) 사건'[7]에서 〈슈피겔〉 역할에 대한 부분적인 '보복' 수사로 의도되었을 가능성이 있다고 함축하였다.

　스페인에서의 아흘러 체포를 둘러싼 서독 당국의 개입에 관해서도 서독 외무성과 연방 검찰청이 즉시 스페인 경찰의 간섭에 대해 책임을 부인했음에도 불구하고, 서독의 신문사들은 아흘러 체포사건에 슈트라우스가 공식적인 지시로서가 아니라 개인적으로 연루되어 있을 것이라고 의심했다. 아울러 당국이 〈슈피겔〉에 '국가기밀'을 흘렸던 연방정부 내의 담당자들을 지체없이 기소하지 못한 연방검찰 측의 실패도 수사가 본질적으로 〈슈피겔〉을 위협하도록 고안되었다는 의혹을 악화시켰던 것이다. 이처럼 수사의 다양한 측면에 대한 당국의 혼란스럽고 모순된 해명은 '슈피겔 조치'에 대한 비판적 보도로 돌아왔다.[8]

4. '슈피겔 사건'이 사회에 미친 영향

　영국의 마거릿 대처 수상은 "자유로운 언론 없이는 자유로운 사회를 가질 수 없다"라고 말한 바 있다. 그녀의 언론담당 비서관은 언론이 정부에 어려움을 초래했을 때마다 그녀에게 이러한 선언을 상

7　피바크(Fibag) 사건'은 1962년 2월 〈슈피겔〉이 슈트라우스가 바이에른의 투자금 자회사인 피바크의 투자수익을 보장해 주는 대가로 금품을 수수했다며, 부정부패한 인사라는 기사를 게재했던 사건을 의미한다. 박종인(2006). 『국익과 진실보도』. 커뮤니케이션북스. p.205.
8　Bunn, R. F.(2001). *The Spiegel Affair and the West German Press: The Initial Phase*. Fulbright Research and Louisiana State University. pp.63-66.

기시켜 주었다고 한다.[9] 독일 사회에서 비록 정부에 어려움은 초래했지만 자유 언론의 발전을 집중적으로 가져온 역사적 사건 중의 하나가 바로 '슈피겔 사건'이었다. 극적이고, 시민들을 열광시키면서도 혹독했던 '슈피겔 사건'은 아데나워 집권 정부의 성격을 드러냈고, 보통 때라면 서독에서 노골적이고 공개적으로 논쟁을 하기 어려운 질문들을 끄집어 냈다.

'슈피겔 사건'에 대해 정부가 취한 조치는 나치시대의 언론검열을 연상케 하였다.[10] 이 사건은 언론의 자유와 민주주의의 위협이라는 심각한 문제로서 젊은 세대들의 도덕적인 공분을 불러일으켰으며, 또한 비판 내부에는 아데나워 정권과 국가의 비도덕성에 대한 분노가 깊게 깔려 있었다. 그러나 '슈피겔 사건'의 즉각적인 반응은 강렬하고 적대적이었음에도 불구하고 왜 그것이 '본 정권(Bonn Government)'의 즉각적인 몰락을 가져오지 않았는가는 수많은 여러 이슈들이 얽혀 있어 복잡한 문제라는 주장도 있다.[11]

이 사건이 서독 사회에 미친 영향은 지식인 계층의 성명서와 학생운동의 사례에서 찾아볼 수 있다. 학생들은 "1962-민주주의의 종말?", "슈트라우스가 법관을 추천했나?" 등의 구호를 외치면서 시위와 토론회를 조직하였으며, 학자들은 성명서를 발표하였다. 1962년 12월, 하이델베르크 대학의 학자 258명은 〈슈피겔〉에 '우리는 당황

---

9 Wilkinson, N.(2009). *Secrecy and the Media, The Offical History of the United Kingdom's D-Notice System*, London: Routledge, 209, xix,

10 Marcuse, H.(1968). "The Revival of Holocaust Awareness," in 1968: *The World Transformed*, pp.424-425.

11 Gimbel, J.(1965). The "Spiegel Affair" in Perspective, *Midwest Journal of Political Science*, Vol.9, No.3, Aug. 1965, p.282.

스럽습니다. 대통령(Wir sind Bestrzt Herr President)'이라는 성명서를
실었다. 그들은 "〈슈피겔〉과 그 발행물에 대해 사람들이 어떠한 입
장을 가졌는지에 관계없이 정부의 조치에서 의회주의적 민주주의 규
정들과 법치국가의 원칙들이 무시되었다는 것이 분명하다"고 언급했
으며, "독일에서 민주주의적 연속성의 부재, 바이마르 공화국의 몰락
에 대한 기억, 그리고 히틀러 시대의 법치국가적 전통의 단절 등으로
인해, 우리는 헌정 질서와 정치적 이견의 원칙이 존중되어야 한다는
것을 감시할 의무가 있다"고 발표하였다.

한편, '슈피겔 사건'에 대한 입장 차이는 세대 간의 차이를 드러냈
다. 제3제국을 경험한 나이든 세대들은 법치국가와 헌법, 기본권 등
의 정당성을 인정하였으나 체재 내에서 일어나는 어느 정도의 불의
나 경찰의 사고 등에 대해서는 침묵을 지켰다. 반면에 젊은 세대들은
아데나워 체제가 표방하는 공식적인 말과 정치적 실천 사이의 모순
에 대해 민감하게 반응하였으며, 무엇보다 그들에게 도덕적 분노를
초래하였다. 당시 아데나워 정부는 '참된 정치'는 개별적 집단의 것이
아니라 국가와 조국의 이해에 있다고 선전하는 등 부르주아적 이해
관계를 사회 전체 이해관계로 동일시하였고, 이러한 체제선전 언어
에도 불구하고 민주주의 내용은 끊임없이 위축되어 갔었다. 그런 시
대적 상황 속에서 '슈피겔 사건'은 민주주의의 가장 기본적인 토대인
언론의 자유마저 위협하고 있는 것으로 보였다. 학생들은 '슈피겔 사
건'이 체제에서 우연히 발생할 수 있는 사고가 아니라, 1950년 후반
재무장 반대운동과 반핵투쟁을 통해 전후(戰後) 새롭게 형성된 민주
주의 체제가 위협받고 있다고 인식한 것이었다. 그들은 '처벌받지 않

은 나치사범'과 같은 지속적인 반파시즘 활동과 '슈피겔 사건' 등을 통해, 점차로 파시즘 시대와 전후 시대 사이에 실제적인 연속성이 존재한다는 것에 대한 비판의식을 가지게 되었다.[12]

결론적으로 〈슈피겔〉은 언론 민주화의 상징으로 부상하였으며, '슈피겔 사건'으로 언론을 탄압하려 했던 독일 정부는 거꾸로 거센 여론의 역풍에 직면해 시민들의 반대 시위가 이어졌고, 보수신문인 〈디벨트〉까지 거기에 동조하면서 사건 발생 석 달여 뒤 아데나워 총리와 국방장관이 사임을 했으며, 〈슈피겔〉 발행인 아우크슈타인 등은 구금 103일 만에 풀려났다.[13] 루돌프 아우크슈타인은 다음과 같이 저널리즘의 원칙을 피력하고 있다.

> "저널리스트는 선거에 이기고 정당을 후원하라고 위임장을 받은 게 아니다.… 저널리스트의 최악의 적은 정치인과 호형호제하며 허물없이 지내는 것이다.… 저널리스트는 정치인과 영원한 우정을 나눌 수 없다."

권위 있는 독일의 시사주간지 〈슈피겔〉은 그 이후에도 1984년 오토 그라프 람스도르프 경제장관의 뇌물 스캔들을 파헤쳐 그를 사임시켰으며, 1999년에는 기민당 비자금 스캔들 보도에서 정치인의 비리를 잇달아 폭로함으로써 정치권의 비자금 관행을 겨냥했다.

---

12 유진홍(2001). 앞의 논문. pp.51-52.
13 최윤필(2016.10.20.). "나토 방위계획 허점 폭로로 편집국 폐쇄… 獨 언론 민주화 상징된 '슈피겔 스캔들'", [기억할 오늘: 10월 8일], 한국일보.

반전운동의 도화선이 되다

베트남전 최악의 양민 학살사건을 폭로한
시모어 허시의 '밀라이' 보도(1969)

1. '밀라이' 보도의 선정배경

밀라이(My Lai) 대량학살은 베트남전쟁 중인 1968년 3월 16일 남베트남 밀라이 지역에서 미군에 의해 벌어진 민간인 대량 학살사건이다. 347명에서 504명으로 추정되는 희생자는 모두 비무장 민간인이었으며 상당수는 여성과 아동이었다. 더욱이 몇몇 희생자는 성폭력이나 고문을 당하기도 했으며 시체 중 일부는 절단된 채 발견되었다. 이 사건에는 미군 26명이 가담하였고, 모두 형사상 범죄행위로 기소되었지만, 찰리중대의 소대장인 윌리엄 L. 캘리(William L. Calley Jr.)만 유죄판결을 받았다. 22명의 마을사람들을 살해한 죄로 그는 처음에는 종신형을 받았지만, 가택연금하에 3년 반만을 복역하였다.

밀라이 대량학살 사건에 대하여 〈뉴욕타임스(The New York Times)〉를 비롯한 주류 언론들은 초기에 제대로 보도하지 않았고, 또 사건 발생 후에도 미 육군에 의해 진실이 은폐, 왜곡되었으며, 거의 묻혀질 뻔했었다. 하지만 탐사 저널리스트였던 시모어 허시(Seymour Hersh)가 오랜 추적 끝에 사건 발발 1년 8개월 후인 1969년 11월에 신생 언론 〈디스패치 뉴스서비스 인터내셔널(Dispatch News Service International)〉에 처음으로 사건의 전말을 폭로해 베트남전 반전 여론의 기폭제가 되었다.

시모어 허시는 베트남전쟁에서 미군의 잔학행위에 대한 기사와 윌리엄 L. 캘리에 대한 후속기사를 탐사보도의 취재과정을 통해 신문기사로 연재했으며, 이 기사로 그는 1970년에 국제보도 관련 퓰리처상을 수상하였다. 그는 미국 전역을 8만 킬로미터 이상 여행하면서 찰리중대의 전직 병사들을 찾아 50여 차례 이상 인터뷰를 추진하였다. 허시는 많은 찰리중대원을 두 번 이상씩 직접 만나 인터뷰하였고, 상반되는 점들을 명료하게 서술하기 위해 다시 전화로 접촉하였다. 그런 후에 목격자들의 진술에 근거하여, 그는 그 비극적인 날에 '무슨 일이 발생했는가?' 뿐만 아니라, 더욱 중요하게 '왜 그런 일이 발생했는가?'를 재구성하였다. 시모어 허시의 '밀라이' 보도는 베트남전쟁에서 미군에 의해 수많은 양민들이 참혹하게 학살되었음에도 당시 미국의 주류언론들은 침묵했지만 언론인 한 사람에 의해 밀라이4 구역의 대량학살 보도가 전 세계에 알려졌다는 점에서 세상을 바꾼 정직한 언론보도사례로 선정하게 되었다.

2. '밀라이' 대량학살 탐사보도 및 사건개요

1) 시모어 허시의 사건 취재 개요

'밀라이(My Lai)' 대량학살은 1968년 베트남 밀라이 마을에서 캘리 중위가 이끈 미국 보병 찰리중대가 무장되지 않은 베트남 민간인들을 무자비하게 학살한 사건으로, 살해된 사람 수조차 정확히 제대로 규명되지 않은 사건이다. 베트남 남부에 위치한 밀라이4(My Lai4)와 미케4 마을(My Khe4 hamlets)에서 대략 347명에서 504명이 살해된 것으로 추정되는 이 사건은 당시 종군기자였던 로널드 L. 해벌(Ronald L. Haeberle)에 의해 사진으로 기록되었으며, 로널드 L. 리데나워(Ronald L. Ridenour) 병사가 베트남에서 귀국 후 사건의 전모를 미 의회 상하원 의원들에게 보내면서 드러났다.

밀라이 사건을 보도한 것은 사실 허시가 처음은 아니었다. 〈AP〉통신이 처음 이 사건을 보도했지만 잘 알려지지 않았다. 〈AP〉통신은 허시가 밀라이 1보를 쓰기 3개월 전인 1969년 9월 6일에 윌리엄 캘리 중위가 베트남에서 민간인을 살해한 혐의로 조사받고 있다는 기사를 타전했지만, 이 짧은 기사는 주류 언론에 의해 완전히 무시당했다. 아무도 거들떠보지 않던 1단짜리 기사였지만 허시는 이 민간인 학살사건의 전모를 밝히기 위해 미전역을 수만 킬로미터 비행하면서 찰리중대의 전 미군 병사들을 찾아 상반되는 이야기들을 확인하고, 육군 범죄조사단과 감찰감실이 실시한 심문의 녹취록 일부를 핵심 증인들로부터 입수하는 등 증인들이 동의하는 사실과 사건을 찾아내고자 인터뷰를 50여 차례 시도했다. 그는 이를 종합하여 5편의 장문 기사를 작성하였으나 어느 언론에서도 이를 받아주지 않자, 〈디스패치 뉴스서비스 인터내셔널〉이라는 작은 통신사에 이 기사를 제공하였다. 이후 이 기사는 미국의 30여 개 신문과 잡지에 동시에 실렸으며, 미국에 반전 분위기를 일으켜 베트남 철수와 종전을 앞당기는 기폭제가 되었다.

2) 찰리중대와 밀라이 대량학살[1]

(1) 찰리중대와 바커기동대

밀라이 대량학살은 베트남전쟁 기간인 1968년 3월 16일에 남베트남 지역에서 무장하지 않은 347~504명에 달하는 민간인을 대량학살한 사건으로 미 육군 제23보병사단(아메리칼 사단, Americal Division) 11여단 예하 제20보병연대 1대대의 C중대, 소위 찰리(Charlie)중대에 의해 자행되었다. 희생자들은 남성, 여성, 어린이와 유아들을 포함하였고 일부 여성들은 집단강간을 당했으며, 신체가 절단되기도 하였다. 사건의 전말은 다음과 같다.

찰리중대는 1967년 12월에 남베트남에 도착하였다. 베트남에 도착한 후 첫 3개월은 적군과의 직접적인 교전 없이 지나갔으며, 3월 중순까지 지뢰와 위장 폭탄(booby-traps)으로 인한 28명의 사상자가 났다.[2] 중대장은 33살의 전직 사병 어니스트 L. 메디나(Ernest L. Medina)였으며, 소대장은 마이애미 출신의 24살 중위 윌리엄 L. 캘리였다. 찰리중대에 그런 일이 일어나기 시작한 어떤 이유가 있었다면, 그것은 전투가 너무 많았던 것이 아니라 전투가 거의 없었다는 점이다. 찰리중대는 베트남에 도착한 직후 득포(Duc Pho)에 있는 11여단 사령부 주변에서 수색과 섬멸 작전을 수행했지만 실제로 적과 맞닥

---

1 밀라이 사건의 일지와 지명, 인명 등을 포함한 본문의 내용은 위키피디아 영문판 https://en.wikipedia.org/wiki/My_Lai_Massacre 내용을 발췌하여 번역하였음.
2 Howard, J.(2017). *My Lai: Vietnam, 1969, and the Descent into Darkness*, New York: Oxford University Press, Kindle location 684.

뜨린 적은 없었다.[3]

1968년 1월의 '신년대공세(Tet Offensive)' 동안 꽝응아이(Quảng Ngãi) 지방에서 미군이 '베트콩'이라고 부른 민족해방전선(National Liberation Front: NLF)에 의해 공격이 수행되었다. 미군 정보부는 제48민족해방전선 대대가 퇴각하고 흩어지면서 꽝응아이 지방의 송미(Sơn Mỹ)라는 곳에 도피하고 있다고 가정하였다. 그 안에 있는 아주 작은 마을들은—밀라이1(My Lai 1)에서 밀라이6(My Lai 6)으로 표기된—제48민족해방전선을 숨겨 주는 것으로 의심을 받았다. 1968년 2~3월에 '남베트남 원조 미군사령부(Military Assistance Command Vietnam)'는 신년대공세 이후에 남베트남에서 전략적 주도권을 다시 찾으려고 공격적으로 작전을 시도하고 있었는데, 송미에 위치해 있을 것이라고 생각했던 제48민족해방전선 대대에 대한 '수색과 섬멸' 작업은 미국의 대전략 중 일부였다. 그 지역에서 작전을 계속하기 위해 여단은 바커기동대(Task Force Barker)를 창설하였고, 이는 11여단의 3개 대대에서 각각 1개씩의 중대로 구성된 소규모 임시 부대로, 그 일을 위해 고용되었다. 이 부대는 1968년 1월에 형성되었으며, 프랭크 A. 바커 2세(Frank A. Barker)라는 육군 중령이 이끈 제20연대의 찰리중대를 포함해 11여단의 소총부대 세 곳으로 구성되었다.

바커기동대의 본대는 남쪽 쭐라이 외곽지역에서 작전을 수행하고 있던 제23보병사단이었다. 메디나의 중대는 기동대에 배속되어 1968년 1월 26일 착륙지역 도티(Dotti)에 재배치되었다. 이 지역은 3개

---

3 허시. 시모어 M.(1970). 김석 역. 『세상을 바꾼 탐사보도-밀라이 학살과 그 후유증에 관한 보고(My Lai 4: A Report on the Massacre and its Aftermath)』. 세종연구원. p.45.

중대가 작업하고 야영하는 포병 기지 세 곳 가운데 하나였다. 송미는 바커기동대의 머스커틴(Muscatine AO)이라는 암호명을 가진 작전지역에 포함되었다. 머스커틴은 아이오와(Iowa)주의 카운티명으로 23보병사단의 대장인 새뮤엘 W. 코스터(Samuel W. Koster)의 고향이었다. 1968년 2월에 바커기동대는 송미를 확보하고자 시도했었다. 그 후에 바커기동대 부대는 그 마을을 '핑크빌(Pinkville)'[4] 로 부르기 시작하였다.[5] 기동대의 주요 목표 중 하나는 핑크빌로 알려진 꽝응아이 북동쪽 몇 킬로미터 지역에 지속적인 압박을 가하는 것이었다. 제1소대가 선봉에 서서 송미마을에 진입한 찰리중대는 적을 만나 쫓아냈다. 바커기동대의 다른 두 중대는 지역을 확보하고, 필요하면 지원을 제공하도록 명령받았다. 그 지역은 자유로운 발사지역으로 지정되었으며, 미국이 대포를 배치하고, 인구가 밀집된 지역에 공중습격을 허용한 곳이기도 하였다.

(2) 송미지역에서의 교전과 잔학행위의 시작

송미지역에서의 교전으로 무전병 윌리엄 웨버를 포함해 사상자가 발생하였는데 그 사건은 베트남인들에 대한 중대원들의 적대감을 높이는 데 영향을 미쳤다. 이 무렵 병사들은 아무 지원도 없이 3주일 가까이 야전생활을 하고 있었다. 그들은 지쳤고, 혼란스러웠으며, 사기는 떨어졌다. 1968년 2월 25일, 찰리중대는 최악의 날을 경험했

---

4 핑크빌이라는 명칭은 인구밀도가 높은 지역을 육군지도에 빨간색으로 표시한 데서 비롯되었다 (허시, 1970, 앞의 책, p.45).
5 Lapham's Quarterly(September 14, 2013). "The 'Pinkville' Incident". http://www.laphams-quarterly.org/voice-in-the-time/the-pinkville-incident.php?page.

다. 중대가 핑크빌 북쪽으로 촘촘하게 설치된 지뢰지대를 지나는 동
안 6명이 죽고 12명이 중상을 입은 것이다. 사상자들 대부분이 1소
대와 3소대 소속이었다. 1968년 3월에 찰리중대의 대원들은 분노와
두려움 속에서 생존을 위해 힘겹게 몸부림치고 있었다. 3개월 전에
이 곳에 도착한 이래로 그들은 40명 이상의 사상자로 고통을 겪고 있
었다. 대량학살 바로 2일 전에 그 중대는 지뢰로 인해 부대 내에서
인기가 있던 하사관도 한 명 잃었다. 이러한 사건들은 잔학행위가 발
생한 데 중요한 원인으로 작용했을 수도 있었을 것이다.[6] 하지만 그
지역은 한국 해병대가 작전을 수행했던 지역으로 중대를 날려 버린
지뢰가 한국군에 의해 설치된 것이었다는 증언이 있었다. 즉, 진실은
한국군이 베이스캠프를 세우고 지뢰로 둘러쌓는데 그 지역으로 중대
가 잘못 걸어들어 갔던 것이었음에도 불구하고, 미군은 베트콩이나
베트남 사람들을 비난하였다.[7]

후에 메디나 중대장은 그 지역이 부대원에게 무차별 포격지대였
다고 설명했으며, 그와 캘리 중위 모두 그 지역 용의자들은 전부 베
트콩임을 중대원들에게 확신시키려고 애썼다. 전투 없이 몇 주일이
지난 뒤 찰리중대는 포로들을 계획적으로 구타하기 시작했고, 베트
콩인지 아닌지에 대해서도 구별하지 않았다. 중대가 착륙지역인 도
티에 도착한 지 1주일쯤 뒤에, 캘리 중위는 뛰어가는 한 여자를 쏘라
고 명령을 내리기도 하였다. 밀라이4구역 임무가 떨어지기 이틀 전

---

6 Cookman, C.(2007). "An American Atrocity: The My Lai Massacre Concretized in a Victim's Face." *Journal of American History*, Volume 94, Issue 1, June 1 2007, pp. 154–162. https://doi.org/10.2307/25094784
7 허시(1970). 앞의 책, pp.60–61.

인 3월 14일, 3소대의 소규모 분대가 위장폭탄(부비트랩, booby traps)에 뛰어들어 콕스 병장이 죽고 부상자들이 속출하자, 이 사건으로 병사들은 복수심에 불타 이 작은 마을에서 무전기를 훔쳤고, 살인을 저질렀으며 무고하게 죽은 여자의 반지를 훔쳤다. 이는 착륙지역 도티 근처의 안전지대에 있는 마을 사람들을 분노하게 만들었고 베트남 국립경찰이 인근을 돌며 탐문했으나 메디나는 이를 은폐하기에 급급하였다. 지뢰사고가 터진 그날 찰리중대는 모두 깊이 상처받고 혼란스러웠으며, 베트남인들에게 복수심을 품었다.

3월 16일~18일에 바커기동대 일부는 송미마을 인근에 숨어 있을 것이라 추정되는 제48민족해방전선 대대의 잔재들을 파괴시키고자 계획을 수립하였다. 메디나와 바커 중령이 도티를 떠나 남쪽으로 11킬로미터 떨어진 밀라이4구역을 비행할 때 바커는 메디나에게 250명에서 280명 규모의 베트콩 최고의 부대, 48베트콩 대대의 예하 부대들이 밀라이4구역에 있다고 말했다. 가담에 앞서 제11연대 지휘관인 오랜 핸더슨(Oran K. Henderson) 대령은 그의 사병들에게 "거기에 공세적으로 가서 적군과 접전하여 영원히 그들을 없애 버리라"고 촉구하였다. 전하는 바에 따르면, 이에 따라 바커 중령은 제1대대 지휘관들에게 "집을 불태우고, 가축을 살해하며, 음식공급처를 파괴하고, 우물을 파괴하라"고 명령을 내렸다고 한다.[8]

공격하기 하루 전날 찰리중대의 브리핑에서 메디나 대위는 그의 사병들에게 송미마을의 작은 부락에 거주하는 거의 모든 민간인들은

---

8 Summary Report(2000), "The Son My Village Incident", http://www.lawumkc.edu/faculty/projects/trials/mylai/summary_html.

아침 7시까지는 꽝응아이시 또는 선띤군의 장터로 떠났을 것이며, 남아 있는 사람들은 민족해방전선군이나 그들에게 동조하는 자들일 것이라고 말했다.[9]

찰리중대의 임무는 밀라이4구역뿐만 아니라 48대대를 파괴하는 것이었다. 메디나는 후에 그의 명령이 여성과 아이들의 죽임도 포함했느냐는 질문을 받았는데 나중에 증언하는 사람들은 메디나의 반응에 대해 다른 설명을 제시하고 있다. 메디나의 명령을 놓고 중대 내에서 의견충돌이 심했다. 많은 사람이 대위가 부하들에게 밀라이4구역에 있는 모든 사람을 죽이라는 명령을 내렸다고 생각했다. 소대장을 포함한 일부는, 대위의 명령이 모든 게릴라와 북베트남 전투원들과 '수상쩍은 대상들'(동물뿐만 아니라 여성과 아이들을 포함해)을 모두 죽이고, 마을을 불사르며, 우물들을 오염시키라는 것이었다고 증언하였다.[10] 메디나는 또 "그들은 모두 베트콩이다. 그러니 이제 가서 그들을 잡아라. 우리는 그들에게 갚아줄 빚이 있다"고 말한 것으로 전해지며, "누가 우리의 적입니까?"라는 질문에, "우리를 피해 달아나는 사람들과 숨는 사람들 또는 적이라고 보이는 사람들이다. 만약 남자가 달아나면 쏴서 죽이고, 총을 든 여성이 달아난다면 여성도 쏴라"고 했다.

캘리의 재판에서 한 증인은 메디나가 마을에 '걸어 다니거나 기어 다니거나 자라는' 모든 것들을 파괴하도록 지시를 내렸다고 증언을

---

9   The Peers Report(1998). "The Omissions and Commissions of CPT Ernest L. Medina". http://www.lawumkc.edu/faculty/projects/trials/mylai/medina_html.

10 Smith, D. K.(2000). "American soldiers testify in My Lai court martial". http://amarillo. com/stories/120600/fri_120600-36s.html.

하였다.[11] 또 1969년 12월 군 청문회기간 동안 코언 병장은 메디나가 "우리에게 생명을 가진 모든 것을 파괴하라고 말했다"라고 증언했으며, 로버트 메이플스는 "메디나는 마을에 있는 모든 것이 적이라고 말했다"고 증언하였다.

1968년 3월 16일, 토요일 아침 7시 30분에 찰리중대의 약 100명의 군인들은 메디나 대위가 이끌었으며, 짧은 대포와 무장 헬리콥터의 엄호 사격하에 헬리콥터가 송미지역에 착륙하였다. 이 지역에서 가장 큰 마을 중 하나가 바로 밀라이였다. 비록 미군들이 착륙 직후에는 발사하지 않았지만, 그들은 여전히 헛간이나 지하에 베트콩 게릴라가 숨어 있다고 의심했었다. 의심을 확인하기 위해 무장 헬리콥터는 밀라이 부근에 있는 몇몇 무장된 적군공격에 가담했으며, 후에 무기 1개를 현장에서 회수하였다고 하였다.[12]

작전계획에 따르면, 찰리중대의 캘리 중위가 이끄는 제1소대와 스테판 브룩스(Stephen Brooks)가 이끈 제2소대는 오전 8시에 전선형성에 있는 뜨꿍(TuCung) 마을에 들어갔으며, 제프리 라크로스(Jeffrey Lacross)가 지휘한 제3소대와 메디나 대위의 포스트는 외곽에 남아 있었다. 마을로 접근하면서 두 소대는 논밭과 잡목에서 보이는 사람들에게 무차별적으로 발사하였다.[13]

장날을 준비하고 있던 마을 사람들은 처음에 경악하거나 도망치

---

11 *Bangor Daily News*(December 21, 1970). "Calley's Trial Puts Emphasis on CO". http://news. google.com/newspaper.

12 The Peers Report(1968). "Company C: Actions on March 16-17 1968". http://law2/umkc. edu/faculty/projects/ftrials/mylai/Company.html.

13 *Sunday Times Magazine*(April 23, 1989). "My Lai: A Half Told Story". http://msuweb. montclair.edu/~furrg/Vietnam/mylailondontimesmag89.pdf.

지 않았으며, 마을의 광장으로 모여들었다. 찰리중대의 기관총사 해리 스탠리는 미군 범죄조사위원회 조사에서 살인은 경고 없이 시작되었다고 말했다. 그는 처음에 제1소대의 대원이 총검으로 베트남 남자를 공격한 것을 보았으며, 그리고 나서 같은 대원이 또 다른 마을 사람을 우물로 밀어 넣고 우물에 수류탄을 던졌다고 했다. 다음에 그는 15~20명 남짓 되는 여성과 아이들이 사원 근처에 향을 피우고 무릎을 꿇고 있는 것을 보았다. 그들은 울면서 기도하고 있었으나 모두 머리에 총을 맞고 죽었다.[14]

대부분의 살해는 700여 명이 거주하던 썸랭(Xom Lang)의 하부마을인 뜨꿈의 남부지역에서 일어났다. 썸랭은 꽝응아이 지역에 대한

그림 6.1 송미(Sơn Mỹ)지역의 밀라이 주민 대량학살(1969.3.16.)

출처: Ronald L. Haeberle's photograph

　　　https://en.wikipedia.org/wiki/My_Lai_Massacre

14　*The Milwaukee Journal*(May 27, 1970). "The Villagers of My Lai". http://law2.umkc.edu/faculty/projects/ftrials/myl_bvillagers.htm.

미군의 작전 지도상에 밀라이(My Lai)로 잘못 표시된 곳이었다. 썸랭에서 1소대는 70~80명의 마을사람들을 모아서 그들을 거주지 동쪽에 있는, 물을 대는 도랑으로 몰아갔다. 억류된 마을사람들은 도랑으로 몰아넣어진 채 캘리 중위의 반복된 명령에 의해 살해되었으며, 캘리 역시 총을 쏘았다. 폴 메들로(Paul Meadlo) 일병은 당시 M16탄창을 몇 개 소진했다고 증언하였다. 그는 여성들이 "베트콩이 아니에요"라고 말했으며, 어린이들을 보호하려고 했다고 기억하였다. 그는 당시에 그들이 수류탄으로 위장폭탄을 갖고 있어 공격할 것이라고 확신했기 때문에 아이들을 안고 있는 여성들을 사격했다고 회고했다.[15] 밀라이 학살 기간 동안에 메들로는 캘리 중위와 함께 또 다른 민간인 학살을 저질렀다.[16]

증인으로 선 데니스 콘티(Dennis Konti) 일병도 법정 기소에서 총격시기 동안 있었던 끔찍한 사례를 증언하였다. "많은 여성들이 아이들을 보호하기 위해서 자신들의 몸으로 아이들을 덮어서, 아이들은 처음에는 살았었다. 그런데 걸을 수 있을 정도의 아이들이 일어나자 캘리는 어린이들에게 사격을 가하기 시작했다."[17]고 증언했다.

1중대의 다른 장병들도 베트남의 많은 남자, 여자, 어린이들의 죽음이 학살 시기 동안에 밀라이에서 발생했고 살아 있는 가축도 몰살

---

15 Homer, B.(1971). "Mylai G. I. Feared Babies Held Grenades". http://select.nytimes.com/gst/abstract.html. *The New York Times*, January 13, 1971.

16 *Herald-Journal*(January 13, 1971). "Meadlo Testifies He Shot Women and Their Babies". http://news.google.com/newspaper.

17 Dennis Conti, "Witness for the Prosecution" http://instruct.westvalley.edu/kelly/Distance_Learning/History_17B/Readings/My_Las.htm; *The Palm Beach Post*, (May 29, 1970). "…They were killing everything in the village".

당했다고 증언했다.[18] 남성뿐만 아니라 노인들과 여성들, 어린들에 대한 대량학살이 이후에도 계속되었다는 많은 증언들이 이어졌다. 20~50명에 달하는 한 그룹의 마을사람들을 썸랭마을 남쪽으로 걸어 가게 해서 미군병사들이 M16기관총으로 갑자기 총을 쐈으며, M16 뿐만 아니라 M79유탄발사기로 길바닥에서 죽였다.[19]

캘리 중위는 자신은 총소리를 듣고 현장에 도착했으며, 그의 사병들이 도랑 안에 있는 베트남 사람들에게 사격하는 것을 목격했고 그래서 자신도 M16으로 약 5피트 거리에서 사격을 시작했다고 증언했다. 당시 도랑의 반대편에 헬리콥터가 착륙했는데 기장이 캘리에게 밀라이의 부상당한 민간인들에게 의료지원을 제공할지를 물었을 때, 캘리는 그들의 후송을 위해서는 자신이 갖고 있는 수류탄이 유일한 수단이었다고 대답했음을 인정하였다. 그 후 11시경에 메디나 대령은 사격을 중지하라고 무전을 송신했으며, 제1소대는 점심시간을 가졌다.[20]

제2소대의 사병들은 밀라이 북쪽의 절반에 이르는 지역과 북쪽의 아주 작은 마을인 빈따이(Binh Tay)지역을 쓸어가면서 적어도 60~70명의 베트남 사람들을 죽였다. 그 소대는 지뢰와 위장폭탄으로 인해 1명이 죽었고 7명이 부상을 당했었다. 제1소대와 제2소대의 초기 '청소' 후에 제3소대가 '남아 있는 저항자들'을 처리하기 위해 파견되

18 Summary of Peers Report(2000). http://law2.umkc.edu/faculty/projects/ftrials/mylai/ summary/html.

19 *The Sydney Morning Herald*(November 21, 1969). "Women, children died in village". http:// news good.com

20 *Pittsburg Post-Gazette*(February 25, 1971). "Defense Rests in Calley Trial: Capt Medina Called Fine, Strict Officer". http://news.google.com.newspapers.

었으며, 예비로 남아 있던 제3소대 또한 반복적으로 남아 있는 사람들을 모아서 7~12명의 여성과 아이들을 죽였다.[21]

이처럼 찰리중대는 밀라이에서 적군의 어떤 강한 저항도 만나지 못했으며 백업을 요청하지 않았는데 바커기동대의 제3보병연대, 제4대대의 브라보(Bravo) 중대는 8시 15분에서 8시 30분 사이에 밀라이에서 3킬로미터 떨어진 곳으로 이동 중이었다. 그 중대는 미호이(My Hoi)의 작은 마을을 공격했는데 그곳은 군대가 지도상에 미케(My Khe)로 표기한 꼬루이(Co Luy)마을로, 이 작전 중에 여성과 아이들을 포함해서 60~155명이 죽임을 당했다.[22] 바로 다음 날 두 중대는 추가적인 거주지 방화와 파괴에 가담했으며, 억류된 베트남인들을 학대하였다. 찰리중대의 일부 군사들이 범죄에 가담하는 동안 그들은 공개적으로 반대하지 않았을 뿐만 아니라 후에 그들의 상관에게 불평하지도 않았다.

(3) 밀라이 학살사건의 폭로

찰리중대가 밀라이4구역에서 단 몇 시간 동안 저지른 이 참혹한 일을 미국 국민들이 알게 되기까지는 20여 개월이 걸렸다. 시모어 허시는 그의 저서 『세상을 바꾼 탐사보도─밀라이 학살과 그 후유증에 관한 보고』에서 "왜, 어떻게 수백 명의 민간인에 대한 계획적인 살인이 그토록 오랫동안 비밀로 남아 있었는지 이해하기 어렵다. 그토록

---

21 Summary of the Peers Report(2000). http://www.law.umkc.edu/faculty/projects/ftrials/mylai/summary-rpt.html.

22 *The New York Times*(March 16, 1998). "Hersh Seymour M. My Lay, and Its Omens". http://www.nytimes.com.

많은 사람이 알고 있었고 학살에 직접 가담했는데도 말이다"라고 심각한 의문을 제기한다. 학살의 상세한 내용은 프랑스에서 1968년 5월 15일 프랑스어판 〈쉬드 비엣남 엉 뤼뜨(sud Vietnam en Lutte)〉와 북베트남 대표단이 발행한 〈빌르땅 뒤 비엣남(Bulletin du Vietnam)〉에 두 차례 기사화되었지만, 미국과 다른 나라의 주목을 받지 못하였다.[23]

그러나 찰리부대에 속했던 폴 메들로는 1969년 초 전역한 이후에 밀라이4구역 학살을 공개적으로 이야기하기 시작하였다. 또 전직 병사였던 애리조나주 출신의 로널드 리데나워는 밀라이4구역 상공을 비행하면서 찰리중대의 만행으로 폐허가 된 마을을 목격했던 자신의 경험을 토대로 상·하의원 지도자들에게 30부의 편지를 보냈다. 그는 편지에서 "'핑크빌'에서 벌어진 찰리부대의 '수색과 섬멸' 작전 수행 도중 민간인들이 모두 살해됐으며, 목격자와 가담자들의 증언을 통해 바커기동대의 지휘관들도 이 사실을 알았을 것이므로 우리는 모든 노력을 다해 이 문제를 널리 알리고 공개적인 조사가 이루어질 수 있도록 압력을 가해야만 한다"고 썼고, "이 편지를 신문과 잡지, 방송사에 보낼까도 생각했습니다만, 저는 미국 의회의 조사와 조치가 적절한 과정이라고 느끼고 있으며, 양심적인 시민으로서 전 세계의 눈에 비친 미국 병사들의 이미지를 더욱 더럽히려는 생각은 없습니다. 저는 이런 행동이 이목을 끌기 전까지는 미국 의회가 직접적이고 건설적인 조치를 취하지 않을 것으로 보고 있습니다"라고 첨언하

23　허시(1970), 앞의 책, p.142.

였다. 9통의 편지는 등기우편으로 닉슨 대통령과 의회에서 주도적으로 반베트남전 연설을 이끌었던 3명의 민주당 의원을 비롯해 애리조나주 의원 5명, 국방부와 국무부, 합참, 13명의 상원의원 등에게 보내졌다. 편지를 받은 의원 중에 애리조나 출신의 자유주의자 모리스 유달(Morris Udall) 하원의원과 사우스캐롤라이나 출신의 보수주의자 L. 멘델 리버스(Mendel Rivers) 의원만이 관심을 갖고 국방장관에게 공식적인 편지를 썼다. 이어 레어드(Laird) 국방장관이 육군에 추가 압력을 넣었는데 그 역시 리데나워의 편지를 읽었다고 훗날 기자들에게 말했다. 이후 육군참모총장이던 웨스트모어랜드(Westmoreland) 장군은 4월 23일 공식적으로 감찰감실에 사건을 넘겨 전면조사를 실시하라고 지시하였다.[24]

3. 밀라이 학살 보도와 언론[25]

밀라이 학살이 대중에게 알려지게 된 첫 실마리는 1969년 9월 5일 금요일 조지아주 언론에 실린 베닝기지 공보실에서 배포한 보도자료였다. 이 자료의 전문은 윌리엄 L. 캘리 중위가 1969년 9월 6일 전역을 했어야 하지만 군형법 제118조 살인죄 위반 혐의로 기소되었고, 이는 1968년 3월 베트남 근무 당시 민간인들을 상대로 저지른 가해행위 때문인 것으로 알려졌다고 보도하였다. 이 기사는 또한 이 문제

---

24   허시(1970), 앞의 책, pp.150-152.
25   허시(1970), 앞의 책, pp.170-189 요약 발췌함.

가 군법회의에 회부될지 여부는 군형법 제32조에 따른 조사가 마무리되면 베닝기지 사령관이 결정할 것이며, 계속되는 조사와 피고의 권리를 침해하지 않기 위해, 보다 상세한 내용을 보도하는 것은 적절하지 않다고 기술하였다.

이 보도자료에 대해 조지아주의 〈AP〉통신 기자는 베닝기지 공보실에 더 많은 정보를 요구하고 국방부에도 문의했지만, 더 이상 자세한 내용을 얻을 수는 없었다. 〈AP〉통신의 뒤이은 속보기사는 1주일이 넘게 많은 신문에 실렸지만, 어떤 신문도 사건을 부각시키지는 못하였다. 〈뉴욕타임스〉조차도 9월 8일자 신문의 38면 하단에 〈AP〉통신 기사를 편집해서 실었을 뿐이었다. 이후 캘리 중위에 관한 기사는 조지아주 콜럼버스의 〈콜럼버스 인콰이어러(Columbus Inquirer)〉와 〈마이애미 헤럴드(Miami Herald)〉 같은 지역 신문들의 주목을 끌었다.

최초의 발표가 있은 지 닷새 뒤 캘리가 체포되었다는 소식이 〈NBC〉의 저녁뉴스쇼인 '헌틀리-브링클리(Huntley-Brinkly)'에 방송되었다. 〈NBC〉의 국방부 담당기자 로버트 고랠스키(Robert Goralski)는 수백만의 시청자들에게 "캘리가 수많은 남베트남 민간인을 계획적으로 살해한 혐의로 기소됐습니다. 살인은 1년 전에 저지른 것으로 전해졌고, 현재 조사가 계속되고 있습니다. 그런 엄청난 사건들의 전모가 드러나고 있는 가운데, 육군은 무엇을 어떻게 해야 할지 모르고 있습니다"라고 보도하였다. 하지만 이 보도 이후 몇 주일 동안 캘리에 대한 기사는 더 이상 없었다.

한편, 리데나워는 육군이 캘리를 상대로 사건의 세부내용을 공론화하지 못함으로써 캘리가 '희생양'이 되고 그에게 명령을 내린 고위

장교들은 아무 징계를 받지 않고 사면될 것임을 확신하게 되자, 자신의 파일을 한 신문기자에게 주기로 결심했다. 10월 하순, 〈리퍼블릭(Republic)〉의 워싱턴 주재기자 벤 콜(Ben Cole)과 〈콜럼버스 인콰이어러〉의 찰스 블랙은 캘리 사건에 중요한 많은 세부내용을 조사했지만, 육군이 사건에 대해 공식발표를 할 때까지 아무것도 기사화하지 않기로 했다. 이처럼 언론에 관한 한 캘리 사건은 잠복해 있었고, 〈뉴욕타임스〉나 〈워싱턴포스트〉는 베트남 작전과 관련해 150명 이상의 민간인 살해혐의에 대해 국방부에 문의했으나 보도하지는 않았다.

이 사건이 세상에 널리 알려지게 된 것은 당시 국방부에 대한 조사를 하고 있던 시모어 허시의 탐사보도에 의해서였다. 이틀 동안 25통의 전화통화 끝에 한 제보자가 캘리에 대한 〈AP〉통신 기사의 존재를 말해 주었고, 허시가 캘리의 변호사인 조지. W. 래티머를 인터뷰하기 시작한 데서 출발하였다. 래티머는 캘리가 다수의 민간인들을 죽였다는 본질적인 사실들을 확인해 주면서, '수색과 섬멸' 작전의 일환이었음을 강조했고, 베닝기지로 캘리를 찾아간 허시는 그로부터 증언을 들을 수 있었다. 시모어 허시가 썼던 첫 기사는 다음과 같이 시작된다. "윌리엄 L. 캘리 중위는 26살로 온화한 태도에 소년 같은 외모에다 '녹슨 사람'이라는 별명을 가진 베트남전 참전용사다. 육군은 그가 1968년 3월 '핑크빌'로 알려진 베트콩 거점에서 '수색과 섬멸' 작전을 수행하는 동안 적어도 109명의 베트남 민간인들을 계획적으로 살해했다고 말했다." 허시는 이러한 내용을 담은 기사를 당시 〈라이프(Life)〉와 〈룩(Look)〉 잡지에 보내고자 했으나 잡지사들은 관심 없어 했다. 그래서 허시는 데이비드 옵스트가 운영하는 워싱턴의 작은 통신사 〈디스패치 뉴스서비스 인터내셔널〉에 기사를 보냄으로써 11월 12일, 50개의 신문이 전신으로 그가 쓴 기사를 제공받았다. 전국의 유력 일간지들을 포함해 30개 이상의 신문이 다음 날 바로 그 기사를 실었다.[26]

이후 〈뉴욕타임스〉의 동남아시아 순회 특파원 헨리 캄(Henry Kamm)은 희생당한 마을 꽝응아이에 도착해 말라이4구역 생존자 몇 명이 살고 있는 송미의 강제수용촌을 방문했고, 거기서 그는 미군이 567명에 이르는 남자, 여자, 어린이들을 학살했다는 생존자들의 말을 인용한 속보를 단숨에 써서 월요일자 신문 1면에 실을 수 있도록 〈뉴욕타임스〉의 사이공 지부에 전화했다. 그는 후에 엘스워스 벙커 미국 대사와 베트남 주둔군 사령관 크레이튼 에이브럼스 장군을 인

그림 6.2 1969년 밀라이 보도 당시의 시모어 허시

출처: http://bobbinodell.com/nodellmylai.htm

---

26 허시(1970), 앞의 책, p.178.

터뷰하려 했지만 실패하였다. 〈워싱턴포스트〉는 캄의 기사에 대해 과장되었다는 국방부의 진술을 기사화하였으며, 이는 16면에 실렸다. 다른 신문들도 비슷하게 밀라이 사건에 회의적이었고, 처음부터 학살에 대해 사설을 쓴 신문도 거의 없었다(허시, 1970:180).

한편, 언론은 사건을 공개하는 과정에서 로널드 리데나워가 한 역할에 주목했으며, 시모어 허시는 밀라이 사건 목격자들의 증언을 바탕으로 11월 20일 〈디스패치 뉴스서비스 인터내셔널〉에 두 번째 기사를 썼다. 이에 앞서 11월 18일 화요일에 〈클리블랜드 플레인 딜러(Cleveland Plain Dealer)〉는 로널드 해벌(Ronald Haeberle)과 인터뷰를 했고, 그에게서 받은 학살된 아녀자들의 모습을 담은 사진들을 11월 20일자 신문에 게재하였으며, 같은 날 번하트와 테리의 증언을 인용한 허시의 기사도 공개하였다.

기사와 사진은 영국에서 곧바로 충격을 불러일으켰으며, 9개 조간신문 가운데 8개 신문의 1면에 개재되었다. 보수적인 〈데일리 스케치(Daily Sketch)〉는 1면 사설에서 "미국인들은 베트콩이 자행한 테러리즘의 수위까지 타락했다. 오늘로 베트남전은 끝났다. … 대통령은 미군을 철수해야 할 것이다"라고 썼다. 학살에 대한 목격자들의 말은 영향력 있는 런던의 〈더 타임스(The Times)〉 1면에도 눈에 잘 띄게 실렸다.

'밀라이 사건' 폭로에 대한 영국에서의 반응은 미국과 현격하게 비교되었는데, 미국의 경우, 육군이 캘리를 살인혐의로 군법회의에서 재판을 받도록 명령했다고 공식발표했음에도 신문들은 보도하는 데 계속 신중을 기했으며, 대부분의 신문은 여전히 사설에서 이 문제

그림 6.3　폐허가 된 마을에서 망연자실한 생존자의 모습

출처: https://en.wikipedia.org/wiki/My_Lai_Massacre

를 언급하는 것을 피하고 있었다. 시모어 허시에 따르면(1970), "무슨 일이 있었는지 정확하게 추적한 미국 언론의 탐사보도는 지금까지 거의 없었으며, 아마도 신문들은 전직 찰리중대원들을 찾아보려 하지 않았기 때문일 것이다"라고 그 이유를 설명하였다.

　　그러나 11월 21일 금요일, 월터 크롱카이트의 〈CBS〉 저녁뉴스에 전직 찰리중대원인 폴 메들로가 출연하면서 밀라이 학살폭로는 그전에 이미 증언된 남베트남에서 미군들이 저지른 잔학행위를 공론화시키게 되었다. 이후 〈AP〉통신사를 비롯해 많은 언론사들이 베트남에서 일어난 민간인 사살에 대한 기사를 앞다투어 다루었고, 전국의 신문들이 학살에 대해 심판하기 시작했으며, 심판은 한결같이 가혹하였다. 많은 보수 신문들은 '밀라이 사건'을 인정한 뒤에도 이 문제에 연루되는 것을 피하려고 했지만, 〈뉴스위크(Newsweek)〉와 〈타임

그림 6.4 〈타임〉지와 〈뉴스위크〉지에 실린 윌리엄 캘리

출처: http://slideplayer.com/slide/9136924,Newsweek magazine(April 12, 1971)

(Time)〉 같은 주간지들은 모든 문제를 정면으로 다루었으며, 학살에
관한 표지기사를 싣기도 하였다.[27]

4. 밀라이 학살 보도의 사회적 영향

1) 탐사보도의 사회적 파장과 피어스 배심원단

1968년 3월 16일에 미국 전투병 중대가 남베트남에 있는 작은 마
을인 밀라이4구역에 들어가 조직적으로 주민들을 살해하였다. 18개
월 후에 육군은 한 젊은 중위를 102명의 민간인 살해죄로 기소하였
다. 그러한 잔학행위에 대한 기사와 윌리엄 L. 캘리에 대한 후속 기
사는 시모어 허시에 의해 1969년 11월에 발행된 신문기사 연재로 세

---

27 허시(1970). 앞의 책, pp.186-188.

상에 처음으로 알려졌으며, 그는 이 기사로 1970년에 국제보도 관련 퓰리처상을 수상하였다.

그는 미국 전역을 5만 마일(8만 km) 이상 여행하면서 찰리중대원들을 찾아 50여 차례나 인터뷰를 시도하였다. 그런 후에 목격자들의 진술에 근거하여, 그 비극적인 날에 무슨 일이 일어났는가를 재구성했을 뿐만 아니라, 더욱 중요하게 왜 그런 일이 발생했는가를 재구성하였다. 밀라이4구역에서의 학살보도는 섬뜩한 잔학행위를 조사한 결과물 그 이상이었다. 그것은 바커기동대의 찰리중대 자체와 사병 및 장교들이 베트남에 도착했을 때부터 3월의 그날에 이르기까지의 비극적인 스토리이다. 이 기사는 또한 누가 그 비극적 사건에 대해 아는지, 그리고 그들이 그런 사건을 알고 무슨 짓을 했으며, 혹은 하지 않았는지에 관한 이야기이기도 하다. 사실 베트남에서 일어난 크고 작은 다양한 학살사례가 있지만, 밀라이 학살보도를 통해 왜 그 일이 발생했으며 무슨 일이 벌어졌었는가에 대한 전체 기사가 알려지지 않았다면, 그 의미와 중요성이 제대로 평가받을 수 없었을 것이다.

하지만 보도 이후 〈월스트리트저널(Wall Street Journal)〉은 기자들을 동원해 전국 각 도시에서 밀라이 사건에 대한 비공식 여론조사 결과를 지면에 실었는데, 미국민들은 대량학살이 일어났다는 사실을 믿지 않으려 했고, 관심조차 두지 않으려고 했다. 더 나아가 밀라이 사건 폭로에 대한 미국민들의 분노는 외려 상당 부분 밀라이 사건을 공론화한 신문과 텔레비전을 향했다.[28] 재향군인회 회원들은 캘리

---

28 허시(1970). 앞의 책. p.198.

중위와 메디나 대위에 대한 지지를 선언하는 신문광고를 지역신문에 실었고, 서명운동을 펼치고 캘리 변호 기금을 모금하기도 하였다. 또 다른 여론조사에서는 밀라이4구역에서의 대량학살 보고들이 잘못되었다고 믿었으며, 두려웠을 뿐만 아니라 진실이 아니라는 결론을 내리기도 하였다. 더 나아가 미국 신문들은 언론의 보도 태도에 대해 언론과 TV가 군법회의에 앞서 병사들의 진술을 보도해서는 안 되었다고 불평하기도 했다. 앨라배마주의 조지 월래스 전 주지사는 공개적으로 캘리를 지지하였다. 의회의 매파들도 항의의 목소리를 냈는데, 루이지애나주 민주당 의원 앨런 엘렌더(Allen Ellender) 상원의원은 학살당한 베트남인들은 "마땅한 일을 당한 것뿐입니다"라고 한 텔레비전 기자에게 말하기도 하였다. 또 하원에서는 많은 보수적인 의원들이 밀라이 학살사건 폭로에서 〈디스패치 뉴스서비스 인터내셔널〉이 한 역할을 공격하였다. 심지어 일부 의원은 밀라이 사건을 줄기차게 '날조된 학살'이라고 묘사하였으며, 첫 번째 보고서가 나온 뒤 몇 주일 동안 상·하원에서 밀라이 사건에 대해 토론하는 다른 목소리는 거의 들리지 않았다. 그 후 상원 군사위원회에서 해벌의 사진들이 공개되자 민간인들이 잔혹하게 학살된 데 대해 그 누구도 의문을 제기할 수 없게 되었다.

영국에서 최초로 표출된 밀라이 사건 뉴스에 대한 반응은 전 세계로 퍼져 나갔으며 유럽과 아시아 전역의 언론과 대중은 갈수록 미국에 대해 비판적이 되었다. 백악관의 첫 반응은 11월 26일에 나왔다. 공보비서관 로널드 L. 지글러(Ronald L. Ziegler)는 성명에서 밀라이 사건을 불행한 일탈로 묘사한 것뿐 아니라 닉슨 행정부의 책임을 사면해 주려고 이 사건을 '미국 군사정책의 직접적 위반'이라고 비난했으며, '모든 미국민의 양심에 비추어볼 때 혐오스런 일'이라고 덧붙였다.[29]

백악관은 다시 조용해졌다가 언론보도가 계속되자 12월 8일, 닉슨 대통령이 기자회견에서 학살 사실이 알려진 이후 처음으로 발언을 했다. "드러난 것은 분명히 학살이었고, 그것이 정당화될 명분은 아무것도 없습니다. 베트콩 정부에 베트남인들이 무방비로 노출되는 것을 막아야 한다는 미국의 목적을 달성하기 위해서라도, 우리는 민간인들에 대한 잔학행위를 결코 묵과하거나 이용해선 안 됩니다"라고 하였다. 대통령은 또 사건을 최소화하려고 시도하였다. 며칠 뒤 레어드 국방장관은 전국의 텔레비전 시청자들에게 밀라이4구역 학살과 관련이 있는 것으로 밝혀진 전·현직 병사들은 모두 재판을 받게 될 것이라고 발표했다.[30]

리데나워의 편지가 처음 국방부에 도착한 지 약 7개월이 지난 1969년 11월 24일 리저 육군 장관과 웨스트모어랜드 장군은 배심원단을 이끌고 육군이 실시한 밀라이 사건(1968. 3. 16.~19)의 최초 조사의 '본질과 범위'를 알아내는 일에 윌리엄 R. 피어스 중장을 임명했고, 배심원단은 4개월 동안 2만 페이지가 넘는 증언을 축적하였다.[31]

1970년 3월 17일에 상부에 제출된 피어스(Peers)의 최종 보고서에 따른 조사는 여단과 사단 레벨에 있는 고위 장교들이 사건을 은폐하

29 허시(1970). 앞의 책, pp.207-209.
30 허시(1970). 앞의 책, p.214.
31 허시(1970). 앞의 책, p.229.

는 데 가담했다는 점과 밀라이 행동에 대한 찰리중대 사병들에 대해 매우 비판적이었다. 피어스의 조사결과에 따르면, "제1대대 사병들은 적어도 175~200명의 베트남 남자, 여자, 그리고 어린이들을 살해하였다. 그들 가운데는 몇몇 무장하지 않은 베트콩이 있었고 더 많은 사람들은 지지자나 동조자로 의심되었지만, 증거는 겨우 3~4명만이 베트콩으로 확인되었다.…" 피어스 보고서에 대해 비평가들은 실제 이 사건에 대한 책임을 이미 죽은 네 명의 장교들에게 돌리려고 했다는 점을 지적하였다.[32]

1970년 5월에 '급속도작전(Operation Speedy Express)'에 참여했던 하사관은 당시 육군 참모총장인 웨스트모어랜드에게 민간인 살해를 기술한 비밀편지를 썼는데, 그는 1968~1969년 '한 해 동안 매달 밀라이 사건'에서 발생한 대량학살 규모로 살육이 이루어졌다고 말했다. 이러한 편지 영향에 더하여 복무한 사병들로부터 2통의 다른 편지들도 1971년에 군 지도자들에게 보내졌는데, 그 편지들은 주민평정작전기간 동안에 민간인 살해가 일상적으로 발생했다고 기술하였다. 또한 군대는 사살한 전투대상의 시신을 산정(counts)하여 전 군이 매우 높은 전투 공과를 세우도록 강조했는데 이러한 정책이 죽은 민간인들을 베트콩으로 기록하는 결과를 초래했다. 무분별한 살육을 불가피한 것으로 넌지시 묘사했던 제9분대 줄리언 이웰 소장(Major General Julian Ewell)은 1969년 9월에 웨스트모어랜드와 다른 장군들

---

32 Douglas, L.(1999). "An Introduction to the My Lai Court-Martial". http://www.law.umkc. edu/faculty/projects/ftrials/mylai/myl/My1_intro.html. Law.umkc.edu. Retrieved June 18, 2011.

에게 베트남 일부지역의 교외를 제1차 세계대전의 격전지였던 베르됭(Verdun) 전투와 닮은 것으로 기술하는 비밀 보고서를 제출하였다. 1969년 7월에 육군의 헌병감실(the Office of Provost Marshal General)은 형사고발과 관련하여 피어스 육군 소장의 조사로 수집된 증거자료를 검토하기 시작하였으며, 결국 캘리는 1969년 9월에 몇 건의 사전에 계획된 살인 건으로 기소되었으며, 다른 장교와 사병들은 후에 연관된 범죄로 기소되었다.

2) 군사재판 결과와 밀라이 대량 학살사건의 생존자들[33]

1970년 11월 17일에 미군 군사법원은 아메리칼 사단을 지휘했던 장교인 소장 새뮤얼 코스터를 포함해 14명의 장교들을 그 사건과 연관된 정보를 은폐한 혐의로 기소하였다. 대부분의 기소는 후에 기각되었다. 여단장 핸더슨 대령은 밀라이 대량학살 은폐로 기소되어 법정에 선 유일한 고위급 지휘관이었으며, 그는 1971년 12월 17일에 무죄를 선고받았다.[34] 4개월의 재판기간 동안 캘리 중위는 자신의 부대장인 메디나 대위의 명령을 따랐다고 계속해서 주장하였다. 그럼에도 불구하고, 그는 사전에 계획된 약 20명에 대한 살인에 대해 유죄로 판결되어 1971년 3월 29일에 종신형을 선고받았다. 이틀 후에 리처드 닉슨 대통령은 조지아주 베닝기지에 구류되어 있던 캘리를 풀어 주도록 하는 논쟁적인 결정을 내렸으며, 그가 선고를 항소하

---

33 https://en.wikipedia.org/wiki/My_Lai_Massacre의 군사재판과 생존자(Court martials and Survivors) 내용을 발췌, 정리하였음.

34 Douglas, L.(1999). "Biographies of Key Figures in the My Lai Courts-Martial: Oran Henderson". UMKC School of Law. Retrieved, June 18, 2011.

는 동안 가택연금 상태에 두었다. 캘리에 대한 유죄선고는 1973년 육군법정에 의해 선고되었으며, 1974년에 미국 연방 고등군법회의(항소법정)에 의해 내려졌다. 1971년 8월에 캘리의 선고는 군법회의 소집권한(기구)에 의해 종신형에서 20년으로 줄었으며, 캘리는 결국 3년을 복역하고, 캔사스주의 리벤워스(Levenworth) 부대에 있는 영창에서 3개월을 포함해 베이닝 부대에서 1년 반을 가택연금하에 복역하였다. 1974년 9월에 그는 육군성 장관인 하워드 캘러웨이(Howard Callaway)에 의해 가석방되었다.[35]

별도의 재판에서 메디나 대위는 대량학살을 유도한 명령을 내리지 않았다고 부인했으며, 그는 검사의 '지휘(명령)책임' 이론을 효과적으로 부정함으로써 모든 기소로부터 무죄가 되었다. 그렇지만 무죄가 판결된 지 몇 달 후에, 메디나는 증거를 숨겼고 민간인 죽음에 대해 핸더슨 대령에게 거짓말을 했다는 것을 인정했다.[36] 제11여단의 정보장교인 코투(Kotouc) 대위 또한 군법회의에 회부되었지만 유죄가 아니었다. 코스터(Koster) 소장은 준장으로 강등되었고, 웨스트포인트 교장으로서의 지위를 상실하였다. 그의 부관인 여단장 영(Young)은 견책서한을 받았으며, 둘 다 베트남 복무에서 수여받았던 무공훈장들을 박탈당했다. 밀라이 사건에 연루되었던 대부분의 사병들은 이미 전역을 했으며, 초기에 기소된 26명 가운데 캘리 중위만이 유일하게 유죄판결을 받았다.

---

35 McCarty, Mary(2013). "45 years later, impact from My Lai case is still felt". *Dayton Daily News*. March 16, 2013.
36 Douglas(1999). 앞의 글 재인용.

밀라이 군사 법정의 결과가 뉘른베르크와 도쿄전쟁범죄재판소 (Nuremberg and Tokyo War Crime Tribunals)가 수립한 법률을 지키는 데 실패했다는 주장도 제기되었다. 예를 들어, 뉘른베르크에서 미국 측의 부장검사였던 텔포드 테일러(Telford Taylor)는 "전쟁범죄 소송에서 수립된 법적 원칙들이 밀라이에서 미군 고위 장교들이 저질렀던 잔학행위를 예방하지 못한 것을 기소하도록 사용되었을 수 있었다"고 주장하였다.[37] 육군 장성 캘러웨이도 〈뉴욕타임스〉에서 캘리의 선고는 그가 정직하게 자신이 한 짓이 명령의 일부라고 믿었기 때문이지만, 그 이유는 뉘른베르크와 도쿄에서 정해진 기준과는 상충되는 것이라고 강조하였다. 즉, 그 기준들은 명령을 따르는 것이 전쟁범죄를 저지르기 위한 방어논리는 아니라는 것이다. 전체적으로 밀라이 군사재판 이외에도 1965년 1월부터 1973년 8월에 이르기까지 베트남에서 민간인에 대한 범죄로 미 육군에 의해 행해진 36건의 소송이 있었다.[38]

일부 작가들은 낮은 계급의 군인에게 가벼운 처벌이 내려지고 높은 지위의 장교들에게는 책임을 묻지 않으려는 이유는 군의 시신 산정(counts) 정책과 소위 'Mere Gook Rule(순전한 북베트남인 전략)'이 미군 병사들로 하여금 너무 많은 남베트남 민간인들을 살해하게끔 만든 원인이기 때문이라고 주장하였다.

1972년 초 밀라이 대량학살에서 살아남은 생존자들이 재배치된

---

37 Telford, T.(1970). *Nuremberg and Vietnam: An American Tragedy*. Chicago: Quadrangle Books, p.139. Cited in Oliver, Kendrick. The My Lai Massacre in American History and Memory. Manchester: Manchester University Press, 2006, p.112.

38 Bourke, Jounna.(1999). An Intimate History of Killing: Face to Face Killing in Twentieth-Century warface(http://books goole.com) New York, NY: Basic Books.

밀라이 캠프는 베트남공화국 포병대와 항공폭격으로 대부분이 파괴되었으며, 남아 있던 목격자들은 흩어졌다. 파괴는 공식적으로 '베트콩 테러리스트' 탓으로 돌려졌다. 그러나 진실은 1972년 5월 그 지역 퀘이커교도 서비스 노동자들의 증언을 통해 밝혀졌다. 그 증언은 1972년 6월 남베트남에서 '난민과 피난자들과 연관된 문제들을 조사하기 위한 의회 소위원회'에 앞서 청문회에서 마틴 타이텔(Martin Teitel)에 의해 증언되었으며, 타이텔의 설명은 〈뉴욕타임스〉에 게재되었다.[39]

대량학살 동안 밀라이에 있었던 많은 미국 군인들은 민간인의 생명을 빼앗은 것에 대해 개인적인 책임감을 인정하였다. 그들 가운데 일부는 개인적인 죄책감조차 없는 후회를 표현하기도 하였다. 예를 들어, 어니스트 메디나 대위는 "나는 그것에 대해 후회한다. 하지만 내가 그 일을 일으키지 않았기 때문에 거기에 대한 죄책감은 없다. 그것은 미국의 육군이, 그 군인이 해야 할 일은 아니다"라고 말했다.[40]

1998년 3월 16일, 베트남에서는 지역 주민들과 전역한 미군 및 베트남 군인들 모임 단체가 밀라이 대량학살 장소에 함께 모여 30주년을 기념하였다. 대량학살 기간 동안에 민간인들을 보호해 주었던 미국 재향군인 휴 톰슨(Hugh Thompson)과 로런스 콜번(Lawrence Colburn)은 대중에게 연설을 하였다. 그곳에는 대량학살 시기에 14세였던 판 타이 난(Phan Thi Nhanh)이 있었다. 그녀는 톰슨이 구했으

---

39 Martin, T.(June 6, 1972). "Again, the Suffering of My lai". *New York Times*. p.45. Retrieved March 19, 2008.

40 George, E.(March 13, 1988). "'It's Something You've Got to Live With': My Lai Memories Haunt Soldiers". *Los Angeles Times*, March 13, 1988.

며, 그 비극적인 날을 생생하게 기억했다. "우리는 잊을 거라고 말하지 않습니다. 우리는 단지 과거에 대해 생각하지 않으려고 노력합니다. 하지만 우리의 마음속에는 그것에 대해 생각할 장소를 갖고 있습니다."[41] 그 회합에 미국 외교관이나 공직자들은 누구도 참석하지 않았다.

대량학살이 발생한 지 40년이 되는 2008년 3월 16일에는 천 명 이상이 베트남전쟁에서 최악의 학살 중 하나인 밀라이 희생자들을 기념하기 위해 참석하였다. 송미(Son Mỹ)기념비는 대량학살에서의 생존자들과 희생자들의 가족들, 그리고 돌아온 전쟁 재향군인들 모두를 끌어왔다. 1968년 3월 16일에 8살 소녀였던 한 생존자는 "제 가족의 모두가 밀라이 대량학살에서 죽었습니다.… 나의 어머니, 아버지, 오빠와 세 자매들이요. 그들은 저를 시체로 가득 찬 도랑에다 던졌습니다. 저는 피와 시체로 온통 덮였습니다."[42] 그 날은 메디슨 퀘이커스(Madison Quakers)라고 불리는 위스콘신에서 온 자원단체가 비공식적으로 미국을 대표했으며, 이들은 10년 동안 밀라이에 세 곳의 학교와 평화정원을 세웠다.

'밀라이 대량학살' 보도는 베트남전쟁 중에 미군이 저지른 무수한 민간인 대량학살 사건처럼 전쟁의 참상 중 일화로 묻혀질 뻔하였다. 당시 무명의 프리랜서 저널리스트였던 시모어 허시의 끈질긴 탐사취재가 없었더라면 이 사건은 아마도 미 국방부와 군 당국에 의해 은폐

---

41 CNN(March 16, 1998.). "'Blood and fire' of My Lai remembered 30 years later".
42 Associated Press(March 16, 2008). "My Lai Survivors Gather to Pray for Victims, Peace 40 Years After Massacre", Associated Press, March 16, 2008.

되었을지도 모른다. 허시의 보도에 앞서서 '밀라이 학살'에 관한 의혹을 제기한 언론보도는 간헐적으로 나왔었지만, 당국의 공식해명을 받아쓰는 수준에 머물렀기 때문이다. 전직 미군 병사들과 50여 차례 이상 인터뷰를 하면서 밀라이 대량학살의 전모를 낱낱이 폭로한 시모어 허시의 다섯 편의 기사보도로 베트남전의 참상은 전 세계로 알려졌고 미국 내 반전여론은 확산되기 시작했던 것이다.

이처럼 정직한 언론은 항상 누군가의 용기 있는 취재에서 출발해 증거를 수립하고 공중에게 진실을 전달하는 사명을 수행하고 있다.

탐사보도 저널리즘의 전성기를 열다

언론 자유의 신화를 남긴
'워터게이트' 추적 보도(1973)

1. '워터게이트' 보도의 선정배경

'워터게이트(Watergate)' 보도는 단순한 절도사건을 끈질기게 추적해 미국 역사상 최초로 대통령 임기 중 사임 사태를 몰고 온 〈워싱턴 포스트(The Washington Post)〉지의 밥 우드워드(Bob Woodward)와 칼 번스틴(Carl Bernstein) 기자가 추적한 보도이다. 미국 사회를 뒤흔든 가장 충격적인 사건 중의 하나인 워터게이트 사건은 당시 대통령이던 리처드 닉슨(Richard M. Nixon) 측이 1972년 재선운동을 하는 과정에서 저지른 상대 후보에 대한 불법적인 첩보활동과 선거운동 방해공작, 그리고 이를 은폐하려는 공작 등 일련의 부정, 부패사건을 포괄한다.

미국 언론의 막강한 파워를 상징하는 신화로 영원히 기억될 이 사건은 1972년 6월 17일 백악관과 대통령재선위원회의 주요 당직자들이 모의하여 워싱턴의 워터게이트 빌딩에 입주해 있는 민주당 전국위원회 본부에 불법 침입해 도청장치를 설치하다가 발각된 것이 발단이 되었다. 닉슨 측은 대대적인 선거 방해공작과 불법적인 수단을 일삼았고, 결국 그해 11월 재선에 성공했다. 백악관은 사건을 축소 수사하기 위해 CIA에 은폐 계획의 실행을 명령했고, 이 사건으로 체포된 범인의 폭로를 막기 위해 무마비용을 제공하는 등 적극적인 은폐공작을 시행하였다. 더 나아가 닉슨 측은 대변인을 통한 결백작전으로 일관된 주장을 고수했고, 상부의 피해를 줄이기 위한 시도도 서슴지 않았다.

자칫하면 '3류 좀도둑 사건'으로 덮일 수 있었던 이 사건은 〈워싱턴포스트〉의 두 신참기자들이 끈질기게 사건의 열쇠인 돈줄을 추적해 불법 선거자금의 돈세탁 과정을 폭로하고, 사건들이 단순한 개인적 일탈이 아니라 권력을 쥔 정권의 최고위층까지 연관된 사건이라는 것을 용기 있게 파헤친 불굴의 취재가 있었기에 미국의 대통령직을 흔드는 역사적인 사건으로 비화시킬 수 있었다.

〈워싱턴포스트〉의 밥 우드워드와 칼 번스틴 기자는 재선위원회 직원 명부를 입수해 저녁마다 야간 방문 취재를 통해 쉽사리 말하려 하지 않는 취재원들에게 진정성으로 호소하고, 닉슨 대통령 재선위원회의 각종 선거 방해 사례들[케네디 상원의원 스캔들 캐기, 민주당 머스키 후보 투서 조작, 맥거번 후보 사찰, 국방부 문서(펜타곤 페이퍼)를 폭로한 엘스버그의 정신과의사 사무실 불법침입 등]을 수집하면서, 진실을 파헤쳐 갔다. 또한 그들의 취재와 보도가 2년 이상 진행되는 동안 그 기자들을 믿고 밀어 준 〈워싱턴포스트〉 발행인의 적극적인 뒷받침이 있었기에 가능한 보도였다.

'워터게이트 사건' 보도는 '신문이라는 것은 정직하고, 공정하고 헌신하는 것'이라는 〈워싱턴포스트〉의 일념이 공동으로 만들어 낸 결과로, 진실을 파헤치는 어려운 작업에 '딥스로트(Deep Throat)'라는 내부고발자의 용기 있는 제보가 힘이 되어 주었고, 이러한 휘슬블로어(whistle blower)를 끝까지 보호해 주었던 두 기자의 용기 있는 행동이 있었기에 정직한 언론사례로 선정하였다. 이 보도를 계기로 미국에서는 탐사보도 저널리즘이 전성기를 맞게 되었다.[1]

---

1   Carl Bernstein & Bob Woodward(1974), 양상모 역(2014), 『모두가 대통령의 사람들(All the president's Men)』, 오래된 생각, 서평 중에서.

2. '워터게이트 사건'의 개요

1) 사건의 발생과 경과

1972년 6월 17일 새벽 2시 30분경 워싱턴의 워터게이트 주상복합 빌딩에 위치한 민주당 전국위원회(DNC)에 5명의 괴한이 침입했다. 이들은 무기나 절도도구가 아닌 도청장치를 지니고 있었고, 경찰의 체포에 순순히 응했다. 이때까지만 해도 단순 절도 미수사건으로 보였기에, 6월 18일자 일요일 〈워싱턴포스트〉 한 면의 하단에 '민주당 사무실 도청 시도로 5명이 붙잡힘'이라는 표제로 기사가 나갔다. 이 기사는 워싱턴에 있는 워터게이트 빌딩의 민주당 전국위원회 본부(Democratic National Committee Headquarters) 사무실 안에서 한 팀의 절도범들이 체포되었다고 보도하였다.

당시 일반 대중이나 백악관에서는 이 사건을 크게 주목하지 않았다. 사건이 닉슨의 경쟁자인 맥거번의 선거캠프에서 벌어진 일도 아니었고, 이미 닉슨의 지지율이 19%나 앞서 있었기 때문이었다. 하지만 이 사건은 2년 동안 워싱턴을 격변시켰던 일련의 연쇄사건들의 시작점이 되면서 미국 최초로 대통령의 사임을 이끌었고, 미국의 정치를 영원히 변화시켰다.

닉슨 대통령과 백악관 측은 처음에 '침입사건과 정권은 관계가 없다'는 입장을 고수했지만, 〈워싱턴포스트〉 두 기자의 끈질긴 탐사보도는 계속해서 도청사건을 둘러싼 배후 및 전말을 파헤쳐 가기 시작했다. 특히 사건을 은폐하는 과정에서 결정적 증거가 되는 '스모킹건'이라 불리는 테이프가 공개됨에 따라 닉슨 대통령은 미 하원 법사위원회에서 탄핵안이 가결된 지 4일 뒤인 1974년 8월 9일, 대통령직을 사퇴하였다. 그는 미국 역사상 최초이자 유일한 임기 중 불명예스럽게 사임한 대통령이 되었다. 워터게이트 스캔들로 69명이 기소되었고 이 중 48명이 유죄판결을 받았는데 그들 가운데 다수는 닉슨 행정부의 고위관료들이었다.[2] 워터게이트 사건(Watergate scandal)의 전말은 다음과 같다.[3]

1972년 6월 17일 워싱턴 D.C. 워터게이트 호텔에서 근무하던 경비원 프랭크 윌스(Frank Wills)는 건물 최하부 계단의 후미진 곳과 주차장 사이 문 위에 이상한 테이프(tape)가 묶여 있는 것을 발견했다. 처음에 그는 열쇠가 잠겨 있지 않아 청소부가 작업 도중에 테이프를 묶었을 것이라고 생각했지만, 곧이어 누군가 다른 사람이 테이프를 묶어 놓았을 수도 있다는 의심이 들어 워싱턴 시립경찰에 불법 침입이 일어난 사실을 통보했다.

경찰은 도착 후, 미국 민주당 전국위원회 본부 사무실에 불법 침입한 5명의 남자를 현행범으로 체포했는데 이들은 제임스 매코드 주니어(James McCord Jr.), 비르질리오 곤잘레스(Virgilio Gonzalez), 프랭크 스터지스(Frank Sturgis), 에우제니오 마르티네스(Eugenio Martnez), 버나드 바커(Bernard Barker)였다.[4] 이후 증거자료에서 그들은 3주 전에도 같은 사무실에 침입한 적이 있었고, 이번 침입은 정상

---

2 Bill Marsh(October 30, 2005). "Ideas & Trends−When Criminal Charges Reach the White House". *The New York Times*. Retrieved September 30, 2014
3 https://ko.wikipedia.org/wiki/워터게이트사건과 https://en.wikipedia.org/wiki/Watergate_scandal 내용을 발췌, 요약 및 정리하였음.
4 *Time*(August 19, 1974). "Watergate Retrospective: The Decline and Fall".

적으로 작동하지 않던 도청기를 재설치하기 위한 것이었음이 판명되었다. 범인들은 같은 사무실에 두 번이나 침입하는 실수를 저질렀지만, 더 치명적인 실수는 버나드 바커가 에버렛 하워드 헌트(Everette. H. Hunt. Jr.)의 백악관 연락처를 기록해 둔 수첩을 지닌 채로 경찰에 체포되었다는 점이다. 9월 15일에 대배심원은 헌트와 리디(Liidy)와 함께 그들을 음모, 절도, 연방도청법위반으로 기소하였다.[5] 헌트는 예전에 닉슨 대통령 재선위원회(Committee to Re-elect the President: CRP)에서 활동한 경력이 있었다. 백악관은 이 사건에 대해 부인하고 나섰는데, 닉슨 대통령의 로널드 루이스 지글러(Ronald L. Ziegler) 보도담당관은 "3류절도(third-rate burglary)에 불과하다"라고 주장하면서 백악관과는 관계가 없다고 밝혔다.

하지만 1972년 6월 19일에 언론은 워터게이트 절도범 중 한 명이 공화당 경비원이었다고 보도하였고,[6] 8월 1일에 닉슨 재선 캠페인에

그림 7.1   워터게이트 빌딩의 민주당 사무실을 침입한 다섯 명의 범인들(왼쪽부터 제임스 매코드 주니어, 비르질리오 곤잘레스, 프랭크 스터지스, 에우제니오 마르티네스, 버나드 바커)

출처: https://www.emaze.com/@ACQZZRTO

---

5   Dickinson, William B. & Mercer Cross & Barry Polsky(1973). *Watergate: Chronology of a Crisis*. Washington D. C.: Congressional Quarterly Inc.: 4.
6   Farnsworth, M.(May 20, 1974). "Brief Timeline of Events". Retrieved May 24, 2012.

배정된 2만 5,000달러의 수표가 워터게이트 절도범 중 한 명의 은행 계좌에서 발견되었다. 미연방수사국(FBI)은 조사를 통해 매코드는 CIA의 전직 직원으로서 대통령 재선위원회 경비주임이었으며, 더 나아가 그 팀이 절도범들이 체포되기 몇 달 전에 여행 및 경비를 지원하기 위해 수천 달러를 사용했음을 밝혀냈다. 자금을 조사한 결과, 그들의 펀드는 공화당 재선위원회의 자금과 연결되어 있음이 드러났다. 워싱턴 연방지방 검사국의 알 J. 실버드 주임검사후보는 매코드와 CIA 간의 관계를 조사하기 시작했고, 그가 대통령 재선위원회에서 자금을 받았다는 사실을 알아냈다.

또 〈워싱턴포스트〉의 밥 우드워드와 칼 번스틴은 독자적으로 탐사를 시작해 사건에 관련된 여러 가지 사실들을 신문에 발표하기 시작했다. 당시 CIA나 FBI 같은 정부 조사관들은 이미 알고 있던 내용이었지만, 〈워싱턴포스트〉의 기사는 이 사건에 비밀정보를 제공했던 '딥스로트'라는 정체불명의 고위층 인물로부터 받은 정보를 폭로하면서 독자들의 관심을 끌었고, 닉슨 대통령과 그 측근을 궁지에 몰아넣었다.

1972년 9월 29일, 언론은 법무장관 존 미첼이 민주당에 반대되는 정보수집 자금을 지원하기 위해 비밀 공화당 자금을 조정했다고 보도하였으며, 10월 10일에 연방수사국은 워터게이트 침입사건이 닉슨 재선위원회를 위한 거대한 정치 염탐과 방해 행위 캠페인의 일부였다고 밝혔다. 그러나 이러한 폭로에도 불구하고 닉슨 캠페인은 전혀 타격을 입지 않았으며, 11월 7일에 닉슨은 미국 정치 역사상 가장 압도적인 득표로 대통령에 재선되었다.

2) 닉슨 대통령 측의 워터게이트 사건 은폐시도

닉슨 대통령과 해리 로빈스 홀드먼(Harry R. Haldeman) 대통령 수석보좌관은 7월 23일 FBI의 워터게이트 사건 수사를 저지하기 위해 CIA를 이용하는 것에 대해 논의하였으며, 그 상황은 테이프에 녹음되었다.[7] 논의 후 닉슨 대통령은 국가 안보가 위험하다며 CIA에 FBI의 조사를 방해할 것을 지시했다.

워터게이트 사건 수사를 방해하려는 닉슨 측의 정치공작은 조지 고든 배틀 리디(George G. B Liddy) 및 에버렛 하워드 헌트를 중심으로 닉슨 대통령 재선위원회 직원들이 주도하였다. 그들은 이전 닉슨 정권에서 '배관공(plumber unit)'이란 특별조사팀에서 움직였다. 이들은 정보누설을 조사해 민주당원 및 반전운동 활동가에게 각종 공작을 실행했다. 가장 유명한 것은 베트남전의 실체를 폭로한 '펜타곤 페이퍼(Pentagon Papers)'를 유출한 다니엘 엘스버그(Daniel Ellsberg)가 다니던 정신과 의사였던 루이스 J. 필드그의 사무소 침입공작이었다. 이 공작에서 헌트와 리디는 어디에도 모습을 보이지 않았지만, 후에 사무실 침입은 닉슨 대통령과 그 측근과 관계가 있음이 드러났다.

특히 닉슨 대통령과 백악관 고위 참모들이 워터게이트 사건 계획 시점에서 어느 정도 관여했는가가 논쟁의 주제였다. 존 뉴튼 미첼(John N. Mitchell) 전 법무장관과 해리 홀드먼(Harry R. Haldeman) 수석보좌관, 찰스 콜슨(Charles Colson) 특별보좌관 및 존 다니엘 에를리히맨(John D. Ehrlichman) 내정 담당 보좌관이 그들이었다. 찰스 콜

---

7 http://enc.daum.net?dic100/contents.do?query1=b25h1784a.

슨은 그의 자서전 『거듭나기(Born Again)』에서 변호사 출신의 닉슨파 고위관리들이 그들이 누리던 엄청난 특권과 닉슨을 지키기 위해 훌륭한 법률지식을 이용하여 은폐계획을 꾸몄다고 하였다.[8]

이들의 음모는 1973년 4월 8일에 밝혀져 대통령 재선위원회의 책임자인 미첼이 헌트와 리디의 침입을 포함한 스파이활동 계획을 승인했다는 것이 드러났다.

그림 7.2 워터게이트 스캔들에 연루된 닉슨 대통령과 측근들

출처: http://www.pulse.ng/movies/watergate-abc-is-developing-series-based-on-1970s-scandal-id4606558.html.

8　찰스 콜슨(1991). 이진성 역. 『거듭나기(Born Again)』. 홍성사. pp.140-141.

3) 상원의 워터게이트 특별위원회 조사

1973년 1월 8일, 대통령 재선위원회의 리디와 헌트를 포함해 침입범에 대한 재판이 이루어졌는데 매코드와 리디 이외에 전원이 유죄를 인정하였다. 재판에서는 피고 전원에 대해 범죄 공동모의, 가택침입 및 도청에 대한 유죄판결이 내려졌으나 피고들이 증언을 하지 않고 유죄를 인정했으니 보석금을 지불해도 되냐는 사실을 밝혀 왔다. 이에 대해 존 J. 시리카 연방재판소 판사는 크게 화내며 피고에 대해 30년형을 언도하는 동시에, 그들이 사건 조사에 협력적이란 판결 역시 재고해야 한다고 보았다. 5명의 워터게이트 절도범들은 1972년 재선위원회에 직간접적으로 연결되어 있었으며, 시리카 판사는 고위직 정부 관료가 연루된 음모일 것이라고 의심하였다.[9] 매코드는 스스로 대통령 재선위원회와의 관계가 위증임을 인정했으며, 이 침입범에 대한 재판은 가택침입의 재판만 유죄선고로 끝내고 다른 사건에 대한 조사로 발전하게 되었다.

1973년 1월 30일에 워터게이트 절도범 5명을 모두 유죄로 감옥에 보냈음에도 사건이 끝나기보다는 침입과 관련해 닉슨 행정부의 연관성에 대한 수사는 더 광범위하게 번졌다. 1973년 3월 말과 4월의 닉슨의 대화는 그가 홀드먼과 에를리히맨을 제거할 필요가 있다는 것을 알았을 뿐만 아니라, 딘(Dean)이 그들과 거리를 둘 필요가 있음을 드러냈다. 그렇게 해야만 그가 기소될 가능성이 가장 적고 대통령직을 유지할 수 있었다. 이러한 판단하에 닉슨은 새로운 음모, 즉 1973년

---

9 Sirica, John J.(1979). *To Set the Record Straight: The Break-in, the Tapes, the Conspirators, the Pardon.* New York: Norton, p.56.

말에 시작한 은폐를 '은폐'하기 위한 음모를 창출했으며, 1973년 5월과 6월에 완전한 음모를 꾸미며, 1974년 8월 9일 그의 대통령 임기가 끝날 때까지 운영했던 것이다.[10]

그러다가 결국 1973년 여름에 워터게이트 사건은 완전히 전국적으로 노출된 스캔들이 되었으며, 특별검사 아치볼드 콕스(Archibald Cox)와 상원 워터게이트 특별위원회 의장인 노스캐롤라이나 상원의원인 샘 어빈(Sam Ervin)이 이끄는 두 공식적인 조사기구의 주제가 되었다. 진보적인 하버드 법대교수인 콕스는 케네디 행정부에서 법무차관을 지낸 인물로 그는 닉슨의 새로운 법무장관인 엘리엇 리처드슨(Elliot Richardson)이 절도사건을 조사하고 백악관과 닉슨의 재선 캠페인과 관련된 모든 다른 위법행위들을 조사하도록 임명하였다. 헌법에 대한 관심사로 가장 잘 알려진 보수적인 민주당 의원인 어빈은 7명의 조사위원회의 의장으로 선임되었으며, 상원 워터게이트 위원회가 전국적인 텔레비전 방송으로 국민적인 관심사를 모았을 때, 주저하는 증인들을 그의 소탈하면서도 집요한 질문공세로 조사함으로써 이름을 날렸다. 또 상원 워터게이트 특별위원회는 백악관 직원을 소환하기 시작하였다.

4월 30일 닉슨 대통령은 그의 가장 유력한 보좌관 홀드먼과 에를리히맨의 사직을 강요했다. 더 나아가 닉슨 자신에게 불리한 증인이 될 수 있는 백악관 법률고문 존 딘(John W. Dean III)을 경질하고, 새로운 법무장관으로 엘리엇 L. 리처드슨을 임명했으며, 그에게는 특

10　Dean, John W.(2014). *The Nixon Defense*, Penguin Group, p.344.

별검사를 지명하는 권한이 주어졌다. 5월 18일에 리처드 닉슨은 아치볼드 콕스를 특별검사로 지명했다.

상원 워터게이트 특별위원회의 공청회는 TV를 통해 방송되었는데 이것은 닉슨에게 치명적인 정치적 타격이었다. 특별위원회는 7월 13일에 중대한 사실을 발견했는데 그것은 알렉산더 P. 베터필드 대통령 부보좌관이 백악관에서 대통령 집무실의 모든 대화를 자동녹음하고 있다고 폭로한 것이다. 이것은 닉슨 대통령과 존 딘 법률고문의 면담을 녹음한 테이프가 존재한다는 의미였다. 콕스 특별검사와 상원 조사위원회는 양측 모두 테이프 제출을 요구하는 소환장을 발부했지만 닉슨은 대통령 특권으로 이를 거부하였다. 닉슨은 또 리처드슨 법무장관을 통해 콕스 특별검사에게 소환장 취소를 명령했는데 콕스는 이를 거부하였다. 닉슨은 콕스 특별검사 해임을 법무장관에게 요구했으나 리처드슨 법무장관은 이것을 거부하고 사임하였다. 결국 로버트 H. 보크(Robert H. Bork) 법무 차관보가 콕스 특별검사를 해임시켰다.

닉슨 대통령은 테이프 공개를 계속 거부하면서 백악관이 편집한 기록을 제출하기로 합의했는데 테이프의 대부분은 존 딘 법률고문의 증언과 일치하였으나 1개의 테이프에서 18분 30초가 삭제된 부분이 발견되면서 의혹이 증폭되었다. 백악관은 이것을 비서 책임으로 전가하였지만, 결국 자의적으로 테이프를 편집한 것은 곧 증거물 훼손이며, 이는 중대한 범죄행위로 기소대상이 된다고 판명되었다. 테이프 제출문제는 대법원에서까지 논쟁이 되었는데 1974년 7월 24일 법원은 테이프에 대해 닉슨 대통령의 특권을 무효화하는 동시에 특별검사 레온 자보로스키에게 테이프를 넘겨줄 것으로 명령하는 판결을 만장일치로 결정하였다. 그 명령에 따라 닉슨은 7월 30일, 문제의 테이프를 넘겨주게 되었다.

4) 탄핵조정과 대통령 사퇴

1974년 3월 1일 워터게이트 사건의 조사방해 혐의로 닉슨 대통령의 측근이었던 홀드먼, 에를리히맨, 미첼, 찰스 콜슨, 고든 스트래찬, 로버트 마디언, 케네스 파킨슨 등이 기소되었다. 대배심원은 비밀로 거기에 닉슨을 기소하지는 않았지만 공모자로서 지명하였다. 닉슨의 지위가 계속 불안정한 가운데, 하원은 대통령의 탄핵이 가능한 형식상 조사를 시작하였고, 하원 법사위원회는 1974년 7월 27일에 27표 대 11표로써 대통령에 대한 제1차 탄핵(사법방해)을 권고하는 것을 가결시켰다. 이후 7월 29일에는 제2차 탄핵(권력의 남용)을, 7월 30일에는 제3차 탄핵(의회에 대한 모욕)까지 가결하게 되었다. 워터게이트 사건 며칠 후 기록된 테이프는 1972년 6월 23일에 공개되었다. 하지만 1974년 7월 30일 대법원 판결에 따라 넘겨 준 백악관 집무실 녹음테이프는 닉슨의 사퇴로 공개되지는 않았다. 그 테이프를 통해 닉슨과 홀드먼이 국가안전보장에 대한 문제를 날조해 조사를 저지할 계획을 세운 것이 밝혀졌다. 테이프는 결정적 증거인 '스모킹 건(smoking gun)'이라고 불렸다.

유죄판결을 받기에 충분한 하원의 탄핵가결 결과를 전달받은 닉슨 대통령은 스스로 사임할 것을 결정하였다. 그는 1974년 8월 8일 밤, 국민 전체에 대한 TV 연설에서 8월 9일 정오에 사퇴한다고 발표

그림 7.3 〈뉴욕타임스〉의 닉슨 대통령 사임 관련 보도(1974.8.9.)

출처: http://www.picquery.com/watergate-scandal-newspaper

했다. 그는 미국 역사상 탄핵을 받게 된 유일한 대통령으로 소개되었
지만, 실제로 상원에서 탄핵 승인이 나오기 전에 사퇴했기 때문에 현
실에서는 탄핵을 받지 않아 유죄판결을 면할 수 있었다.

닉슨의 사임 후에 당시 부통령이었던 제럴드 루돌프 포드(Gerald
R. Ford. Jr.)가 대통령으로 승격되어 9월 8일 "닉슨 대통령이 지시한
가능성이 있는 범죄에 대해서 무조건 대통령 특별사면을 재판이전에
하겠다"라는 성명을 발표하였는데, 이것으로 인해 닉슨은 이후 모든
조사와 재판을 피할 수 있었다. 그러나 사면을 받았다는 것 자체가
죄를 인정한 셈이었다.

3. '워터게이트' 사건의 탐사보도 과정[11]

1) 20대 초년 두 기자들의 활약

'워터게이트' 사건 발생 당시 28, 29세의 두 젊은 기자였던 〈워싱턴포스트〉 편집국의 밥 우드워드와 칼 번스틴은 그 사건에 대해 작업하기 시작하면서 강한 흥미를 갖게 되었다. 우드워드의 취재기록에 따르면, 그는 경찰정보원으로부터 마이애미에서 온 절도범들이 수술용 장갑을 끼고 있었으며, 수천 달러의 현금을 보유하고 있었다는 것을 알았다. 한 정보원은 그것이 '전문적인 유형의 작전'이었다고 말했다.

바로 다음 날인 1972년 6월 19일, 우드워드와 번스틴은 '체포된 사람들 가운데 공화당 보안요원'이라는 기사에서 절도범 제임스 매코드가 닉슨 대통령 재선위원회에서 월급을 받았다고 보도하였다. 워터게이트 보도의 서막을 여는 폭로기사였다. 바로 다음 날 닉슨과 수보좌관인 홀드먼은 비밀리에 어떻게 CIA로 하여금 FBI가 절도범 수사에서 물러나라고 말할 것인지를 논의하였다. 그러고 나서 백악관 대변인은 공개적으로 '3류 절도'에 대해 논평하지 않겠다고 말했다.

몇 주 후에 우드워드와 번스틴은 절도사건을 조사하는 대배심원이 닉슨 백악관에서 일했던 경험이 있는 두 사람, 즉 전 CIA 직원이었던 하워드 헌트와 전 FBI 요원 고든 리디로부터 증언을 청했다고

---

11 이 사건은 〈워싱턴포스트〉가 연재한 'The Watergate Story' 내용 가운데 Part 1. The Post Investigates 부분을 발췌, 요약하였음.

그림 7.4 〈워싱턴포스트〉의 칼 번스틴(좌)과 밥 우드워드(우)
출처: www.smithsonianmag.com

보도하였다. 두 사람은 결국 워터게이트 빌딩 반대편에 있는 호텔에서 워키토키 무선기를 통해 절도를 사주한 것으로 유죄를 선고받았다. 헌트는 백악관 측에 자신과 그의 공동피고들에게 돈을 제공할 것을 요구했으므로, 절도범 소송을 주관하고 있던 재판관 존 시리카는 조사관의 역할을 맡아 피고들로 하여금 그들이 알고 있는 것을 폭로하도록 강요하였다. 헌트와 다른 절도범들은 자신들이 유죄라고 답변한 반면, 매코드와 리디는 소송까지 가서 유죄판결을 받았다.

한편, 번스틴은 마이애미에서 닉슨의 재선 캠페인을 위한 2만 5,000달러의 수표가 절도범들 중 한 명의 은행계좌에 입금되었음을 알았다. 이와 같은 취재결과로 작성된 기사는 '도청 혐의자가 캠페인 자금을 가졌다'는 제목으로, 그 수표가 닉슨의 주요 기금모금자로서 종사했던 전 상무장관인 모리스 스탠스(Maurice Stans)로부터 주어졌다고 보도하였다. 이 보도는 〈워싱턴포스트〉가 처음으로 절도사건을 닉슨 캠페인 자금과 연계시킨 것이었다.

2) 은밀한 정보원의 제보, '딥스로트'

두 명의 기자들은 계속해서 그 기사를 취재했으며, 우드워드는 후에 마크 펠트(Mark Felt)로 알려진 은밀한 정보원으로서 FBI의 고위급 관료에 정보를 의존하였다. 절도범 수사에 FBI 보고서 접근이 가능했으므로 펠트는 다른 정보원들이 〈워싱턴포스트〉 기자들에게 말하는 것을 확인 또는 부인해 줄 수 있었다. 그는 또한 두 기자들에게 어떤 단서를 추구해야 할지에 관해서도 말할 수 있었다. 우드워드는 그의 정체를 비밀로 유지할 것을 굳게 동의했고, 그를 동료들과의 대화에서 '딥스로트'라고만 지칭하였는데, 그의 정체는 33년이 지난 2005년까지 공개되지 않았다.

'딥스로트'란 워터게이트 사건 이후에 '익명의 깊숙한 취재원'이란 뜻으로 사용되고 있다. 언론인, 특히 취재기자에게 이런 깊숙한 취재원은 심도 있는 기사를 발굴해 내고 권력의 비리를 고발하는 데 불가결한 요소이다.[12] 언론이 취재과정에서 권력 내부의 실상에 접근하기 위해서는 이러한 용기 있는 고발자가 필요한데, 언론은 이런 사람들을 보호해 주는 것이 당연한 의무이기도 하다. 워터게이트 사건의 '딥스로트'가 33년 만에 미국 잡지 〈배너티 페어(Vanity Fair)〉 기사에 공개되기까지 워터게이트 사건의 특종을 보도했던 밥 우드워드와 칼

12　허용범(2005). "딥스로트 특집I/ 취재원 보호". 『관훈저널』 46(3). p.35.

번스틴은 30여 년 전의 취재원을 공개해야 할지를 놓고 깊이 고민하기도 하였다. 그들에게 취재원을 보호하는 것은 "딥스로트가 죽기 전까지는 그의 신분에 관해 어떤 코멘트도 않는다"는 입장을 견지한 저널리스트로서의 원칙을 끝까지 준수한 것이었다. 우드워드는 〈배너티 페어〉의 기사 이후에 그 사실을 인정했는데 그 기사는 펠트 가족의 변호사가 썼고, 그를 간병하고 있는 딸이 펠트의 진술을 증언하고 있었기 때문에, 〈워싱턴포스트〉와 밥 우드워드는 취재원을 확인해 주는 것으로 33년 동안 익명의 취재원 신분을 지켜 줘야 한다는 언론의 원칙을 위반하지 않은 것이었다.[13]

3) 탐사보도의 시작: 백악관의 은폐 폭로에서 닉슨의 사임까지

한편, 닉슨이 1972년 가을에 재선을 향해 순항하는 동안 우드워드와 번스틴은 다음과 같은 내용을 보도하면서 특종을 따냈다.

"법무장관 존 미첼(John Mitchell)은 민주당에 관한 정보를 모으기 위해 캠페인을 위해 지불된 비밀 자금을 통제하였다."
"닉슨의 보좌관들은 닉슨의 재선을 위해 정치적 염탐과 방해 행위의 대량적 캠페인을 운영했다."

다른 신문사들은 〈워싱턴포스트〉의 그 기사를 무시했고, 유권자들은 1972년 11월에 막대한 표를 닉슨에게 몰아주었으며, 백악관은 계속해서 〈워싱턴포스트〉의 기사가 편향되고 진실을 호도하고 있다

---

13 허용범(2005). 앞의 글, p.39.

그림 7.5 〈워싱턴포스트〉의 워터게이트 사건 최초 보도
출처: www.google.com

고 맹렬히 비난하였다. 〈워싱턴포스트〉의 발행인 캐서린 그레이엄
(Katharine Graham)은 행정부의 '공개적인 위협과 괴롭힘'에 대해 걱
정하기도 하였다.

　하지만 1973년 1월 8일에 민주당 전국위원회 도청사건의 피고인
공판이 시작되면서부터 〈워싱턴포스트〉뿐만 아니라 다른 매체에서
도 워터게이트 사건을 닉슨과 연관지어 다루기 시작했고, 공판을 담
당했던 존 시리카 판사가 감형을 거래조건으로 피고인들에게 관련
사실을 털어놓을 것을 제안하자 충격적인 증언들이 잇달아 나오기
시작했다. 결국 3월 17일에 제임스 매코드가 워터게이트 침입사건은
백악관과 관련이 있다고 자백했고, 닉슨은 자신의 보좌관인 홀드먼
과 에를리히맨을 해임시키는 것으로 사건을 무마하고자 하였다.

FBI가 마침내 워터게이트 사건과 관련해 백악관의 부정을 파헤쳤을 때, 고위급 관료들은 위증죄와 사법부재판 방해죄로 기소되었으며, 1973년 4월에 닉슨 대통령 최고 보좌관이었던 홀드먼, 국내정책 자문관 에를리히맨, 법무장관 리처드 클라인디엔스트(Richard Kleindienst), 그리고 백악관 자문변호사인 존 딘 등 네 명이 직위를 상실했다. 닉슨의 공보담당비서인 론 지글러(Ron Ziegler)가 예전에 〈워싱턴포스트〉의 백악관 비난기사가 "제대로 작동하지 않는다"라고 말했는데, 우드워드와 번스틴의 보도는 오히려 정당성을 입증하게 되었다.

　　존 딘은 닉슨의 백악관과 절연한 최초의 백악관 보좌관이었다. 우드워드와 번스틴은 그의 증언이 있기 하루 전날 밤에 "딘은 닉슨이 은폐 계획을 알았다고 혐의를 제기한다"고 보도하였다. 법정에서 딘은 자신이 닉슨에게 사건의 은폐는 '대통령직 수행에서 암'이라고 말했다고 폭로하였다. 그러나 가장 선풍적인 폭로는 1973년 7월에 백악관 보좌관이었던 알렉산더 버터필드가 상원위원회에 닉슨이 그의 집무실에서의 전화와 대화를 녹음한 비밀 녹음테이프 시스템을 갖고 있다고 말한 것이었다. 닉슨이 그 테이프 제출을 거부했을 때 어빈과 콕스는 소환장을 발부하였다.

　　백악관은 대통령 특권을 인용하면서 녹음테이프 제출에 응하기를 거부했다. 〈워싱턴포스트〉는 이에 관하여 1973년 7월 24일자 보도에서 "따라서 그 단계는 행정부 문서와 자료를 포기하지 않으려는 대통령과 그 문서들을 입수하기로 결정한 상원위원회 및 연방검사 간의 헌법에 근거하는 싸움으로 확대되었다"고 썼으며, "궁극적인 중재는 대법원에 의해 이루어질 것이라 생각된다"고 보도하였다.

오랜 협상 후에 백악관은 서류로 요약된 대화녹취록을 상원과 특검에 제출하기로 합의했는데 어빈은 그 거래를 수락했지만 콕스 특별검사는 이를 거부하였다. 10월 20일 토요일에 닉슨은 법무장관 리처드슨으로 하여금 콕스를 해고하도록 명령을 내렸는데 리처드슨은 그 명령을 수행하기보다 법무장관직을 사임하였으며, 차관이었던 로버트 보크가 법무장관 대리로서 콕스를 해임시켰고 특검사무실은 폐지되었다. '토요일밤의 학살'로 명명된 일련의 해고는 워싱턴 정가에 폭풍을 일으켰고, 탄핵에 대한 요구 속에 닉슨은 어쩔 수 없이 명망 있는 리언 자워스키(Leon Jaworski)라는 텍사스 출신의 변호사를 새로운 특검으로 임명하게 되었다. 닉슨의 신뢰도는 11월 20일에 또 한 방의 타격을 입었는데 그것은 그의 변호사들이 연방판사에게 조사관들이 찾은 주요 테이프 중 하나가 백악관 관료들이 설명하기에 곤란했던 내용 중 18분이나 삭제되었음을 알렸기 때문이었다. 닉슨이 기자회견에서 "나는 사기꾼이 아닙니다"라고 분명히 말했을 때, 그의 부인(否認)에 설득된 미국인들은 거의 없었다.

1973년 12월 31일에 자워스키는 최초의 절도범 7명 이외에도 12명의 다른 사람들이 워터게이트와 관련한 위법행위로 유죄임을 인정하며, 네 명의 개인들에 대하여 형사절차가 진행 중이라는 보도를 발표하였다. 닉슨은 범법행위에 대한 고발을 거부하고 대통령직에 남겠다고 고집하였다. 그는 1974년 국정연설에서 "워터게이트에 대해 일 년이면 충분하다"고 언명하였지만, 궁지에 몰린 대통령은 국민들로 하여금 그 이슈를 잊게 할 수는 없었다.

특별검사 자워스키와 상원 워터게이트 위원회는 백악관에 계속해서 테이프와 원본들을 제출하도록 요구했다. 닉슨에 대한 국민의 지지가 기울자, 하원의 법사위원회는 대통령에 대한 최고의 처벌인 탄핵에 대하여 고려하기 시작하였다. 1974년 3월, 특검이 워터게이트 도청사건과 관련해 전 국무장관인 존 미첼과 전 보좌관이었던 홀드먼과 에를리히맨 그리고 네 명의 다른 참모진들을 공모와 사법방해 및 위증죄 혐의로 기소했을 때, 닉슨에 대한 압력이 고조되었다. 대배심원이 닉슨을 기소하길 원했던 반면에 자워스키는 현직 대통령을 기소하는 것에 대한 합헌성을 의심하면서 그렇게 하는 것을 거절하였다.

자신에 대한 비난을 진정시키기 위해 닉슨은 1974년 4월에 1,200페이지에 달하는, 자신과 그의 측근들 간의 대화녹취록을 공개하기로 발표했는데, 〈워싱턴포스트〉의 기사에 담긴 '대통령이 공개한 그 어떤 서류보다 솔직한' 대화들은 국민의 격노를 더욱 부추겼다. 닉슨에게 가장 충직한 보수주의 지지자들도 백악관에서 공갈협박으로 돈을 거두고, 어떻게 위증혐의를 피할 것인지 논의하는 닉슨의 비속하고 불경한 발언에 대해 경악을 금치 못하였다.

5월에 연방법원이 자워스키의 백악관 테이프에 대한 소환장 발부를 승인하자 닉슨의 법적인 방어선이 허물어지기 시작하였다. 닉슨의 변호사들은 대법원에 그 결정을 항소하였으며, 그의 정치적 입장은 6월에 하원 법사위원회의 21명 민주당 의원 전원이 탄핵을 위해 투표하기로 준비했다는 보도 와중에 흔들렸다. 7월 24일에 대법원은 만장일치로 백악관이 그 테이프들을 특별검사에게 건네도록 명령을 내렸고, 2일 후에 법사위원회는 전체 의원에 의해 탄핵안을 투표하기로 승인하였다.

결국 닉슨이 한 주 뒤에 홀드먼과의 대화 내용이 담긴 테이프―워터게이트 보도 직후인 1972년 6월 23일 이후부터 녹음된 내용―를 공개했을 때, 반복되었던 그의 결백함에 대한 주장과는 대조적으로 대화는 닉슨이 바로 처음부터 그 사건의 은폐에 주도적 역할을 수행했음을 보여 주었다. '스모킹건' 테이프로 별명이 붙은 이 녹음 내용은 그나마 남아 있던 닉슨의 지지를 제거하였으며, 그의 가장 친한 측근들조차도 그에게 사임이 아니라면 거의 확실시되는 탄핵에 직면할 수 밖에 없다고 말했다.

1974년 8월 8일에 닉슨은 그의 사임을 발표하였으며, 부통령이었던 제럴드 포드가 1974년 8월 9일에 "우리의 오랜 전국적인 악몽은 끝났다"라고 천명하면서 대통령직을 맡기로 서약하였다. 한 달 후에 포드 대통령은 닉슨에게 그가 백악관에서 그의 임기동안에 '저질렀거나 혹은 저질렀을 수 있는 모든 범죄'에 대해 '완전하고, 자유로우며 절대적인 사면'을 인정하였다.

4. 워터게이트 보도가 미국 사회에 미친 영향

워터게이트 사건은 단순히 닉슨 대통령이 재선을 위해 비밀공작반으로 하여금 워싱턴의 워터게이트 빌딩의 민주당 전국위원회 본부에 도청장치를 설치하려다 발각된 사건만은 아니었다. 이 사건은 닉슨과 그의 참모들의 선거방해와 여러 대기업들로부터 불법자금을 수수한 사실을 비롯해, 백악관 주요 인사들이 연루된 온갖 도청활동과 문서위조, 매수, 그리고 CIA와 전직 FBI 직원을 활용한 부정행위 등으로 닉슨 정권의 여러 가지 치부를 드러냈지만 의회와 사법부의 활동을 비롯해 미국 정치사와 헌정사에 여러 가지 의미를 남긴 중요한 사건이었다. 이 사건으로 인해 대통령 탄핵이 소추되어 최종 승인되기 직전 닉슨 대통령은 사임할 수밖에 없었던 것이다.

비록 워터게이트 사건은 끝났지만 '워터게이트' 사건과 이에 대한 보도가 미국 사회에 미친 영향은 끝나지 않았다. 사건과 연결된 스캔들로 인해 미국 사회의 여론은 연방정부에 대해 회의주의적인 시각으로 돌아서게 되었다. 스캔들을 둘러싼 '은폐하기(to cover-up)', '의사진행 방해하기(to stonewall)', 그리고 '누설하기(to leak)' 등의 언어는 미국의 정치적 용어가 되었다. 반면, 새롭게 등장한 의회는 선거 캠페인 재정개혁법을 통과시켰고, CIA와 다른 국가 정보기관들에 대한 권력남용을 철저하게 조사하게 되었다.

'워터게이트' 보도가 미국 언론사에 대표적인 권력감시 보도로 남을 수 있었던 것은 의회의 '워터게이트 조사위원회'와 특별검사의 활동을 통해 닉슨 대통령과 그의 측근들이 벌인 치부를 낱낱이 드러내고, 숱한 압력에도 굴하지 않으면서 사건의 진실을 파헤친 〈워싱턴 포스트〉의 정직한 두 기자와 이들을 지지한 발행인이 있었기에 가능했다. 후에 밥 우드워드와 칼 번스틴의 워터게이트 사건 취재과정은 『모두가 대통령의 사람들(All the President's Men)』이란 책으로 발간되어 다시 인구에 회자되며 베스트셀러가 되었고, 영화로도 재현되며 미국 저널리즘에 경각심을 불어넣었다. 『모두가 대통령의 사람들』 서문에서 두 기자는 "백악관이든 어디든, 복무하면서 위험을 무릅쓰고, 기밀정보를 우리에게 제공했던 '대통령의 사람들(President's other men and women)'에게 이 책을 드린다"고 하면서, "그들이 없었다면, 〈워싱턴포스트〉가 전했던 '워터게이트' 기사도 없었을 것이라"고 썼다.[14]

미국의 대통령 선거기간 중에 발생한 '워터게이트' 사건 보도는 탐사보도가 미국의 정치지형에 얼마나 큰 영향을 미쳤는지를 여실히 보여 주었다. 백악관의 부인과 정치적 외압에도 불구하고, 두 기자의 끈질긴 정보원 설득과 취재과정을 통해 〈워싱턴포스트〉는 공중의 관심을 불러일으켰고, 상원 조사위원회와 청문회 보도를 통해 의제형성 기능을 수행했던 것이다. 또 '워터게이트' 사건 보도 이후 오래 되지 않아 대통령의 범법행위에 대한 혐의를 조사하기 위한 특별검사들의 임명은 워싱턴 정가의 규범이 되었다. '워터게이트 보도'는 미국의 정치를 영구히 그리고 엄청나게 변화시켰던 것이다.

---

14 Bernstein, C. & Woodward, B.(1974). *All the President's Men*. New York: Simon & Schuster Paperbacks.

〈워싱턴포스트〉지에 실린 '워터게이트' 관련 기사 일지

1972년

June 17—Five men, one of whom says he used to work for the CIA, are arrested at 2:30 a.m. trying to bug the offices of the Democratic National Committee at the Watergate hotel and office complex.

June 19—A GOP security aide is among the Watergate burglars, The Washington Post reports. Former attorney general John Mitchell, head of the Nixon reelection campaign, denies any link to the operation.

August 1—A $25,000 cashier's check, apparently earmarked for the Nixon campaign, wound up in the bank account of a Watergate burglar, The Washington Post reports.

September 29—John Mitchell, while serving as attorney general, controlled a secret Republican fund used to finance widespread intelligence-gathering operations against the Democrats, The Post reports.

October 10—FBI agents establish that the Watergate break-in stems from a massive campaign of political spying and sabotage conducted on behalf of the Nixon reelection effort, The Post reports.

November 7—Nixon is reelected in one of the largest landslides in American political history, taking more than 60 percent of the vote and crushing the Democratic nominee, Sen. George McGovern of South Dakota.

January 30—Former Nixon aides G. Gordon Liddy and James W. McCord Jr. are convicted of conspiracy, burglary and wiretapping in the Watergate incident. Five other men plead guilty, but mysteries remain.

April 30—Nixon's top White House staffers, H. R. Haldeman and John Ehrlichman, and Attorney General Richard Kleindienst resign over the scandal. White House counsel John Dean is fired.

May 18—The Senate Watergate Committee begins its nationally televised hearings. Attorney General-designate Elliot Richardson taps former solicitor general Archibald Cox as the Justice Department's special prosecutor for Watergate.

June 3—John Dean has told Watergate investigators that he discussed the Watergate cover-up with President Nixon at least 35 times, The Post reports.

June 13—Watergate prosecutors find a memo addressed to John Ehrlichman describing in detail the plans to burglarize the office of Pentagon Papers defendant Daniel Ellsberg's psychiatrist, The Post reports.

July 13—Alexander Butterfield, former presidential appointments secretary, reveals in congressional testimony that since 1971 Nixon had recorded all conversations and telephone calls in his offices.

July 18—Nixon reportedly orders the White House taping system disconnected.

July 23—Nixon refuses to turn over the presidential tape recordings to the Senate Watergate Committee or the special prosecutor.

October 20—Saturday Night Massacre: Nixon fires Archibald Cox and abolishes the office of the special prosecutor. Attorney General Richardson and Deputy Attorney General William D. Ruckelshaus resign. Pressure for impeachment mounts in Congress.

November 17—Nixon declares, "I'm not a crook," maintaining his innocence in the Watergate case.

December 7—The White House can't explain an 18 ½-minute gap in one of the subpoenaed tapes. Chief of Staff Alexander Haig says one theory is that "some sinister force" erased the segment.

1974년

April 30—The White House releases more than 1,200 pages of edited transcripts of the Nixon tapes to the House Judiciary Committee, but the committee insists that the tapes themselves must be turned over.

July 24—The Supreme Court rules unanimously that Nixon must turn over the tape recordings of 64 White House conversations, rejecting the president's claims of executive privilege.

July 27—House Judiciary Committee passes the first of three articles of impeachment, charging obstruction of justice.

August 8—Richard Nixon becomes the first U.S. president to resign. Vice President Gerald R. Ford assumes the country's highest office. He will later pardon Nixon of all charges related to the Watergate case.

'탁' 하고 치니 '억' 하고 죽었다

〈중앙일보〉와 〈동아일보〉의
'박종철 고문치사 사건' 보도(1987)

1. '박종철 고문치사 사건' 보도의 선정배경

박종철(朴鍾哲, 1965.4.1.~ 1987.1.14., 부산출생)은 사망 당시 서울대학교 인문대학 언어학과 3학년 학생회장이었으며, 제5공화국 말기에 공안당국에 끌려가 폭행과 전기고문, 물고문 등을 받아 짧은 생을 마감하였다. 그는 1986년 청계피복노조 합법화 요구 시위에 참여했다는 이유로 구속되어 징역 10개월을 선고받았으며, 출소 이후에도 학생운동에 적극 참여하였다. 그는 1987년 1월 13일 자정경, 하숙집에서 치안본부 대공분실 수사관 6명에게 연행되었다가 결국 돌아오지 못했다.[1]

민주화를 외친 한 젊은이의 죽음이 역사에 남기까지는 '박종철 고문치사 사건'을 보도한 용기 있는 기자와 언론사가 있었으며, 이는 6월 민주항쟁의 불씨가 되었다. 1987년 〈중앙일보〉의 신성호 기자는 한 검찰 간부가 "경찰, 큰일 났어"라고 무심코 내뱉은 한마디에서 단서를 잡고, 1월 14일 '경찰에서 조사받던 대학생 쇼크사'라는 2단 기사를 내보냈다. 그러자 다음 날 당시 경찰의 치안본부장은 "냉수를 몇 컵 마신 후 심문을 시작, 박종철 군의 친구의 소재를 묻던 중 책상을 '탁' 치니 갑자기 '억' 소리를 지르면서 쓰러져, 중앙대부속병원으로 옮겼으나, 12시경 사망하였다"고 공식발표를 했다. '탁 치니 억'은 한동안 군사정권의 궤변과 비도덕성을 조롱하는 유행어로 널리 사용될 정도였으며, 당국은 이 사건을 축소, 은폐하기에 급급하였다.

---

1 민주화운동기념사업회(2011). "고 박종철 열사 25주기 추모제". 민주화운동기념사업회. 2011. 12. 29.

〈중앙일보〉의 첫 보도에 이어 〈동아일보〉 황호택 기자는 당시 부검의 의사 오연상의 진술을 확보해 이를 보도하였다. 1월 14일 경찰의 요청으로 대공분실 509호를 제일 먼저 목격했던 중앙대병원 내과 전문의 오연상은 1월 16일 사건현장에 물이 흥건한 것을 목격했고 고문에 의한 사망 가능성을 처음으로 제기했던 것이다. 당시 박종철군의 고문치사 사실을 은폐하려던 전두환 정권에 맞서 6월 항쟁이 촉발되었고, 결국 당시 민정당 대표위원 겸 대통령 후보자격이었던 노태우는 '6.29 선언'을 발표함으로써 민주화 요구를 수용할 수밖에 없었다. '박종철 고문치사' 사건이 〈중앙일보〉와 〈동아일보〉의 특종 보도를 통해 국민에게 널리 알려지면서 직선제 개헌 투쟁이 보다 격렬하게 벌어졌고, 6월 민주화항쟁의 기폭제가 되었다는 점에서 정직한 언론 사례로 두 신문의 보도사례를 선정하였다.

2. '박종철 고문치사' 사건의 개요와 탐사보도

1) '박종철 사건' 발생과 〈중앙일보〉의 첫 보도

박종철은 1965년 4월 1일 부산 서구 아미동에서 태어났으며 부산 혜광고등학교를 졸업하고 1984년 서울대학교 인문대학 언어학과에 입학하여 언어학과 학생회장으로 활동하였다. 그는 1986년 노학연대 투쟁에 활동하던 중 1986년 4월 1일 청계피복노조 합법화 요구 시위로 구속되었다가, 1986년 7월 15일 징역 10개월(집행유예 2년)을 선고받고 출소했다. 그는 출소 이후에도 학생운동에 적극 참여하였으며, 1987년 1월 13일 자정경 하숙집에서 치안본부 대공분실 수사관 6명에게 연행되었다. 그의 연행은 '대학문화연구회' 선배이자 '민추위' 지도위원으로 수배 중이던 박종운을 잡기 위한 것이었다. 박종철을 취조실에 연행해 간 공안당국은 그에게 박종운의 소재를 물었으나, 박종철은 순순히 대답하지 않았다. 이에 경찰은 잔혹한 폭행과 전기고문, 물고문 등을 가했고 박종철은 1987년 1월 14일 치안본부 대공수사단 남영동 분실 509호 조사실에서 사망했다.

경찰은 14일 밤에 박종철 군의 사망사건을 은폐하기 위해 화장할 계획이었으나, 최환 부장검사는 사체보존 명령을 내렸다. 사건 지휘는 그날 밤 당직이었던 안상수 검사가 맡았다. 1987년 1월 15일 오후 6시가 넘어 한양대병원에서 부검을 실시한 결과 온몸에 피멍이 들고 엄지와 검지 간 출혈 흔적과 사타구니, 폐 등이 훼손되어 있었으며 복부가 부풀어 있고 폐에서 수포음이 들렸다. 부검은 국립과학수사연구소 부검의 황적준 박사, 한양대 박동호 교수가 맡았다. 경찰의 협박과 회유를 물리치고 1월 17일 황적준 박사는 보고서를 작성했으며, 1년 뒤 부검과정에서 받았던 경찰의 회유와 협박을 받은 내용을 적은 일기장을 언론에 공개하여 강민창 치안본부장이 구속되었다.[2]

박종철 군의 억울한 죽음은 1987년 6월 민주화운동의 불씨가 되었다. '쇼크사'로 이를 은폐하려던 경찰과 검찰당국은 사건을 무마하기 위해 〈중앙일보〉의 보도 이후 공식발표를 급조했으나 이러한 발표가 오히려 의혹을 증폭시켰다. 그가 숨진 다음 날 〈중앙일보〉는

---

2 한겨레(2011.12.21) "부검 통해 드러난 고문사…경찰은 회유협박 / 박정기".

그림 8.1 〈중앙일보〉 1987년 1월 15일자 '박종철고문 치사 사건' 보도
출처: http://news.joins.com/article/print/8787684

1987년 1월 15일자 7면에 '경찰에서 조사받던 대학생 쇼크사'라는 특종기사로, 묻힐 뻔하였던 사건을 세상에 알렸다.

당시 취재를 통해 특종을 보도했던 신성호 기자는 25년이 지난 2012년에 그의 박사논문 '박종철 탐사보도와 한국의 민주화 정책변화'에서 그에게 정보를 제공했던 '딥스로트(내부고발자)'가 당시 대검

공안4 이홍규 과장이었다고 본인의 허락을 받고 공개하였다. 당시 긴박했던 1987년 1월 15일의 사건취재와 관련해 신성호 〈중앙일보〉 수석논설위원은 다음과 같이 당시 취재상황을 회고하였다.[3]

〈중앙일보〉 법조 담당기자였던 그는 1987년 1월 15일 오전 7시 30분에 서울 서소문동 검찰청사에 들어섰고, 검찰청사 이곳저곳을 취재하다가 오전 9시 50분경, 대검사무실에서 평소 친하게 지내던 이홍규 공안4과장에게서 "경찰들 큰일났어. 조사받던 대학생이 죽었다"라는 제보를 받았다. 그는 이 과장의 목소리에서 심상치 않은 일이 벌어졌음을 직감했으며, 대화를 통해, "남영동에서 경찰조사를 받던 서울대생이 사망했다"라는 사실을 확보했다. 당시 남영동이라면 치안본부(경찰) 대공수사단이 있는 곳으로, 신 기자는 서둘러 사무실을 나와 〈중앙일보〉 편집국 사회부장에게 이 사실을 알렸다.

이두석 사회부장은 신 기자와 치안본부, 서울대 출입기자에게 추가 취재를 지시했으며, 신 기자는 중앙수사부 1과장 이진강 부장검사와 서울지검 최명부 1차장 검사를 만나 사실을 확인한 뒤 취재를 계속하였다. 부장검사는 "쇼크사라고 보고했으니 조사를 더 해 봐야지"라는 답변을 하였으며, 서울지검 최명부 1차장 검사에게 고문 여부에 대해 질의했을 때, 그는 '기사를 조금이라도 잘못 쓴다면 책임을 면하기 어려울 것'이라는 경고도 하였다. 그럼에도 신 기자는 추가 취재를 통해 사망자의 이름과 학과를 확인하였다. 오후 12시 당시 석간이던 〈중앙일보〉 첫 판 인쇄는 이미 시작된 상태였으나 신 기자

---

3 신성호(2012.7.18.). "당시 중앙일보 기자가 밝힌 25년 전 그날 취재과정", 〈중앙일보〉, 2012.07. 18.03:00.

는 전화로 기사를 부르기 시작했고, 금창태 편집국장 대리는 윤전기를 세우고 기사를 사회면에 밀어 넣었다. '박종철 고문치사 사건'이 특종으로 보도되는 순간이었다. '경찰에서 조사받던 대학생 '쇼크사''라는 제목의 이 기사 전문은 다음과 같다.

'경찰에서 조사받던 대학생 '쇼크사''

14일 연행되어 치안본부에서 조사를 받아오던 공안사건 관련 피의자 朴鍾哲군(21 · 서울大 언어학과 3년)이 이날 하오 경찰 조사를 받던 중 숨졌다. 경찰은 朴군이 수사기관의 가혹행위로 인해 숨졌을 가능성에 대해 수사 중이다.

학교 측은 朴군이 3~4일 전 학과 연구실에 잠시 들렀다가 나간 후 소식이 끊겼다고 밝혔다. 한편, 釜山市 靑鶴洞 341의 31 朴군 집에는 朴군의 사망소식을 14일 釜山시경으로부터 통고받은 아버지 朴正基(57 · 청학양수장 고용원) 씨 등 가족들이 모두 상경하고 비어 있었다. 朴군의 누나 朴恩淑(24) 씨는 지난 해 여름방학 때부터 朴군이 운동권에 가담하고 있다는 사실을 어렴풋이 알고 있었을 뿐 최근 무슨 사건으로 언제 경찰에 연행됐는지는 모른다고 말했다. 朴군은 釜山 土城국교 · 嶺南중 · 惠光고교를 거쳤으며 아버지의 월수입 20만 원으로 가정형편이 어렵다.

기사가 나간 뒤 곳곳에서 〈중앙일보〉 기사에 대해 압력이 들어오기 시작했다. 문공부 홍보조정실 담당자는 편집국장에게 전화해 "기사를 당장 빼라"며 욕설을 퍼부었고, 강민창 치안본부장도 '오보'라며 항의했다. 그러나 〈중앙일보〉의 기사는 오후 6시 경찰의 기자회견을 이끌어 냈는데 이것이 오히려 국민적 공분을 불러일으켰고, 여론은 분노에 들끓기 시작했다. 경찰의 해명은 "수사관이 책상을 '탁' 하고 치니 박종철 군이 '억' 하고 죽었습니다"라는 것이었다.[4]

〈중앙일보〉가 박군이 사망한 바로 그 다음 날 신속하게 첫 보도를 하지 않았다면 사건의 진상이 비밀에 부쳐졌을지도 모른다. 학교 측은 박군이 3~4일 전에 학과 연구실에 잠시 들렀다가 나간 후 소식이 끊겼다고 밝혔으며, 부산에 거주하던 박군의 가족은 14일경 이미 사망소식을 부산 시경으로부터 통고받은 상태였다. 〈중앙일보〉는 신 기자의 보고를 토대로 경찰, 서울대 그리고 부산에서 보충취재를 한 뒤 이를 종합하여 빠르게 기사화했다. 무엇보다 그 기사는 박종철 군이 경찰의 가혹행위로 인해 숨졌을 가능성에 대해 '쇼크사'로 달았으나 인용부호를 붙였기 때문에 의문의 여지를 남겨 두었다.

당시 〈동아일보〉의 편집국장이었던 남시욱 세종대 석좌교수는 후에 신 기자의 첫 보도에 대해 '검찰이 가혹행위로 인해 숨졌을 가능성에 대해 수사 중'이라는 의혹을 제기함으로써, 어떤 혐의로 경찰수사를 받는지 구체적으로 치안본부 대공분실에서 조사받은 내용은 쓰지 않았지만, 가난한 집안 출신의 서울대생이고 운동권에 가담한 사실을 기사화함으로써 시국사범이라는 점을 시사했다고 강조하였다. 이와 같이 〈중앙일보〉가 첫 특종보도를 했으나 '고문'이라고 밝히지는 못했던 이유는 고문이라고 보도하기에 충분한 사실 자료가 없기 때문이었다. 하지만 〈중앙일보〉는 그 이튿날 신문에 2단기사로 속보를 실어, 검찰의 박군 사인에 대한 조사 착수와 시체부검 사실,

---

4 중앙일보(2012.7.18.). "25년 만에 밝혀진 '박종철 고문치사' 제보자는…". http://news.joins.com/article/8787685.

그리고 가혹행위가 있었다면 검찰은 담당 경찰관을 처벌하겠다고 밝혔다고 보도하였다. 또 부검 결과 박군의 무릎에서 찰과상, 손가락 사이의 멍, 그리고 오른쪽 폐에서 탁구공만한 크기의 출현반이 발견되었다는 사실을 보도하였다.[5]

2) 박종철 사건 발생 후 〈동아일보〉의 추적보도

〈중앙일보〉의 박종철 사건 특종보도 이후 언론사 간의 취재경쟁은 더욱 뜨거워졌다. 특히 〈동아일보〉는 추적보도에 나섰으며 연속 특종을 터뜨림으로써 국민들에게 이 사건의 진상을 알리는 데 기여하였다. 당시 경찰은 박군의 사인을 쇼크사로 검찰에 보고했고, 검찰은 직접 수사에 나서지 않았으며, 사건 당사자인 경찰에 수사를 맡겼다. 검찰은 더 나아가 경찰의 범인 축소조작사실을 파악하고도 2개월 동안 가만히 있었으나 5월 천주교 정의구현 전국사제단의 성명발표로 이 사실이 만천하에 폭로되면서 사태는 더욱 악화되었고, 관련자의 처벌과 치안본부장의 구속, 국무총리가 사임하는 사태로까지 확대되었다.

당시 〈동아일보〉의 편집국장이었던 남시욱 세종대 석좌교수는 〈동아일보〉의 낙종이 더 큰 특종의 계기가 되었으며, 〈동아일보〉는 처음부터 특별취재팀을 만들어 현장에 투입해 큰 성과를 거두었다고 회고하였다. 그에 따르면, 〈동아일보〉는 처음부터 이 사건을 대서특

---

5 남시욱(2004). "박종철 고문치사 사건 특종보도는 6월 항쟁, 6.29 선언의 밑거름—진보적 언론학자들의 진실 왜곡에 할 말 있다". 『신동아』 534호, '신동아 논단'. pp.500-515. http://shindonga.donga.com/Library/3/02/13/103216/1.

필했는데, 1월 16일자 지방판(3판)에서 〈중앙일보〉보다 기사를 더 키워 중간 톱기사로 보도한 데 이어, 이튿날 서울 1판부터는 사회면의 절반을 차지하는 대형 중간 톱기사로 박종철 사건을 취급하였다. 특히 〈동아일보〉는 박군 사망 당시 그를 담당했던 중앙대부속병원 용산병원의 오연상 의사를 인터뷰하여, "박군이 조사받던 용산구 남영동 치안본부 대공수사2단 조사실에 도착했더니 박군은 이미 숨진 상태였다"고 박군이 고문으로 사망한 사실을 보도하는 결정적 증언을 보도하였다. 이 증언은 "심문 도중 수사관이 '탁' 하고 책상을 치자 박군이 '억' 하며 쓰러져 중앙대부속병원으로 옮겼으나 숨졌다"는 경

그림 8.2 국회 내무위원회에서 질의하는 야당 의원들(상)과 1987년 1월 19일자 〈동아일보〉의 '물고문 도중 질식사' 보도(하)

출처: http://shindonga.donga.com/Library/3/02/13/103216/1.

찰의 발표와 완전히 배치되었으며, 의사 오씨의 구체적인 증언은 '쇼크사'에 대해 더욱 의혹을 불러일으켰던 것이다. 〈동아일보〉는 이 날 신문 사설에서도 이 사건을 다루면서 철저한 진상규명을 촉구했으며, 그의 사인이 경찰 발표대로 '쇼크사'였는지, 딴 이유가 있어서였는지 명명백백하게 밝히라고 촉구하였다.[6]

〈동아일보〉의 결정적인 특종기사는 1월 17일에 의사 오씨의 용기 있는 증언을 바탕으로 '물고문'의 실체를 밝힌 보도였다. 〈동아일보〉는 의사 오씨가 "박군은 복부팽만이 심했으며, 폐에서는 사망시 들리는 수포음이 전체적으로 들렸다"면서 "그가 물을 많이 먹었다는 말을 수사관으로부터 들었다"고 털어놓았고, "비좁은 조사실 바닥에 물기가 있었다"고 덧붙여 박군이 물고문으로 질식 사망한 사실을 폭로하였다.

이 보도는 국민들에게 큰 충격을 주었다. 〈동아일보〉의 물고문 기사를 계기로 〈조선일보〉, 〈한국일보〉, 〈경향신문〉 등 대부분의 신문은 이 사건을 대서특필하였으며, 야당인 신민당은 17일 오전에 열린 긴급 확대간부회의에서 임시국회 소집을 요구하기로 결정했고, 5인 진상조사위원회는 "박군이 고문 등의 가혹행위로 인해 사망에 이른 점이 인정된다"고 보고하였다. 여러 시민단체도 철저한 진상조사를 촉구하는 성명을 발표했다.

---

6 남시욱(2004). 앞의 글. pp.503-505.

3) 범인축소조작과 사건은폐로 국민의 분노 폭발

전기고문과 물고문에 의한 살인 사실을 숨길 수 없게 된 경찰은 서둘러 조한경 등 2명이 박종철 군을 물고문하여 살해했다고 이 사건에 관하여 축소 및 은폐 보도를 하였다. 그러고 나서 가족의 허락도 없이 벽제 화장터에서 시신을 화장해 버리는 등 증거인멸을 시도했다. 연이어 1월 19일에 치안본부는 박종철 사건 조사결과를 발표했으며, 〈동아일보〉와 〈중앙일보〉뿐만 아니라 〈조선일보〉, 〈한국일보〉 등 국내 일간지들은 모두 1면을 비롯해 여러 면에 걸쳐 이 사건을 크게 다루었다. 당시 강민창 치안본부장의 발표내용은 "박군이 치안본부 대공수사2단의 조사관인 2명의 경찰관에게서 물고문을 당해 질식해 사망했으며, 이와 관련해 경찰관 2명은 구속되었고, 이 사건에 대한 감독 책임을 물어 수사단 단장(경무관)을 직위해제했다"는 것이었다. 그러나 치안본부가 발표한 박군의 구체적인 사인(死因)은 초진의사였던 오연상 씨의 증언과는 배치되는 것이었다. 당국은 박군이 물고문으로 물을 많이 먹어 사망했다는 사실을 '경부 압박에 의한 질식사'로 은폐하려 했으며, 사건에 가담한 범인들도 5명에서 2명으로 축소조작했던 것이다.

대다수의 일간지들은 고문경찰관 2명의 구속 이후 사건 속보와 함께 천인공노할 이 사건에 대한 국민의 분노를 전하였으며, 이 날부터 시작된 '박종철 군 추모기간'의 각종 항의집회 소식들을 대대적으로 보도하기 시작했다. 당시 야당이었던 신민당, 민추협, 신·구교 등의 범야 기구인 '고문 및 용공조작 저지 범국민대책위원회'가 1주일간을 박종철 군 추모기간으로 선포하였으며, 서울대에서는 500여

명의 학생이 참석한 가운데 추모제가 열려 침묵시위가 벌어졌으며, 200여 명의 고려대 학생들도 분향소를 설치하고 시위한 사실이 보도되었다.

〈동아일보〉는 특히 관련 기사를 20여 일 간 매일 1면 톱기사 또는 중간 톱기사로 실었으며, 〈조선일보〉, 〈중앙일보〉, 〈한국일보〉, 〈경향신문〉도 박종철 사건 후속보도를 계속해서 실었다. 1987년 5월 들어, 이 사건은 고문사건 관련자가 2명이 아니라는 소문이 검찰 주변에서 나돌기 시작했으며, 5월 18일 저녁 명동성당에서 열린 광주항쟁 7주년 기념 추모미사 뒤에 천주교 정의구현 전국사제단의 김승훈 신부가 박종철 사건의 진상이 조작됐다는 내용의 성명을 발표하였다. 김 신부는 '박종철 고문치사' 사건의 범인이 2명이 아니라 5명이었다고 폭로하였는데, 김 신부가 사실을 접하기까지는 제보자와 정보전달자가 있었다. 먼저 영등포교도소 면회실에서 조한경, 강진규에게 1억 원씩 주고 사건을 덮으려 했던 대공분실 수사관의 면담을 목격한 안유(전 영등포교도소 보안계장)는 이 사실을 민주화 운동을 하다 서울구치소에 들어온 이부영 전 의원에게 제보를 했고, 이부영 전 의원은 이 내용을 편지로 써서 천주교 정의구현 사제단에게 전달했다. 그 결과, 범인 축소조작과 은폐사건은 1987년 5월 18일 명동성당에서 열린 '광주민주화운동 7주기 추모미사'를 통해 세상에 알려졌다.[7] 〈동아일보〉 19일자 사회면에 실린 김 신부의 성명은 "박군을 고문해 죽음에 이르게 한 진짜 범인은 현재 구속 기소되어 재판에 계류

---

7 중앙일보(2012.1.31.) "박종철 사건 1억 주고 덮으려 해 분노가 치밀어…". http://news.joins.com/article/print/7245174.

중인 조한경 경위와 강진규 경사가 아니라 학원문화 1반 소속 황정웅 경위와 반금곤 경사, 이정호 경장 등 3명으로 현재 경찰관 신분을 그 대로 유지하고 있다"고 주장했다.

검찰과 경찰은 바로 다음 날 이를 부인했지만, 며칠 후 검찰의 수 사로 사건 관련자는 모두 5명이라는 사실이 밝혀졌다. 검찰은 더 이 상 사건을 은폐할 수 없어 정구영 서울지검 검사장은 21일에 범인이 이미 구속된 2명 외에도 3명이 더 있으며, 5명의 수사관이 짜고 범인 을 축소조작한 것이라고 밝혔다. 이러한 발표는 모든 22일자 조간 및 석간 신문에 1면 톱기사로 대서특필되었는데, 〈동아일보〉의 경우는 독자적 취재를 통해, '관련 상사 모임에서 범인축소조작 모의'라는 충 격적 제목으로 보도했으며, 23일자 1면 톱기사에서 '검찰이 범인축

그림 8.3 〈동아일보〉 1987년 5월 22일자 보도

출처: http://shindonga.donga.com/Library/3/02/13/103216/1.

소조작 혐의자로 박처원 대공처장 등을 지목하고 이들을 금명 소환할 것이며, 모의사실이 드러나면 구속할 것'이라는 특종을 보도하였다.[8] 실제로 대공경찰의 대부라는 치안본부 5차장 박처원의 주도 아래 모두 5명이 가담한 고문치사 사건은 단 2명만이 고문에 가담한 것으로 꾸며졌고, 총대를 멘 2명에게는 거액의 돈을 주었다는 사실이 새롭게 밝혀졌다.[9]

〈동아일보〉의 이 기사는 검찰이 범인축소조작 사실을 5월 초가 아닌 이미 2개월 전부터 김성기 법무장관과 서동권 검찰총장이 알고 있었으며, 이를 그동안 묵인해 왔다는 점도 폭로하였다. 범인축소조작에 상부의 지시나 개입이 없었다는 검찰발표가 허위였다는 점이 드러나게 된 것이었다. 이에 따라 검찰은 5월 29일 박 치안감 등 5명의 대공수사처 간부들을 범인축소조작 혐의로 구속했고, 이 사태로 노신영 국무총리, 장세동 안기부장, 정호용 내무장관, 이영창 치안본부장, 김성기 법무장관, 서동권 검찰총장 등 공안 관련 수뇌부가 퇴진하였다. 제5공화국의 전두환 정권은 국민의 분노와 1988년 서울올림픽을 앞두고 국제사회에 여론이 악화되는 것을 두려워하며 26일부터 박 처장 등을 사법처리하기로 하였다.

그 후에도 〈동아일보〉는 박종철 사건 1주기를 맞이해서(1988. 1.12.) 사회면 톱기사로 새로운 사실을 폭로했는데, 박군의 부검을 맡았던 황적준 박사의 일기를 입수하여, 사건 당시 강민창 치안본부장

8 남시욱(2004). 앞의 글. pp.507-509.
9 한홍구(2001.5.22.). "이근안과 박처원, 그리고 노덕술", 『한겨레21』, 제360호. 2007년 12월 9일 확인.

이 애초에 박군의 사인이 고문치사임을 보고받고도 '쇼크사'로 처리하라고 지시했으며, 범인의 축소조작에도 가담했다는 사실을 보도하였다. 〈동아일보〉는 더 나아가 당시 담당검사였던 안상수 검사를 인터뷰하여 검찰이 경찰의 범인축소조작을 알고도 상부의 지시로 수사를 하지 못하고 경찰관 2명만을 서둘러 기소했다는 증언을 실어 특종을 구가하였다. 이 보도 이후에 강 전 본부장은 1월 15일 검찰에 소환되어 구속되었으며, 그의 범인축소 관여 및 구속 소식은 대부분의 언론이 1면 톱기사로 보도하였다.[10]

3. '박종철 고문치사' 사건 보도가 미친 영향

1) '의혹제기'에서 출발한 탐사보도

서울대생 박종철 고문치사 사건은 언론의 끈질긴 탐사와 추적보도로 인해 6월 민주항쟁의 불씨가 되었다. 한 검찰 간부가 "경찰, 큰일 났어"라고 무심코 내뱉은 한마디에서 법조 출입기자가 단서를 잡지 못하고 사안의 심각성을 판단해 급박하게 취재하지 않았더라면, 〈중앙일보〉의 특종은 없었을 것이며, 〈동아일보〉의 낙종으로 인한 특별취재팀의 추적보도 역시 빛을 보지 못했을 것이다.

특히 숨가쁘게 돌아갔던 1월 15일에 인쇄 중이던 윤전기를 멈춘 뒤 신문제작을 하기로 판단했던 〈중앙일보〉 편집국장의 용기 있는

---

10   남시욱(2004). 앞의 글, pp.510-511

결정과 그 보도에 대해 강민창 치안본부장이 〈중앙일보〉에 전화해 "고문치사가 아니라 변사다. 오보를 낸 책임을 지라"고 압박했음에도 불구하고, 언론이 '박종철 사망사건'과 관련한 의혹을 보도함에 따라, 다음 날 급하게 사건을 덮으려 했던 급조 해명이 오히려 사건에 대한 의혹을 더욱 키웠고, 국민적 공분을 불러일으켰던 것이다. 해명 때 나왔던 '탁 치니 억'은 한동안 군사정권의 궤변과 비도덕성을 조롱하는 유행어로 널리 사용되기도 하였다.

당시 사건 수습을 위해 내무부 장관에 임명된 정호용은 "사람이 사람을 어떻게 때리느냐"며 고문이 있었다는 사실을 부인했는데, 그는 5.18 민주화운동 당시 특전사령관으로 민중 학살의 책임자 중 하나로 지목되던 사람이었기에 이 말 역시 한동안 사람들 입에 오르내렸다.

박종철 고문치사 사건이 6월 항쟁으로 가기까지에는 고비마다 진실 규명에 기여한 사람들이 많았다.[11] 특히 당시 전민련 상임의장이었던 이부영과 천주교 정의구현 전국사제단의 노력으로,[12] 1987년 5월 18일 광주민주화운동 7주기 추도미사 도중 김승훈 신부가 박종철 고문치사 사건의 진상이 조작되었음을 폭로할 수 있었다. 또한 '박종철 고문치사' 사건 보도를 계기로 성공회 서울주교좌대성당(대한성공회 서울교구)에서 6.10 민주화 항쟁이 시작되었기 때문에 '박종철 고문치사' 사건 보도는 6월 항쟁의 직접적인 도화선이 되었다고 평가받는다. '박종철 고문치사' 사건의 진실이 밝혀진 데는 회유와 협

11 　황호택(2017). 『박종철 탐사보도와 6월 항쟁』. 블루엘리펀트.
12 　중앙일보(2012.1.31.). "박종철 사건 1억 주고 덮으려 해 분노가 치밀어…".

박, 위험을 무씁쓰고 용기를 냈던 내부고발자들이 있었기에 가능하였다.[13]

2) 민주화 시위의 시작과 6월 항쟁 결과

'박종철 고문치사 사건' 보도를 계기로 벌어진 민주화 시위를 살펴보면, 2월 7일 전국 주요 도시에서 '박종철 군 범국민추도식' 및 도심 시위가 열렸고, 이어 3월 3일에는 '박종철 군 49재와 고문추방 국민대행진'과 함께 또 다른 시위가 열렸다. 이후 4월 2일에 서울대학교 학생들의 학부모 130여 명이 건국대학교 사태 등 시국 관련 구속학생의 징계철회를 요구하며 철야 농성을 벌였다. 이어서 5월 18일

그림 8.4 '박종철 고문살인 은폐조작 규탄 범국민대회'(1987.6.10.)

출처: http://blog.naver.com/PostView.nhn?blogId=yekyong1 &logNo=221023473577.

13　주간동아(2017.6.7.). 피플[인터뷰]. "박종철 사건, 후속보도합니다". 1091호. pp.70-71.

명동성당에서는 광주민주화운동 7주기 미사에 정의구현 사제단 김승훈 신부가 박종철 고문치사 사건이 경찰에 의해 축소 은폐되었음을 폭로하였다.

연이은 시위와 진실규명 촉구로 제5공화국 정권을 비판하던 국민들은 전두환 군사독재정권의 옳지 못함에 크게 분노하였고, 이후 민주화를 요구하는 시위가 전국에서 더욱 빈번하게 발생하였다. 이후 5월 23일에 '박종철 고문살인 은폐조작 규탄 범국민대회 준비위원회'가 결성되었고, 이들은 6월 10일에 규탄대회를 갖기로 결정하였다. 그 날은 노태우가 민정당 대선 후보로 선출된 날이기도 하다. 전두환은 후계자로 국무총리 노신영을 지명했으나, 5월 26일 고문치사 사건에 대한 책임을 물어 노신영 국무총리를 경질하였고, 이후 이한기를 신임총리로 교체하였다. 이튿날 전국의 재야지도자 2,200여 명이 함께 '민주헌법쟁취국민운동본부'를 결성하였고, 한국 기독교장로회 향린교회에서 발기인 대회를 열었으며, 전두환 대통령이 발표한 '4.13 호헌 조치'에 반발해 '호헌 조치 철회 및 직선제 개헌 공동쟁취 선언'을 발표하였다.

한편, 계속되는 민주화 시위 도중에 6월 9일 연세대학교 학생인 이한열 군이 학교 앞 시위 중 경찰이 쏜 최루탄에 맞아 부상을 입고 7월 5일에 사망한 사건이 발생하였다. 또 직선제 개헌 투쟁이 전국적으로 격렬하게 벌어지면서 6월 민주화 항쟁이 일어났고, 이를 계기로 한국 사회 전반에 큰 변화를 일으켰다.

'4.13 호헌 조치'와 '박종철 고문치사 사건' 그리고 '이한열이 시위 도중 최루탄에 맞는 사건' 등이 도화선이 되어 6월 10일 이후 전국적인 시위가 발생하였으며, 이에 따라 6월 29일 노태우의 수습안 발표로 대통령 직선제로의 개헌이 이루어졌다. 당시 민주화 과정에서 나타난 일련의 사건들을 돌아보면, 1987년 1월에 언론을 통해 폭로된 '서울대생 박종철 고문치사 사건'이 기폭제가 되어 직선제 개헌투쟁이 격렬하게 벌어지면서 폭발적인 동력을 얻었던 것이다. 하지만 6월 민주화 항쟁은 '민주정부 수립'이라는 열매를 맺지는 못하였다. 전두환과 노태우의 합작품인 '6.29선언'을 야당과 재야 세력이 선뜻 받아들임으로써 국민의 힘으로 군사독재를 무너뜨릴 기회를 무산시켰기 때문이다.[14]

이후 1987년 12월 16일 새 헌법에 따른 대통령 선거가 치러졌으며, 사회 거의 모든 분야에서 박정희 독재정권 이래 쌓여 온 부정부패와 모순을 척결하려는 움직임이 활발하게 일어났다. 〈한국일보〉사에서 시작된 언론노동조합의 탄생과 확산 움직임도 이때 시작되었으며, 이듬해인 1988년에 자유언론실천운동을 하다 쫓겨난 해직된 언론인들과 국민모금에 의한 〈한겨레〉신문이 창간되면서 한국 언론계의 지형을 바꾸게 되었다.

이처럼 '박종철 고문치사 사건' 관련 보도는 6월 항쟁의 불씨 역할을 했다는 데 이의를 제기할 수 없으며, 대한민국의 민주화에 큰 영향을 주었고, 언론계 지형에도 큰 변화를 가져오는 데 일조한 사건이라고 평가할 수 있다. 또한 박종철 군의 희생과 이에 대한 언론의 정직한 보도가 6월 민주항쟁을 촉발시켜 특히 재야세력과 학생 운동권

---

14 김종철(2013). 『폭력의 자유』. 시사in북, p.299.

을 중심으로 군사독재를 무너뜨리기 위한 사회운동이 비약적으로 상승하는 효과를 가져왔다. 또, 1987년 6월 항쟁으로 표출된 국민들의 거센 민주화 요구는 "정부는 언론을 장악할 수도 없고 장악해서도 안 된다"는 내용이 들어 있는 6.29 선언을 탄생시켰다(이효성, 2002). 이른바 1987년 6월 10일부터 6월 29일까지 대한민국에서 전국적으로 벌어진 6월 항쟁은 특정 계급이나 계층이 주도한 것이 아니었기 때문에, 오늘날까지도 '6.10 민주항쟁', '6월 민주화운동', '6월 민중항쟁' 등 반독재와 민주화를 위한 시민의 운동으로서 중요하게 평가받는 것이다.

당시 전두환 군사독재정권하에서 언론에 대한 조직적인 통제는 정권에 대한 언론의 감시견 역할과 공적 기능을 무력화시켰기 때문에 언론에 대한 국민적 비난과 불만 목소리가 컸었다.

'6월 항쟁' 30주년을 맞아 『박종철 탐사보도와 6월 항쟁』을 펴낸 황호택 〈동아일보〉 고문은 1987년 당시 〈동아일보〉 법조팀장이었는데 '박종철 고문치사 사건' 보도가 오늘날 가지는 의미에 대해 다음과 같이 역설한 바 있다.

> "당시 박종철 고문치사 사건은 '어떻게 국가가 학생을 불러다 물고 문을 해 죽일 수 있나' 하는 국민의 분노를 촉발했습니다. 또한 한 대학생을 죽인 것에 그치지 않고 정권이 범행을 조작 및 은폐하려 한 시도를 용서할 수 없었던 겁니다. 5공정권 전후 12.12 사태와 5.18 광주 민주화 운동 등으로 수많은 사람이 죽고 다치고 고문을 당했어요. 시국사건이라는 이유로 영장 없이 끌고 가 두들겨 패기도 했습니다. 종철 씨를 고문한 사람들은 처음에는 그가 죽은 줄 몰랐어요⋯. 그래서

내과전문의 오연상 씨를 불러 응급조치를 한 겁니다. 만약 종철 씨가 죽은 줄 알았더라면 경찰은 또 하나의 의문사로 처리했을 수도 있습니다. 아무리 좋은 민주주의라 해도 결함은 있습니다. 따라서 권력을 감시하고 견제할 필요가 있는데, 그러려면 국민이 항상 깨어 있어야 합니다.”

– 〈주간동아〉 [피플] 인터뷰 중에서(2017.6.7.)

정경유착에 대한 '감시'와 '해석'

〈아사히신문〉의
'리크루트 스캔들' 보도(1988)

1. '리크루트 사건' 보도의 선정배경

리크루트 사건(リクルト事件)은 1988년에 일어난 일본 최대의 정치 스캔들이다. 당시 다케시타 수상과 미야자와 대장상 등 주요 각료 3명의 사임으로 정계와 재계를 뒤흔들었던, 1945년 이후의 일본 최대 정치 스캔들로 간주된다. 일본판 워터게이트 사건으로 일컬어지는 이 사건은 우리나라의 5공비리와 비교되기도 한다.

리크루트 사건은 당시 급성장하던 일본 정보산업회사인 리크루트사가 가와사키역 앞 재개발사업 편의를 봐 달라며 부동산 관련 자회자인 리크루트 코스모스사의 미공개주식을 공개 직전에 시의 부시장에게 뇌물로 주고, 이후에 정계와 관계, 경제계의 유력 인사들에게 싸게 양도하여 공개 후에 부당 이익을 취하게 함으로써 사실상의 뇌물을 공여한 사건이다.

이 뇌물증여 사건이 세상에 알려진 것은 1988년 6월 18일자 〈아사히신문(朝日新聞)〉에 조간 31면 사회면 톱기사로 보도되면서이다. 이 보도는 일본 언론사상 '최고의 탐사보도'로 꼽히는데, 1986년 9월, 전 수상이던 나카소네 야스히로(中曽根康弘)를 비롯해 다케시타 노보루(竹下登), 아베 신타로(安倍晋太郎), 미야자와 기이치(宮沢喜一) 등 76명에게 뇌물성 리크루트 주식을 양도했다는 사실을 밝혀냈기 때문이다. 그 보도로 인하여 차기 총리 후보였던 미야자와 대장상은 관련 사실을 완강히 부인하다가 언론의 집요한 추적에 굴복했으며, 그해 12월에 사임하였다. 아베, 나카소네 등 정계 거물들의 관련 사실이 폭로되면서 다케시타 수상의 관련 사실도 밝혀졌던 것이다.

일본 정계와 관계의 주요 요인들이 연루된 리크루트 사건의 발단은 정보의 집산지 도쿄가 아닌 지방도시 요코하마였으며, 취재팀은 경력이 3년 남짓한 지방지 사건기자들이었다. 그들은 끈질긴 추적과 데스크의 지원을 받아 가와사키 지국 동료 기자들과 함께 연합전선을 펼쳤다. 20여 일 동안 6명이 투망식 취재를 벌여 조사대상인물을 파악했으며, 부시장 고마쓰가 리크루트 재개발 지역을 불하해 주는 대가로 리크루트 산하 부동산 회사인 리크루트 코스모스 주식 3만 주를 넘겨받고, 이것을 팔아서 1억 2,000만 엔을 챙겼다는 사실을 보도했던 것이다.[1]

〈아사히신문〉요코하마 지국의 용기 있는 기자들의 끈질긴 취재와 탐사보도가 없었다면, 이 사건은 일본 사회에서 가끔씩 터지곤 하는 오직(汚職)사건이자 지방 부동산과 관련된 하나의 작은 사건으로 묻힐 수도 있었다. '리크루트 스캔들' 보도는 특히 자민당의 거물 정치인들인 다케시타 노보루 총리를 비롯해 나카소네 야스히로 전 총리, 미야자와 기이치 전 대장상, 아베 신타로 자민당 간사장, 와타나베 미치오 자민당 정조회장 등이 모두 연루되었으며, 그들 외에도 정부, 재계, 언론계 등 수많은 고위층 인사가 뇌물을 받은 초대형 스캔들로 파헤쳤다는 점에서 일본 사회에 큰 영향을 미친 정직한 언론보도로서 선정하였다.

이 보도 이후, 수많은 정치인과 사업가들의 체포에 더하여 집권 자민당의 내각 지지율이 사상 최하로 하락한 데 대한 책임을 지고,

---

1 김승한(1988.12.9.). "일본 리크루트 스캔들 전말". MBC NEWS.

1988년 4월에 당시 일본 수상이었던 다케시타 노보루가 수상직에서 사임하게 되었으며, 정계 막후 실력자 나카소네 야스히로 전 총리가 자유민주당을 탈당하기에 이르는 등 일본 사회에 큰 파란을 몰고 왔다.

2. '리크루트 사건'의 개요와 취재과정

1) '리크루트' 사건의 세 단계

취재의 시작은 〈워싱턴포스트〉의 우드워드와 번스틴의 보도와 유사한 점이 있었다. 처음에는 사소한 부동산 스캔들처럼 보였으나 〈아사히신문〉의 기자취재팀은 탐사보도로 이를 전개해, 159명의 개인들이 리크루트 코스모스 회사의 비상장 주식을 구매해 두 배 이상의 시세차익을 거두었고, 여기에는 일본의 가장 명망 있는 정치인, 공직자, 기업간부, 미디어 간부 등이 포함되었다는 것을 밝혀냈다.[2]

1988년 6월에 〈아사히신문〉이 처음으로 보도한 리크루트 사건은 1989년 5월에 사건이 종결되기까지 세 단계로 구분해 살펴볼 수 있다. 첫 단계는 1988년 6월부터 9월까지로, 리크루트의 자회사인 코스모스 주식회사가 저지른 상장되지 않은 주식 뇌물사건이 〈아사히신문〉에 의해 보도된 이후, 리크루트사의 회장인 에조에 히로마사

---

2 Collins, J.(April 26, 1989). "Takeshita's Exit Is A Step Toward Ending A Paralyzing Scandal", *Chicago Tribune*(April 26, 1989). http://articles.chicagotribune.com/1989-04-26/news/8904070469_1_recruit-scandal.

(江副浩正)와 〈일본경제신문(日本経済新聞)〉 사장인 모리타 고우(森田康)가 연이어 사퇴하였다. 다른 한편으로 검찰의 수사는 10월까지 시작되지 않았으며, 다케시타 수상과 재무상 미야자와를 포함해 많은 정치인들은 그 스캔들에 연루되었다고 보도되지 않았다. 그렇지만 1988년 9월 5일에 코스모스 주식회사의 이사인 마쓰바라가 저지른 뇌물의 세부사항이 보도된 이후에 검찰은 스캔들과 관련한 더 많은 증거가 있다며 여러 조치를 취하기로 하였다.

두 번째 단계는 1988년 10월부터 1989년 3월까지이다. '마쓰바라 보도'가 계기가 되어 신문사들은 마쓰바라만 비난하지 않고, 회장인 에조에와 리크루트 회사 전체를 비난하는 데 집중하였다. 그 결과, 10월 20일에 마쓰바라는 뇌물죄로 기소되었고, 도쿄 지부의 검찰청에 의해 체포되었다. 한 달 후에 에조에는 의회에 처음으로 증언자로 출두하였다. 1989년 4월 수상이 사임하기 전에, 일본통신사 사장 신토, 법무장관 하세가와, 기획경제부의 장인 하라다와 많은 유명인사들이 사임을 했으며, 리크루트 그룹으로부터 상장되지 않은 주식을 받은 혐의로 기소되었다.

마지막으로 리크루트 스캔들의 세 번째 단계는 1989년 4월 25일에 다케시타 수상이 사임하면서부터이다. 이 시기에 검찰은 주요 수사대상을 정부관료에서 정치인으로 전환하였다. 다케시타 수상 이외에도 전 재무장관인 미야자와 기이치, 다케시타의 후계자로 알려진 자민당 최고 간사장인 아베 신타로 등 많은 유력한 정치인들이 기소되었다. 이후 5월 29일에 검찰은 리크루트 스캔들에 대한 공식적인

수사는 종결되었다고 발표하였다.[3]

2) 〈아사히신문〉 요코하마 지국의 취재과정

〈아사히신문〉의 요코하마 지국이 이 사건을 포착한 것은 1988년 3월 23일, 가나가와현 경찰담당인 스즈키 기자가 공무원의 오직(汚職)사건과 지능범죄 사건을 다루는 수사2과가 가와사키시의 고급공무원에 대한 내사를 한다는 정보를 취재해 데스크에 보고한 데서 출발하였다. 이 정보를 받고 15년 경력의 야마모토(山本博) 데스크는 경찰수사에 대한 취재와 더불어 가와사키 시청 및 리크루트사에 대한 현장취재를 지시하였다. 그러나 5월 17일 경찰이 "법적으로 사건이 안 된다"고 수사를 종결짓자 요코하마 지국 취재팀은 독자취재에 돌입하게 되었다.

독자취재팀이라고 해야 오쿠다(6년 경력), 호리에(2년 경력), 이소다(3년 경력) 등 3명이 전담팀을 구성했는데 이들은 법원, 시청, 경찰 등 각각의 담당업무를 계속해 가면서 독자취재에 착수한 것이었다. 야마모토 데스크는 직간접의 자료와 증언의 수집, 본인 및 관련 인물에 대한 면밀한 인터뷰를 강조하는 독자취재의 지침을 내렸다. 이들은 미공개주식에 대한 공부를 해 가면서 독자취재를 해 나갔으며, 등기부 등본 복사, 수년분의 유가증권 보고서 분석, 리크루트 기업 활동의 족적, 주가의 추이, 관련 인물에 대한 개인 데이터 수집 등

---

3 Wang, J.(2017). "Newspaper reports and the Cabinet approval ratings during the Recruit Scandal-By the example of Asahi Shimbun and Yomiuri Shimbun", *Journal of International Development and Cooperation*, Vol.23, No.1 & No.2, pp.91-102.

모든 정보를 분석하고, 파일화시켰으며 차트를 작성하였다.

당시 〈경향신문〉의 주일특파원 김세환(1988)에 따르면, 1988년 5월 18일 밤 11시 일본 〈아사히신문〉 요코하마 지국 취재실에서 당시 데스크를 맡고 있었던 야마모토는 다음과 같이 말했다고 한다.

> "경찰수사는 끝났다. 그러나 리크루트와 가와사키시의 조역(助役: 우리나라의 부시장급) 고마쓰 씨와의 관계는 아무리 보아도 수상하다. 주식과 관련된 의혹은 이제까지도 몇 번 있었으나 모두 소문의 범주를 벗어나지 못했다. 이번 사건은 그것이 처음으로 밝혀질 찬스였다. 여기서 우리가 손을 뗀다면 모든 것이 암흑 속에 묻혀 버릴 것이다. 경찰이 손을 뗐다 해서 우리까지 포기할 수는 없다. 이제까지 노력한 이상으로 만전의 취재를 통해 우리가 독자적으로 사건을 밝혀 보자. 〈아사히신문〉이 책임을 지고 보도할 수 있다."

그의 이 말이 일본의 정계, 재계, 언론계 등에 폭발적인 반응을 불러올 것이라고는 아무도 상상하지 못했다. 그 후 5월 24일, 이소다 기자는 리크루트 회사 관계자의 집을 심야방문해서 리크루트 코스모스의 양도주주 개인 이름들이 실려 있는 명단을 확보했으며, 5월 26일 밤 회의에서 야마모토 데스크는 추가 취재를 다음과 같이 지시하였다고 한다.[4]

> "고마쓰 조역과 리크루트가 한 짓은 설사 법에 저촉되지 않는다 해도 분명히 나쁜 것이다. 특히 고마쓰 조역은 청렴을 내세워 차기 시장 후보에 나서려는 인물로 이따위 짓을 방치해서는 안 된다. 판단은 독

---

4 김세환(1988.12.9.). "아사히신문의 리쿠르트사건 탐사보도 뒷이야기" 리쿠르트 스캔들. pdf. 59-60.

자들에게 맡기자. 우리는 알려야 한다는 의무를 수행할 뿐이다. 걱정할 것 없다. 모든 책임은 내가 진다"라고 지시를 내렸다.

담당기자의 고마쓰 조역에 대한 인터뷰 공세가 개시되어, 세 차례에 걸친 인터뷰 끝에 고마쓰는 리크루트 코스모스의 미공개주식 취득 사실을 인정하게 되었다. 그는 처음에 "그런 사실이 전혀 없다", "차기 시장에 입후보하려는 나에 대한 정치적 모략이다"라고 완

그림 9.1 〈아사히신문〉 1988년 6월 18일 조간 1면

출처: 김세환(1988). "아사히신문의 리크루트 사건 탐사보도 뒷이야기" 리크루트 스캔들.
pdf, p.60.

강히 부인했으나 다시 "나는 정치적 야망이 없다. 다만 노후를 생각해서 주식을 산 것 뿐"이라고 자인하게 되었는데, 이 과정에서 〈아사히신문〉 기자들이 입수한 자료가 결정적인 역할을 하였다.

〈아사히신문〉 요코하마 지국의 취재팀은 리크루트사의 에조에 회장에 대한 인터뷰를 끈질기게 시도하였으나 서면질의조차 답변을 받아내지 못하였다. 그러다가 6월 14일에 익명의 중년 남자로부터 제보를 받았다. 한 통의 서류에는 리크루트 코스모스가 미공개주식을 양도한 경위가 적혀 있었는데, "1984년 12월 100명에게 사도록 권유, 이 중 76명이 구입했다. 그중 46명은 리크루트사의 방계회사인 퍼스트 파이넌스(일종의 신용금고)로부터 융자를 받았다"라고 되어 있었다. 또 주식을 양도받은 사람의 명단에는 모리 요시로(森喜郎, 자민당 국회의원, 전 문부상) 씨가 있었다. 서류에 정치가의 이름은 한 사람뿐이었으나 이것이 나중에 정계 중추부까지 확대될 단서가 된 것이다.

취재팀은 공갈과 협박 등 각종 압력을 받으며 취재를 해 나갔다. 6월 17일 저녁 8시 호리에 기자는 모리 의원의 집 앞에서 2시간을 대기한 후 자신의 신분을 밝히고 단도직입적으로 모리 의원에게 질문을 던져 양도받은 사실을 시인하는 대답을 들었다. "리크루트 관련 회사 리크루트 코스모스의 미공개주식을 양도받은 사실이 있었습니까?", "음, 에조에 씨가 사라고 해서 샀지. 그런 자세한 것은 비서가 알고 있네. 그게 뭐 잘못된 일인가."

이처럼 거물 정치인으로부터 주식양도 사실을 확인한 끈질긴 취재자세가 있었기에 6월 18일자 〈아사히신문〉 조간의 사회면 톱은 '리크루트 가와사키 조역이 관련 주식 취득'이란 제목으로 특종을 보도할 수 있었고, 고마쓰 조역의 여섯 차례에 걸친 인터뷰가 '자꾸자꾸 변하는 설명'이란 제목으로 이를 뒷받침하였던 것이다.[5]

〈아사히신문〉의 특종보도 이후 낮에 NHK가 톱뉴스를 내보냈으며, 이어 석간신문들도 이 보도를 전하였다. 이틀 후인 6월 20일에 고마쓰 조역은 해직을 당했지만 취재전담팀은 해산되지 않고, 추가취재를 시도하였다. 그동안의 취재과정에서 나온 모리 전 문부상 이외에도 정계요인들이 리크루트 코스모스의 미공개주식을 양도받아 수천만 엔에서 억대에 이르는 차익을 챙겼는데, 여기에는 전직 수상뿐만 아니라 현직 거물급 정치인들이 대거 포함되었다. 가토 전 방위청 장관, 쓰카모토 민사당 위원장, 가토 전 농수상, 나카소네 전 수상의 비서관, 와타나베 자민당 정조회장 등의 이름이 나왔는데, 이들에 대한 끈질긴 취재와 추적으로 6월 30일자 〈아사히신문〉 조간 사회면에 다시 '리크루트 관련 비공개주 정가에도'란 톱기사가 보도되었으며, 신문사는 사설을 통해 진실규명을 요구하기 시작하였다.

사건이 확대되자 에조에 회장은 스스로 회장직을 사직했고, 이와 관련된 〈니혼게이자이신문〉의 모리타 사장, 우타가와 전 〈마이니치신문〉 편집국장도 자리를 물러났으며, 7월 10일 요코하마 지국의 리크루트 보도는 도쿄 본사로 넘기게 되었다.

---

5 김세환(1988). 앞의 글, p.61.

グラフ 9.2　〈아사히신문〉의 '리쿠르트 관련 비공개주 정가에도'라는 제목의 톱기사

출처: 김세환(1988). "아사히신문의 리쿠르트 사건 탐사보도 뒷이야기" 리쿠르트 스캔들.
　　　pdf, p.61. (1988.6.30. 조간).

3. '리쿠르트 사건' 보도가 일본 사회에 미친 영향

이 사건은 다케시타 노보루 당시 총리를 비롯한 정관계 인사 76명
에게 주가 상승이 확실시되는 부동산 회사 '리쿠르트 코스모스' 미공
개주식을 제공한 뇌물사건으로서, 1945년 이래 일본 사회에서 가장
큰 정치적 스캔들로 간주된다. 또 이 사건은 1970년대의 록히드 스

캔들과 함께 일본 현대 정치사의 양대 뇌물 스캔들로 꼽히기도 한다. 다케시타 총리는 그 여파로 1989년 사임했고, 자민당은 그해 7월 참의원 선거에서 패했다.

일본 경제가 고도 성장기를 구가한 1960~1980년대에 본업인 정보사업뿐 아니라 금융·리조트 사업까지 진출했던 리크루트사의 에조에 회장은 이 사건으로 2003년 징역 3년, 집행유예 5년의 유죄판결을 받았다. 그는 1992년 자신이 보유한 리크루트 지분을 매각하고 경영 일선에서 물러난 후 재단법인 '에조에 육영회' 이사장으로서 문화계 지원에 주력했다.[6]

일본의 정치·경제에 엄청난 파문을 불러온 리크루트 사건을 다룬 〈아사히신문〉의 특종보도는 지국의 젊은 기자들의 불굴의 노력과 용기 있는 데스크의 지휘하에 이루어진 탐사언론의 대표적인 사례로 평가될 수 있다. 경력이 많지 않은 기자들이 약 3개월에 걸쳐 당장에 기사가 되지 않는 취재를 매일같이 계속해 나갔고, 가와사키시 조역에서 정부 자민당 수뇌부에 이르기까지 광범위한 미공개주식 양도의 실태를 철저히 밝혀냈다. 여기에는 무엇보다 초년생 기자들을 지휘한 요코하마 지국의 야마모토 데스크의 결단력과 취재반의 불굴의 기자정신 및 사명감이 있었다.

리크루트 사건보도에 대한 비판적인 입장도 존재한다. 다하라 (Tahara, 2007)는 신문사들이 소위 '깨끗하고 정의로운' 검찰에 어필하기 위해 여론을 통제하면서 일부 정치인들의 나쁜 이미지를 만들었

---

6 http://www.hani.co.kr/arti/society/obituary/573436.html.

다고 지적하였다.[7] 마찬가지로 다케시타 전 수상은 신문사들이 검찰에 의해 자민당과 다케시타 내각을 비판하는 여론을 유도하는 데 쓰였다고 언급하였으며(Mainichi Shimbun Political Section, 1989), 에조에(2010)는 신문사들이 공중으로 하여금 검찰이 수사에 착수하기도 전에 리크루트회사와 일부 자민당 정치인들이 유죄라고 믿도록 선동했다고 비판하였다. 그는 자신의 저서 『정의는 어디에 있는가?(Where is the Justice?)』에서 도쿄 검찰청의 수사과정에서 자신이 선정적인 신문과 TV, 주간지 등 언론보도에 근거해 가혹한 수사를 받았다고 진술했다. 〈요미우리신문〉의 와타나베 쓰네오 전 사장도 리크루트 스캔들 동안에 신문사들 사이에 정부에 반대하는 기류가 있었다고 되새겼다.[8]

이처럼 리크루트 스캔들을 둘러싼 신문의 역할에 대해 비판적인 평가들이 존재하긴 하지만, 정경유착에 대한 '환경감시'와 '해석'이라는 언론의 고유기능과 역할을 〈아사히신문〉의 지방주재 젊은 기자들이 수행해 냈다는 점은 부인할 수 없을 것이다. 〈아사히신문〉과 다른 언론들의 리크루트 사건 보도 이후, 1989년 4월 다케시타 내각에 대한 지지율은 7%로 급락해 일본 정치 역사에 가장 낮은 지지율을 기록하게 되었다.

일본의 많은 전문가들은 리크루트 스캔들이 일본 전후세대의 축적을 상징하는 '버블경제' 기간에서 경제적 팽창이 완전하게 중단된,

---

7 Hiromasa Ezoe(2010). *Where is the Justice?: Media Attacks, Prosecutorial Abuse, and My 13 Years in Japanese Court*. Tahara(2007). 재인용.

8 Wang, J.(2017). *Journal of International Development and Cooperation*, Vol.23, No.1 & No.2, p.92. 재인용.

'잃어버린 세대'로 알려진 시기로 넘어가는 전환점을 기록한 사건으로 보고 있다.[9] 아울러 리크루트 사건 보도 이후 일본 정계의 정경유착을 끊으려는 움직임이 활발해졌다. 국회에서는 선거제도 개혁이나 정치헌금 규제를 강화하는 쪽으로 정치자금 규정법 개정 논의가 이루어졌고, 잇따라 1994년 개혁 법안이 국회에서 통과되었다. 하지만 리크루트 스캔들과 관련된 정치인들은 사건이 잠잠해지자 다시 정치무대에 복귀했다.

리크루트 사건 일지

- 1988년 6월 : 〈아사히신문〉이 리크루트 주식 양도 의혹을 최초로 제기
- 1989년 2월 : 에조에 히로마사 리크루트 회장 구속
- 1989년 4월 : 다케시타 노보루 내각 퇴진
  나카소네 야스히로 전 총리 자민당 탈당
- 1994년 : 정치헌금 규제를 강화한 개혁 법안이 국회 통과
- 1997년 3월 : 후지나미 다카오 전 관방장관 징역 3년, 추징금 4,270만 엔 유죄판결
- 2000년 6월 : 다케시타 노보루 사망
- 2013년 2월 : 리크루트사 창업자 에조에 히로마사 사망

---

9 https://japantoday.com/category/features/where-is-the-justice.

내부고발자와 언론이 폭로한
미국의 민낯

〈가디언〉의 NSA 기밀문서
폭로 사건 보도(2013)

1. 'NSA 기밀문서 폭로 사건' 보도의 선정배경

2013년 6월 5일, 미국 국가안전보장국(National Security Agency: NSA)의 엄청난 도청사건이 만천하에 알려졌다. 전직 CIA 요원 에드워드 조세프 스노든(Edward J. Snowden)은 영국의 〈가디언(The Guardian)〉 신문사를 통해 NSA가 매일 버라이즌 통신사의 수백만 고객들의 통화기록을 수집하고 있으며, NSA와 FBI는 주요 인터넷 업체로부터 직접 데이터를 수집해 광범위한 감시체계를 운용하고 있다는 사실을 폭로하였다.

9.11 테러사건 이후에 도입된 미국의 대테러법은 NSA가 법원명령을 받아 버라이즌 고객들이 건 국내 및 국제 통화에 대한 일일보고서를 받아 왔으며, 구체적으로 이 명령은 해외정보감시법(FISA)에 기반하여 지난 4월 25일 미국의 대표적인 통신사인 버라이즌에게 고객 통화기록—2013년 7월 19일까지 모인 발신번호, 착신번호, 통화를 건 시간, 통화에 소요된 시간, 전화카드번호, 기타 장치식별번호 등 전화 메타데이터 레코드—등을 제공하도록 한 것이었다. 비록 수집된 데이터에 가입자 이름과 주소 정보, 실제 통화내용은 배제했더라도 무작위식 저인망 감시행위를 통해 자국민뿐만 아니라 해외 주요 인사들의 통화까지 광범위하게 모니터했다는 충격적인 보도가 나온 것이었다. 이뿐만 아니라 미국 정부가 구글, 페이스북 등 주요 IT기업들의 서버에 접속해 개인정보를 수집해 왔다는 '프리즘(PRISM)' 프로젝트를 공개함으로써 스노든의 목숨을 건 국가기밀 폭로는 전 세계에 충격을 주며 미국 정부의 위상을 크게 손상시켰고, 오바마 정부

는 분노에 찬 국내외 비난여론에 직면해야 했다.

철저하게 준비된 스노든의 폭로는 영국 일간지 〈가디언〉과 미국의 〈워싱턴포스트(The Washington Post)〉를 통해서만 이루어졌다. 하지만 이후 보도에서는 〈가디언〉이 주로 폭로 창구 역할을 수행했는데, 그것은 스노든이 처음으로 연락을 한 기자가 바로 '보안 이슈와 프라이버시 문제'에 대해 정치블로그를 써 왔던 글렌 그린월드(Glenn Greenwald)이기 때문이었다.

스노든이 그린월드에게 제보하기까지의 위험스러운 과정과 미국 정부의 위협에도 불구하고, 특종보도를 한 그린월드는 미국의 NSA와 영국의 정보통신본부(GCHQ) 등의 정보기관들이 전 세계의 일반인들의 통화기록과 인터넷 사용정보 등의 개인정보를 '프리즘'이란 비밀정보수집 프로그램을 통해 무차별적으로 수집, 사찰해 온 사실을 스노든이 제공한 자료들을 바탕으로 폭로하였다. 더 나아가 그는 2014년 5월, 『더 이상 숨을 곳이 없다(No Place to Hide)』라는 책을 펴냄으로써 세상에 NSA의 개인정보수집과 기밀문서 폭로에 대한 탐사보도의 전 과정을 알렸다. 디지털 사회에서 국가권력이 개인의 사생활을 침해할 뿐만 아니라 엄청난 전자 인터넷 감시체계를 통해 개인의 표현의 자유를 억압하고, 지배를 정당화시킬 수 있다는 점에서 글렌 그린월드의 'NSA 기밀문서 폭로 사건(프리즘 사건)'보도는 정직한 언론보도 사례로 선정하기에 손색이 없다.

2. 'NSA 기밀문서 폭로 사건' 내용과 탐사 취재과정

1) 미 정부의 대국민 사찰 프로젝트, '프리즘'

프리즘은 2007년부터 이어져 온 미국 NSA의 국가보안 전자감시 체계(Clandestine National Security Electronic Surveillance) 중 하나로 공식적으로 알려진 정부의 정보 수집 작업인 SIGAD US-984XN의 한 코드 네임이다.[1] 2007년, 스위스 제네바에서 네트워크 보안업무에 참가한 스노든은 상위관리 아이디를 발급받아 여러 사건과 관계된 기밀문서를 열람할 수 있었고 '프리즘' 프로젝트의 존재를 알게 되었다.

그림 10.1 NSA의 극비 '프리즘' 프로젝트

출처: www.theguardian.com/world/2013/jun/06/

---

1 Chappell, Bill(June 6, 2013). "NSA Reportedly Mines Servers of US Internet Firms for Data". The Two-Way(blog of NPR). Retrieved June 15, 2013. https://en.wikipedia.org/wiki/PRISM_(surveillance_program).

하지만 스노든은 두 가지 이유로 프리즘 프로젝트의 존재를 공표하지 않았다. 첫 번째 이유는 CIA에 관련된 정보들은 점조직 형태로 분포되고 개개인이 관리하는 경우가 많아 선의의 피해자가 나올 수 있다는 것이었고, 두 번째는 2008년 미국의 대통령 선거시기 이래 스노든은 전임 행정부와 다른 혁신을 주장했던 오바마를 믿었기 때문이었다. 하지만 오바마 대통령이 미국 민주주의가 낳은 최악의 슈퍼팩[2]을 선언해 버리자 스노든은 마음의 결단을 내렸다고 한다.[3]

'PRISM'의 실체를 폭로하기로 결심한 스노든은 NSA로 다시 이적하여 2009년부터 2012년까지 3년 동안 NSA의 감시 시스템이 어떤 형태로 작동하는지 확인했다. 그가 모은 자료는 규모와 범위 측면에서 방대했는데, 이는 NSA가 무차별 감시를 위해 9개의 미국 기반의 인터넷 기업들의 개인정보에 접근하였고, 광범위한 감시 시스템을 구축하기 위해 각종 프로그램을 어떻게 활용했는지 그 실체를 공개한 자료들이었다.[4] 처음에 스노든은 프리즘 프로젝트가 단순한 무작위 정보 수집 프로그램으로 개인정보의 침해가 있을 수 있는 정도일 것이라고 생각했는데, 자료들을 수집, 확인한 이후에 프리즘 프로젝트의 정체가 사실상 빅브라더 효과를 지향하는 것이라 확신하고 홍콩으로 망명하여 2013년 6월 6일에 〈가디언〉의 프리랜서 기자 글렌 그린월드를 통해 이 사실을 폭로하게 되었다.

---

2 '슈퍼팩'은 특정 후보와 '직접' 연계되지 않는 범위 내에서 PAC(Political Action Committee, 정치 활동 위원회)의 독자적인 판단에 의해 무제한으로 모금활동을 할 수 있는 팩으로 실질적인 편법을 이용한 무제한 정치자금 모금 집단으로 볼 수 있다.
3 https://namu.wiki/w/프리즘 폭로사건.
4 글렌 그린월드(2014). 박수민 · 박산호 역. 『더 이상 숨을 곳이 없다』. 모던타임스.

그림 10.2 〈가디언〉과 〈워싱턴포스트〉의 'NSA 도청사건' 관련 보도

출처: www.theguardian.com(좌), www.thewashingtonpost.com(우)

2007년에 시작된 프리즘 프로젝트는 부시 행정부의 '미국보호법안(Protect America Act)'의 통과에서부터 시작되었으며,[5] 그 프로그램은 미국 해외정보감시법원(FISA Court: FISC)의 감독하에 운영되었다.[6] 스노든은 방대한 데이터 수집이 공중이 알고 있는 것 이상으로 훨씬 더 광범위하게 수집되고 있으며, 이는 '위험하고'도 '범죄적인' 행동이라고 판단하였다.[7]

'프리즘'의 존재는 영국의 〈가디언〉과 미국의 〈워싱턴포스트〉지를

---

5 Lee, Timothy B.(June 6, 2013). "How Congress Unknowingly Legalized PRISM in 2007". Wonkblog(blog of *The Washington Post*). Retrieved July 4, 2013.
   Johnson, Luke(July 1, 2013). "George W. Bush Defends PRISM: 'I Put That Program in Place to Protect the Country'". *The Huffington Post*. Retrieved July 4, 2013.
6 Office of the Director of National Intelligence(June 8, 2013). "Facts on the Collection of Intelligence Pursuant to Section 702 of the Foreign Intelligence Surveillance Act" (PDF). dni.gov.
7 Mezzofiore, Gianluca(June 17, 2013). "NSA Whistleblower Edward Snowden: Washington Snoopers Are Criminals". *International Business Times*. Retrieved June 30, 2013.

통해 'NSA가 자국민의 통화정보를 수집하고 분석하고 있다는 사실' 보도로 세상에 알려지게 되었다([그림 10-2] 참조).[8] 이 폭로문건에는 41개의 파워포인트 슬라이드가 담겨 있었으며, 그중 4개가 신문기사에 발간되었다.[9] 이 문서들은 프리즘 프로그램에 참여한 테크놀로지 회사들로 2007년에 마이크로소프트를 포함해 2008년에 야후, 2009년에 구글과 페이스북, 팔토크, 2010년에 유튜브, 2011년에 AOL과 Skype, 그리고 2012년에 애플 등의 명단을 공개했는데,[10] 〈워싱턴포스트〉에 따르면, "프리즘 산물의 98%는 야후, 구글, 마이크로소프트에 근거하고 있다"는 것이다.

'프리즘' 프로젝트가 폭로되자 미국 정보당국은 즉시 성명을 발표하고 나섰으며, 프리즘은 '합법적인 범주하의 수집'이라고 반박하였다. 정부관료는 또한 〈가디언〉과 〈워싱턴포스트〉 보도 일부에 반박하면서 영장 없이 국내 타깃 인물들에 관해 프리즘이 사용될 수 없으며, 이는 테러리즘 행위를 막기 위해 연방정부의 행정, 사법, 입법부의 독자적인 감독을 받고 사용한다고 주장하면서 그 프로그램을 방어하였다.[11] [12]

---

8 Greenwald, Glenn & MacAskill, Ewen(June 6, 2013). "NSA Taps in to Internet Giants' Systems to Mine User Data, Secret Files Reveal—Obama Orders US to Draw Up Overseas Target List for Cyber—Attacks". *The Guardian*. Retrieved June 15, 2013.

9 Gellman, Barton & Poitras, Laura(June 6, 2013). "US Intelligence Mining Data from Nine U.S. Internet Companies in Broad Secret Program". *The Washington Post*. Retrieved June 15, 2013.

10 Johnson, Kevin & Martin, Scott & O'Donnell, Jayne & Winter, Michael(June 15, 2013). "Reports: NSA Siphons Data from 9 Major Net Firms". *USA Today*. Retrieved June 6, 2013.

11 Staff(June 6, 2013). "Intelligence Chief Blasts NSA Leaks, Declassifies Some Details about Phone Program Limits". *Associated Press*(via *The Washington Post*). Retrieved June 15, 2013.

12 Ovide, Shira(June 8, 2013). "U.S. Official Releases Details of Prism Program". *The Wall Street Journal*. Retrieved June 15, 2013.

스노든의 폭로에 국가정보국장(DNI) 제임스 클래퍼는 NSA의 감시활동이 해외정보감시법원(FISC) 및 국회의 허가하에 이루어졌다고 발표했으며 미 하원의회 존 베이너 의장은 스노든을 '배신자'라고 지칭했다. 하지만 스노든은 프리즘 프로젝트에 관련된 자료 중 일부를 이미 빼내온 상태였고, 정보 당국의 반박이 나오길 기다렸다는 듯 제1급 기밀문서와 수집이 행해진 지역과 빈도에 대해 상세히 기록된 첩보지도를 언론에 공개해 버렸다. '프리즘 프로젝트'에 대한 〈워싱턴포스트〉와 〈가디언〉 기사들은 기밀유출 문건보도에서 프리즘이 몇몇 주요 인터넷 서비스기업의 서버로부터 직접 데이터를 수집하고 있음을 폭로했던 것이다.

스노든의 폭로 및 반박에 여론이 돌아서자, 클래퍼는 '이 프로그램은 국가의 안전과 안보를 보호하기 위한 핵심수단'이라 주장하며 국가기밀을 언론에 유출한 것과 국가 안보의 중요 내용을 발설한 것에 대해 간첩 혐의를 묻겠다는 발표를 하여 스노든에 관련된 언론의 추가 보도를 막는 데는 성공했으나, 프리즘이 사실상 위법의 영역이란 것을 간접적으로 인정해 버린 상태가 되었다. 그러나 NSA 국장 키스 알렉산더 장군은 미 하원의원 정보위원회 청문회에서 NSA의 이 같은 활동 덕에 9.11 테러 이후 '50건 이상의 테러를 미연에 방지'해 냈으며 24시간 이내로 이들 테러 시도에 대한 정보를 의원들에게 제출하겠다고 말했다. 또한 스노든의 폭로는 앞으로 미국의 국가 안보에 '돌이킬 수 없는' 피해를 준 것이라고 언급했다.

문제가 불거지자 백악관은 '불법적인 개인정보를 활용한 적은 없으며, 수사 목적을 위해 활용했을 뿐'이라고 해명하고 나섰고, 프로젝트에 협조한 것으로 알려진 페이스북과 애플, 구글 같은 기업들도 사실을 부인하였다. 몇몇 기업의 간부들은 〈가디언〉에 보도된 유출 문건에서 자신들은 특별히 프리즘 프로그램에 대해 알지 못하며, 뉴스보도가 추정하는 규모나 범위로 정부의 정보접근을 허용하지 않는다고 부인하였다.[13] 예를 들어, 페이스북은 "우린 정부에 정보를 넘긴 적 없다"고 밝혔고, 구글은 "어떤 형태로든 정부의 정보 수집활동에 협조한 적 없다"라며 "적법한 경우에 한해 이용자 정보를 공개한다"라고 해명하고 나섰으며, 애플도 "어떤 정부기관에 대해서도 우리 서버에 바로 접속할 수 있는 권한을 제공한 적이 없고, 프리즘에 대해 들어 본 적조차 없다"라며 언론보도를 정면 반박하였다.[14] 하지만 기업들의 협조사실 여부와 상관없이 '프리즘' 프로젝트 폭로가 가져온 전 세계적인 충격과 여파는 거세졌다.

2) 〈가디언〉의 '프리즘' 프로젝트 전말 보도

2013년 5월, NSA 계약직 직원 에드워드 스노든은 홍콩에서 〈가디언〉 기자인 글렌 그린월드와 다큐멘터리 제작자인 로라 포이트러스(Laura Poitras)를 만나 미국 정부의 무차별적인 감시에 관한 놀랄 만한 정보를 제보하게 된다. 익명의 제보자로서 스노든은 두 사람에게 비밀리에 접선을 시도하고, 정부의 무차별적인 감시에 관한 깜짝

---

13 Greenwald, Glenn & MacAskill, Ewen(June 6, 2013). 앞의 기사. *The Guardian*. Retrieved June 15, 2013.
14 이지영(2013.6.7.). "미 정부의 대국민 사찰 프로젝트, '프리즘'". http://www.bloter.net/archives/155276.

놀랄 만한 증거를 갖고 있다면서 보안을 철저하게 유지하는 가운데 연락을 주고받아야 하며, 홍콩까지 오기를 요청하였다.[15]

홍콩에서 스노든에게 비밀리에 건네받은 일급비밀 문서를 통해 〈가디언〉의 그린월드 기자는 미국 국가안전보장국(NSA)과 연방수사국(FBI)이 미국의 주요 IT기업과 손잡고 자국민의 데이터를 수집하고 분석하는 작업을 진행해 왔음을 밝히며, 미공개 문서를 통해 NSA의 권력남용에 대한 새로운 사실을 폭로한다. 세계적인 특종을 보도하기까지 비밀리에 스노든이 접근하는 과정은 2014년 그린월드의 저서 『더 이상 숨을 곳이 없다』에 상세하게 기술되어 있는데, 스노든이 공개한 미 정부의 프로젝트 '프리즘(PRISM/US-984XN)'은 NSA와 FBI

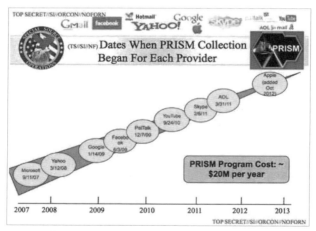

그림 10.3 '프리즘' 데이터 수집 착수시기 및 대상 기업

출처: https://www.theguardian.com/world/2013/jun/06/us-tech-giants-nsa-data, Prism Photograph: *the Guardian*

---

15 Greenwald, G. (2014). *No Place to Hide*, New York: Picador, p.18.

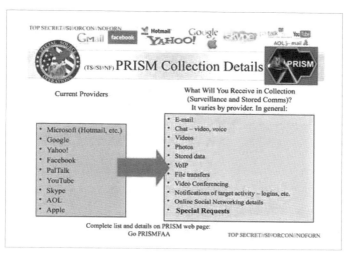

그림 10.4 '프리즘' 데이터 수집 내용

출처: https://www.theguardian.com/world/2013/jun/06/us-tech-giants-nsa-data, Prism
　　Photograph: *the Guardian*

가 자국 내 위치한 구글이나 페이스북 같은 인터넷 회사 중앙 서버에 직접 접속해 영화, 오디오, 사진, 이메일, 문서와 같은 콘텐츠를 비롯해 각종 로그 데이터를 2007년부터 수집, 분석해 온 내용을 의미한다. 이 보도를 통해 그린월드는 NSA가 얼마나 방대하게 무차별 감시를 위해 각종 프로그램을 동원, 구축하였고, 외국 정부와 정보기관을 어떻게 관리했는지를 보여 주었다.

　최초로 보도한 〈가디언〉은 6월 5일에 'NSA 도청이 만천하에 알려졌다'라는 기사 이후, 6월 6일에 '스파이행위는 정보도 포함했다'라는 보도를 통해 NSA와 FBI가 주요 인터넷 업체로부터 직접 데이터를 긁어왔음을 폭로한 것이다. 이어 〈가디언〉과 〈워싱턴포스트〉는 "내부고발자에 의해 드러난 41장에 이르는 프로젝트 프리즘의 실체는 상상을 초월한다"라며 "해당 보고서에는 미국이 그동안 자국민뿐만 아니라 미국 내 위치한 서버에 저장된 외국인의 정보도 추적할 수 있는 것으로 설명되어 있다"라고 전했다.[16]

〈가디언〉은 NSA와 백악관, 법무부에 보도와 관련해 미리 논평할 것을 요청했지만 모두 거절당하였으며, 이들에게 법원명령에 대하여 언론에 보도하는 것의 구체적인 보안문제를 제기할 기회를 주었다. 법원명령은 특히 버라이즌이 공중에게 FBI의 고객기록에 대해 요청한 사실이 있는지 여부나 법원명령 자체의 존재를 노출하지 못하도록 공개적으로 금지하였다. 로저 빈슨(Roger Vinson) 판사가 서명했던 그 명령은 버라이즌이 NSA에 모든 통화 기록 또는 버라이즌이 미국과 해외 간의 통신, 또는 '지역 장거리전화를 포함해 미국 내 전체' 통신에 대해 창출한 '전화 메타데이터' 전자 사본들을 강제로 제출하도록 한 것이었다.[17]

이러한 보도는 미국이 세계 최대 규모의 감시와 추적 서비스를 마이크로소프트 같은 거대 IT기업 서버 접속을 통해 불법적으로 운영해 왔음을 드러낸 특종이었다. 미국은 특히 대테러방지법에 따라 NSA와 FBI가 별도의 법원명령 없이도 직접 각 기업서버에 접속해 원하는 정보를 확인할 수 있으며, 공개된 프로젝트 자료에 따르면, 구글, 페이스북, 마이크로소프트, 애플 등 9개 IT기업이 협조한 것으

---

16 Gellman, Barton & Poitras, Laura(June 6, 2013). 앞의 기사. *The Washington Post*. Retrieved June 15, 2013.
    Greenwald, Glenn & MacAskill, Ewen(June 6, 2013). 앞의 기사. *The Guardian*. Retrieved June 15, 2013.
17 Greenwald, G.(June 6, 2013). "NSA collecting phone records of millions of Verizon customers daily", *The Guardian*.

로 알려졌다. 이러한 '프리즘' 프로젝트는 NSA가 외국인 테러리스트 의심자를 추적하는 FISA 프로그램 단점을 극복하기 위해 도입되었는데, 2011년 9.11 테러 공격 이후 조지 W. 부시 대통령에 의해 시작되었다. FISA 프로그램은 외국인 추적시 해당 국가의 협조가 필요하나 프리즘 프로젝트는 시간을 다투는 테러대응에서 사전에 검열을 통해 의심자를 색출하는 것이 빠르다고 판단한 데서 도입되었으며, 미국 기반의 인터넷 기업들이 많다는 점에서 프로젝트가 운영될 수 있었다.[18]

보도가 나간 후 구글과 페이스북, 마이크로소프트는 즉시 성명을 통해 프리즘 프로젝트와 관련이 없음을 주장하였다. 구글 측은 사용자 데이터를 매우 신중히 보호, 관리하고 있으며, 법률에 의거한 상황에서만 정부에 사용자 데이터를 제공하고, 이러한 요청은 언제나 신중히 검토한 후에 승인된다고 강조하였다. 페이스북 역시 자사가 정부에 데이터를 전달했다는 의혹을 강력히 부인했으며, 그 어떤 정부기관에도 페이스북 서버에 대한 직접 접근권을 허용하지 않는다고 밝혔다. 마이크로소프트도 대변인을 통해 자사가 정부에 고객정보를 제공하는 경우는 법적 구속력이 있는, 또는 소환장이 발부된 경우에 한정된다는 점을 강조하였다. 하지만 FBI는 이미 페이스북, 트위터 등의 사이트와 블로그들에서 테러 관련 키워드를 통해 데이터를 수집하고 분석할 수 있게 하는 기술을 공모하는 정보요청서를 발행한 바 있었다.[19]

---

18 이지영(2013.6.7.). 앞의 기사. http://www.bloter.net/archives/155276.
19 Computerworld. "Edward Snowden asylum: countries approached and their responses". *The Guardian*. Retrieved May 5, 2014

〈가디언〉이 처음 보도한 이후, 에드워드 스노든이 폭로한 문서들을 기반으로 수많은 NSA 감시 프로그램들이 공개되었다. 스노든은 미국에서 탈출한 후 21개 국가에 정치적 망명권을 신청했으나 미 행정부의 압력으로 요청은 모두 거절당하였다. 2013년 6월에 영국 런던 주재 에콰도르 영사 피델 나르바예스가 스노든에게 에콰도르에 입국해 여행할 수 있는 서류를 발급했으나 조 바이든 부통령은 직접 나서 스노든의 정치적 망명을 허용하지 못하도록 에콰도르 대통령에게 요청하였으며, 철회하도록 하였다.[20] 유럽국가와 남미국가로의 정치적 망명이 막혀 버린 스노든은 러시아 모스크바 공항의 환승구역에서 꼼짝없이 39일을 지낸 후에야 비로소 움직일 수 있었다. 블라디미르 푸틴 러시아 대통령이 스노든의 망명을 미국의 국익에 영향을 끼치지 않는다는 조건하에 더 연장가능한 1년 임시 망명을 허용했기 때문이었다.[21] 스노든은 2020년까지 러시아에 체류연장을 받아 놓은 상태이다.[22]

미국은 스노든이 홍콩을 떠날 무렵에 여권을 정지시켰고, 그는 미국 내 사법기관으로부터 도망자 신세가 되었으며, 미국은 그를 옹호하는 편과 반대하는 편으로 나뉘게 되었다. 미국 정부는 스노든의 엄청난 양의 폭로가 미국 국가보안 문제를 심각하게 훼손하고 있다고 주장한 반면, 프라이버시 지지단체들은 미국 첩보기관의 엄청난

---

20 Carroll, Rory & Holpuch, Amanda(June 28, 2013). "Ecuador cools on Edward Snowden asylum as Assange frustration grows". *The Guardian*. London.

21 Loiko, Sergie(August 1, 2013). "Edward Snowden granted asylum, leaves Moscow airport in taxi". *LA Times*.

22 Pascaline, Mary(January 18, 2017). "Russia Extends Snowden's Asylum By 'A Couple More Years'". *International Business Times*. Retrieved January 18, 2017.

개인 감시망을 폭로해 준 스노든을 환영하였다. 다음은 스노든의
NSA 기밀문서 폭로와 관련된 사건보도를 정리한 내용이다.

스노든의 'NSA 기밀문서 폭로' 보도 전개과정(2013.6.~2014.5.)

2013년

- **2013년 6월 5일: NSA의 버라이즌 고객기록 수집 폭로**
  〈가디언〉지는 NSA가 매일 수백만 버라이즌 고객들의 통화기록을
  수집하고 있다고 보도함.
- **6월 7일: NSA의 프리즘 프로그램 운영 폭로**
  NSA와 FBI는 주요 인터넷 업체로부터 직접 데이터를 긁어온다고
  보도함. 광범위한 감시체계인 '프리즘'이 세상에 드러남.
- **6월 9일: NSA 내부고발자 에드워드 스노든 보도(스노든의 인터뷰
  동영상 공개됨)**
- **6월 11일: NSA의 데이터마이닝툴 폭로**
  NSA의 글로벌 감시데이터 추적 장치툴인 Boundless Informant 보도
- **6월 21일: 스파이 행위에 대한 평가 '양극화'**
  미국에서 스노든의 폭로에 대한 평가가 양극으로 분열됨.
- **6월 24일: 미 정부, 스노든의 귀환 촉구**
  고위 관계자는 NSA 문서 폭로자인 스노든의 귀환을 촉구함.
- **7월 23일: 클라우드 업체들 반발에 직면**
  미국 클라우드 업체들은 NSA 스파이 프로그램에 대한 반발에 직면함.
- **7월 31일: NSA는 거의 모든 것을 수집**
  NSA의 인터넷 감시시스템인 엑스키스코어(XKeyscore)는 인터넷
  상에서 사용자의 모든 것을 수집했음.
- **8월 1일: 스노든, 모스크바 공항으로 떠남**
  러시아는 스노든의 임시 망명을 허가했음.

- 9월 5일: 암호화는 보호되지 않는다

  NSA는 수많은 온라인 암호화 노력들을 파괴했음.
- 9월 9일: 블랙베리 BES 보안 손상

  미국과 영국은 블랙베리 BES 암호화를 뚫고 염탐 행위 시도함.
- 9월 25일: 미국은 전 세계 지도자들을 염탐

  NSA는 35개국 전 세계 지도자들을 대상으로 염탐했음.
- 10월 29일: 미 의회가 NSA에 대해 나섬

  미 의회는 NSA 통화기록 프로그램을 제어하기 위한 법안 제시
- 11월 23일: NSA는 악성코드를 사용

  NSA는 악성코드를 통해 5만 대 컴퓨터의 네트워크를 감염시킴.
- 12월 20일: NSA는 RSA에 보수를 지불

  NSA의 비밀 보수는 불 붙은 RSA의 암호화 논쟁을 부채질함.

2014년

- 1월 17일: 미 백악관은 NSA가 변화하기를 원함.

  백악관은 NSA 첩보 활동에 변화가 있기를 주문했음.
- 1월 28일: 새로운 NSA 프라이버시 실행 계획

  NSA는 자체 최초의 자유 및 프라이버시 사무국을 신설함.
- 4월 4일: 스노든의 폭로는 IT업체와 정부 신뢰를 무너뜨림.

  스노든의 폭로는 IT업체와 정부에 대한 신뢰를 무너뜨림.
- 5월 22일: 백악관은 NSA 역할 축소 동의

  백악관은 NSA 수집활동을 제한하기 위한 수정법안에 동의
- 5월 29일: 존 케리, "스노든은 숨지 말고 돌아와라"

  존 케리는 "스노든은 미국으로 돌아와야 하며, 그 결과에 대해 논의하자"고 말했음.

출처: http://www.theguardian.com의 기사제목과 「스노든 폭로 1주년 총정리」
(www.itworld.co.kr/news/87884) 내용 재구성.

3. 'NSA 기밀문서 폭로' 보도가 정치와 언론에 미친 영향

1) '프리즘 사건'이 정치와 외교에 미친 영향

〈가디언〉과 〈워싱턴포스트〉 두 신문은 전 중앙정보국(CIA) 직원이던 에드워드 스노든으로부터 넘겨받은 수천 건의 비밀 문건을 분석해 2013년 6월부터 NSA의 전방위 도감청 실태를 폭로했다. 〈가디언〉이 2013년 6월 5일에 처음으로 "NSA가 버라이즌에 저장된 미국 국민 수백만 명의 통화기록을 불법 수집해 왔다"고 처음 폭로했고, 〈워싱턴포스트〉는 이틀 후인 7일 "NSA가 '프리즘'이란 도감청 프로그램을 활용해 구글 · 마이크로소프트 등 9곳 서버에 직접 접속해 가입자의 개인정보를 수집해 왔다"며 이 문제를 대형 이슈로 부각시켰다.

이 폭로성 보도로 인해 NSA의 광범위한 감시 프로그램에 대한 우려가 높아지자 오바마 대통령은 스카이프와 구글 검색기능을 사용하는 미국인들을 안심시키려고 노력했지만, IT기업들과 통신사들의 NSA 협력과 관련한 프리즘의 모호한 규정에 대해서는 언급하지 않았다. 오바마는 정보 당국이 소위 메타데이터를 통해 조사함으로써 테러리즘에 관여했을지 모르는 사람들의 신원을 확인하고자 전화번호와 통화 시간을 보는 것이며, 개개인의 이름과 내용을 보고 있지 않다고 말했다. 그러나 오바마의 발언은 영국의 〈가디언〉지가 보도한 반테러리즘 노력의 일환으로 진행되는, NSA의 버라이즌 통화기록 수집을 오히려 재조명시켰다.

당시 미 행정부 국가정보국 국장 제임스 클래퍼는 6월 6일 코드

명 '블라니(BLARNEY)'라 불리는 통화기록 프로그램과 NSA가 이메일, 통화기록 등에 접속하고, 구글, 애플, 마이크로소프트 등으로부터 정보를 검색할 수 있는 권한이 주어진 '프리즘' 계획을 확인해 주었으며, 이 프로그램이 미국 국민들의 정보를 고의로 수집하는 것을 허용하지 않는다고 밝혔다.[23] 또 오바마 대통령이 "이 감시 프로그램은 미국인들에게는 적용되지 않으며, 인터넷과 이메일을 통한 개인 정보 수집은 의회에 완전히 알렸을 뿐만 아니라, FISC(United States Intelligence Survelliance Court)에 인가를 받아야 한다"고 해명하였다.[24] IT기업들 역시 정부가 제약없이 그들의 서버에 접속할 수 있는 권한이 있다는 것을 부인했지만, 법에 따라 정부의 정보제출 요구에는 응해야 한다는 점을 시인하였다.

결국 NSA의 정보수집은, 냉전이 끝나면서 '국가 안보'란 이름 아래 개인의 자유와 권리를 제약할 수 있는 명분을 잃은 국가들이 9.11 테러 이후 '테러와의 전쟁'이란 미명 아래 다시 과거로 회귀했음을 보여준 증거였다. 스노든의 '프리즘' 폭로로 '민주주의 수호자'를 자처하던 미국의 민낯은 물론 미국으로부터 도청을 당한 국가조차도 공범자임이 만천하에 드러났다. 또한 NSA의 광범위하면서도 체계적인 감시권 남용에 관한 스노든의 폭로는 '국가 안보'와 '개인 프라이버시'를 둘러싼 열띤 논쟁을 촉발시키면서, 새롭게 출발한 오바마 행정부를 궁지로 몰아넣었으며, 새로운 정보기관 개혁안 마련을 이끌어

---

23 TechHive(2013.6.10.). "오바마 미 대통령, '미국 시민들은 감시당하지 않는다'". http://www.ciokorea.com/news/17268.

24 Computerworld(2014.6.9.). "스노든 폭로 1주년 총정리". http://www.itworld.co.kr/news/87884.

냈다고 평가 받는다.

특히 〈가디언〉과 〈워싱턴포스트〉 두 신문은 경쟁적으로 "NSA가 미국 국민뿐 아니라 독일·프랑스·브라질 같은 외국 정상 35명의 통화와 이메일 내역까지 들여다봤다"고 폭로하면서 국제사회에서 미국의 외교적 입장을 난처하게 만들었다. 앙겔라 메르켈 독일 총리와 프랑수아 올랑드 프랑스 대통령 등 미국의 전통적인 우방국의 정상들이 직접 오바마 대통령에게 도감청에 대해 항의하며 미국 주재 자국 대사를 소환했다. 지우마 호세프 브라질 대통령은 NSA의 비밀 정보 수집에 대한 항의 표시로 2012년 10월 예정이던 미국 국빈 방문 계획을 취소하기도 하였다.

한편, NSA의 외국 정상들에 대한 감청으로 국제적 논란이 커진 점에 대해 미국은 이러한 행위가 정보기관 사이에는 흔한 일이며, 타국 지도자에 대한 정보를 수집하는 행위는 다른 나라에서도 정보활동의 일환이라고 주장하였다. NSA의 디렉터인 제임스 클래퍼는 하원 인텔리전스 위원회에 참석한 자리에서 미 동맹국들 또한 미 고위층의 커뮤니케이션 파악을 시도하고 있다고 대답했으며, 유럽정상의 통화내역과 수천만 명의 인터넷 커뮤니케이션 내역을 수집했다는 일부 언론보도를 반박하였다.[25]

그러나 〈뉴욕타임스(The New York Times)〉와 〈프로퍼블리카(Pro Publica)〉는 NSA가 슈퍼 컴퓨터의 조합과 IT제품 속에 백도어를 만들고, 법원명령 등 다양한 수단을 동원해 수많은 온라인 암호화 노력

---

25 Computerworld(2013.6.11.). "FAQ: 미국 NSA 프리즘 사건의 기반 사실들". http://www.ciokorea.com/nnews/17297#csidx48d1da5dc5533e59f068f45b982ef71.

들을 무력화시켰다고 보도했으며, 영국 정보기관인 정보통신본부 (GCHQ)와 함께 일해 온 사실을 부각시켰다. 이들은 또 구글, 야후, 페이스북, 그리고 마이크로소프트의 핫메일 트래픽의 보호장치를 해 킹하려고 시도했다고 밝혔다.[26]

네덜란드 신문 〈NRC 한델스블라트(NRC Handelsblatt)〉도 11월 23일 보도에서, 스노든이 폭로한 문서를 근거로, NSA가 컴퓨터 네 트워크 침입경로(Computer Network Exploitation: CNE) 목적으로 5만 대 이상의 기기에 특수한 악성코드를 심었다고 보도했다. 이 보도에 따르면, 첫째, 미국 NSA의 전 세계 정보 수집은 오스트레일리아, 캐 나다, 영국, 뉴질랜드, 이른바 다섯 개의 눈(Five Eyes)과 정보를 공유 하고 있다. 둘째, CNE는 NSA 컴퓨터 전문가가 실행한 컴퓨터 네트 워크 작전(Computer Network Operations: CNO)의 세 가지 형태 가운 데 하나다. 마지막으로, CNE 작전은 컴퓨터 네트워크를 통해 표적 또는 적 정보 시스템이나 네트워크로부터 수집된 데이터를 활용해 무언가를 실행하거나 정보를 수집하는 것까지 포함한다고 하였다. 〈NRC 한델스블라트〉에 게재된 내용에 따르면, NSA는 전 세계에 5만 개 이상의 CNE를 심어 놓은 것으로 알려졌다.[27]

〈워싱턴포스트〉도 2012년 8월 특수목적 접근작전(Tailored Access Operations: TAO)이라고 불리는 NSA 특수팀이 개발한, 전체 네트워 크를 모니터링할 목적으로 라우터, 스위치, 방화벽을 감염시키도록

---

26 IDG News Service. "NSA, 5만 이상의 전 세계 컴퓨터 네트워크를 감시". http://www.itworld.
co.kr/news/84843.
27 IDG News Service. "RSA, 암호화에 NSA와 비밀 거래…로이터". http://www.itworld.co.kr/
news/85282.

설계된 악성코드를 심기 위해 공격 툴을 사용했다고 보도한 바 있다. 이 악성코드는 소프트웨어와 장비 업그레이드를 통해 지속적으로 통신을 도청하며 저장된 데이터를 복사하고 감염된 네트워크에서 터널을 뚫는 데 사용될 수 있다. 〈NRC 한델스블라트〉에 의해 노출된 이 슬라이드에 의하면, NSA는 CNE로부터 전 세계 20개국과 연결되는 초고속 광케이블 망을 감시하고 CIA-NSA 조인트 프로그램으로, 80개 지역 특별정보수집과(Special Collection Service: SCS)를 두고 5개의 눈 이외에 제3의 30개 국가들과 연락을 유지해, 외국 위성통신(FORNSAT)을 가로채기 위해 전용으로 52개 지역 시설을 활용했다고 한다.[28]

스노든의 '프리즘' 폭로 이후에 미국 워싱턴에서는 NSA의 대규모 감시 프로그램 중단을 요구하는 시위가 벌어졌으며, 다양한 정치적 입장을 가진 사람들이 모인 것으로 추정되는 시위대는 미 의회와 버락 오바마 대통령에게 NSA에 의한 대규모 데이터 수집과 감시활동을 중단시킬 것을 요구하였다. 시위 중에 몇몇 사회단체의 회원들은 57만 명 이상이 서명한 청원서를 공화당의 저스틴 아마시 의원에게 전달했다.[29]

시위를 비롯한 국내외 여론악화로 오바마 대통령은 NSA의 데이터 수집과 감시 프로그램은 미국을 테러로부터 보호하기 위해 불가피한 것이라는 입장을 취했지만, 시위발생과 국내외 여론악화로 인

---

28 CIO(2013.11.26.). "NSA , 5만 이상의 전세계 컴퓨터 네트워크를 감시". http://www.itworld.co.kr/news/84843.

29 IDG News Service(2013.6.21.). "'NSA 감시중단' 워싱턴 가두시위…연이은 폭로로 파장 커져". http://www.itworld.co.kr/news/84348.

해 2014년 1월 17일 NSA 첩보 활동의 변경을 주문했으며, 동맹국 정상과 일반인에 대한 무차별 정보 수집을 중단하겠다는 NSA 개혁안을 발표하게 되었다. 스노든의 '프리즘' 폭로 이후 대통령자문위원회가 백악관에 제출한 46개 항의 정보 수집활동 개혁안을 토대로 오바마 대통령은 우선 개인 통화나 이메일 기록인 '메타데이터' 수집은 계속하되 이 정보의 보관 작업을 NSA가 아닌 제3의 민간기구에 맡기고, 정보 수집에 앞서 법원의 허가를 받도록 하는 방안을 제안했다. 또한 오바마 대통령은 동맹국 정상의 감청은 없을 것이라고 밝혔다.[30] 이어서 1월 28일에 NSA는 최초의 '자유 및 프라이버시' 사무국을 자체적으로 신설하였고, 5월 22일, 백악관은 NSA 수집활동을 제한하기 위한 수정법안에 동의하였다.

2) 프리즘 사건이 언론에 미친 영향

스노든은 미국의 최고 권위지라고 자부하는 〈뉴욕타임스〉에 제보하지 않았다. 그는 2005년에 〈뉴욕타임스〉가 NSA 사찰 사실을 포착하고서도 1년 이상 보도를 미룬 사실을 주목했기에 〈뉴욕타임스〉와 접촉하지 않고, 영국 〈가디언〉지의 특정 기자에게 연락을 취했던 것이다. 스노든이 접촉한 〈가디언〉의 그린월드는 변호사 출신의 기자로 특히 정부의 각종 부정과 비리, 9.11 대테러 이후 늘어난 정부의 보안 관련 문제 등을 집중적으로 취재, 보도해 왔으며, 그의 블로

---

30 윤현(2014.1.18.). "오바마, NSA 개혁안 발표… '무차별 정보수집 중단' 스노든 폭로 이후 8개월 만에 내놓은 개혁안…". http://www.ohmynews.com/NWS_Web/View/at_pg.aspx?CNTN_CD=A0001949273.

그나 기사들을 통해 스노든의 신뢰를 얻고 있었다. 그린월드는 미국의 탐사 저널리스트로서 월간지 〈애틀랜틱(The Atlantic)〉이 선정한 2013년 영향력 있는 정치평론가 25인 안에 선정되기도 했다. 그는 〈가디언〉의 외부 칼럼니스트 기자로 일하면서 정치 평론가, 블로거로 활동했기에 기사 작성 뒤에 공격적 보도를 할 수 있었고, 국가 기밀의 대규모 폭로라는 사안의 중요성 때문에 법률자문을 받고 〈가디언〉 편집국장과의 협상과정을 통해 용기 있게 보도할 수 있었다.

반면, 정부나 권력자들에게 비판적인 감시견 역할을 수행하지 못해 왔던 미국의 주류 언론들은 그린월드가 스노든 특종을 보도하자, 이 기사를 작성한 기자를 기소해야 한다는 주장을 폈는데, 이에 대해 그린월드는 국가안보 문제에서 주류 언론이 정부 관리의 충실한 대변자 역할을 받아들였기 때문이라고 보았다. 그린월드는 또 "〈워싱턴포스트〉, 〈뉴욕타임즈〉와 같은 주류 언론은 미국 내에서 정치 매체가 가진 최악의 속성들을 모두 구현하고 있다"면서 "정부와 지나치게 가깝고, 국가 안보기관을 숭배하며, 정부에 반대하는 목소리를 일상적으로 배제한다"고 언급하였다.[31]

한편, 〈페이드콘텐트(Paid Content)〉의 매튜 잉그럼(Mathew Ingram) 기자는 〈가디언〉의 특종 교훈을 "뉴스는 이제 흐르는 물과 같다. 저항이 적은 곳으로 흘러간다(News is like water now-it take the path of least resistance)"고 표현한 바 있다.[32] 전 세계를 뒤흔들 만한 특종거

---

31 Greenwald, G.(2014). 앞의 책, p.87.

32 온라인 저널리즘(2013.6.20.). "〈가디언〉 대특종의 교훈, '뉴스는 흐르는 물과 같다'". http://
     www.ciokorea.co/mmews.17297#csidx48d1da5c 5533e59f068f45b982ef71.

리를 〈뉴욕타임스〉가 놓친 것은 이제는 "뉴스원(news source)이 뉴스 매체를 선택하는 상황"이 되었기 때문이라고 할 수 있다. 스노든의 'NSA 기밀문서 폭로' 사례는 대형뉴스들이 스스로 보도할 채널과 언론매체를 선택하며, 동시에 정보원이 스스로를 밝히고 있다는 것을 보여 주고 있다.[33]

이 보도로 인해 〈가디언〉과 〈워싱턴포스트〉는 동시에 미국 언론 분야의 최고 권위 있는 상인 퓰리처상을 받았다. '스노든의 폭로'가 미국 정부의 무차별적 도감청 실태를 폭로해 미국을 외교적 궁지로 몰아넣었음에도 불구하고, 퓰리처상 심사위원회는 2014년 4월 14일, 국민의 알 권리를 충족시켜 주고 더 넓은 틀의 안보 이해에 기여했으며, 정부와 대중의 관계 논란을 촉발시켰다는 점에서 스노든의 비밀 문건을 보도한 미국 〈워싱턴포스트〉와 영국 〈가디언〉 두 곳을 퓰리처상의 '대상(大賞)'격인 공공 서비스 부문 수상자로 결정했다고 밝혔다. 이 수상은 스노든의 폭로에 대해 국민의 알 권리 충족이라는 언론 본연의 기능에 충실했다는 찬사와 함께 국가 안보에 중대한 위협이라는 비난이 쏟아졌다는 점에서 큰 주목을 받았다.

한편, 스노든이 불법적으로 훔친 문건을 보도한 것은 언론의 보도 윤리에 맞지 않는다는 의견도 있었으며, 현재 미 검찰은 스노든을 간첩 혐의로 기소한 상태다. 하지만 공익을 강조해 온 퓰리처상은 이번에도 국민의 알 권리에 더 높은 가치를 부여했다. 퓰리처상 심사위원회는 "〈워싱턴포스트〉는 권위 있고 통찰력 있는 보도를 통해 일반

---

33 Sullivan, M.(June 15, 2013). "Sources with Secrets Find New Outlets for Sharing". *The New York Times*.

국민이 국가 안보의 더 넓은 틀(framework)을 이해하는 데 기여했고, 〈가디언〉은 안보와 프라이버시 이슈와 관련해 정부와 대중이 어떤 관계를 맺어야 하는지에 대한 논란을 촉발하는 공격적인 보도를 했다"고 선정 이유를 밝혔다. '저널리즘의 공익적 기능이 무엇인지 보여 주는 전형적 사례'였기 때문에, 미국을 난처하게 만들었음에도 불구하고 상을 수상하게 된 것이다.[34]

스노든은 두 신문사가 퓰리처상을 받은 데 대해 축하하면서, '이번 수상은 정부 활동을 대중이 감시할 필요가 있다는 믿음에 대한 지지'이며, '헌신과 열정, 실력을 갖춘 두 신문의 뒷받침이 없었다면 나의 노력은 아무런 의미도 없었을 것'이라고 말했다고 한다. 또 그는 "이번 폭로 보도과정에서 기자들이 미국 정부로부터 자료폐기를 강요받고 테러방지법 위반혐의를 적용받는 등 각종 압력에 시달려야 했다"면서 "두 신문의 노력 덕분에 미래가 한층 밝아졌으며, 책임감 있는 민주주의 실현이 가능하게 됐다"고 밝혔다.[35] 실제로 그린월드는 스노든이 제공한 문서를 근거로 NSA를 중심으로 한 미국과 영국의 감청 프로그램 폭로 후에 양국 정부로부터 협박을 받아 왔다고 프랑스의 국제라디오방송(RFI) 인터뷰에서 밝혔다. 하지만 그는 '미국과 영국으로부터 협박을 받을수록, 나는 이런 정보를 드러내기 위해 더 열심히 일할 것'이라고 경고하였다.[36]

---

34 나지홍(2014.4.16.). "'스노든 폭로' 보도한 WP(워싱턴포스트)·가디언에 퓰리처賞". http://news.chosun.com/site/data/html_dir/2014/04/16.

35 나지홍. 앞의 기사 스노든 발언 인용.

36 이승선(2013.10.16.). "스노든 폭로 주역 그린월드, 〈가디언〉 떠난다… 이유는?". http://www.pressian.com/news/article.html?no=65170.

그린월드는 더 나아가 그의 저서 『더 이상 숨을 곳이 없다』에서 안락한 삶을 내던지고 내부고발자(whistle blower)가 되길 감행한 스노든과 같은 사람들이 중요함을 다음과 같이 강조하였다.

"모든 비양심적인 권력은 대규모 감시의 유혹을 받는다. 모든 사례에서 목적은 같다. 반대자를 억누르고 순응하게 만드는 것이다(p.10). … 힘있는 기관은 도전하기에 매우 강력해 보인다. 근절시키기에는 관행이 너무 뿌리 깊이 박혔다는 느낌이 든다. 현상 유지에 기득권이 걸린 집단은 항상 많다. 하지만 우리가 어떤 세상에서 살기를 원하는지 결정할 수 있는 사람은 은밀하게 일하는 소수의 엘리트가 아니라 다수의 일반인이다. 사고하고 결정하는 능력을 촉진하는 것, 이것이 내부고발자, 활동가, 정치적 저널리스트가 추구하는 목적이다. 그리고 에드워드 스노든의 폭로 덕분에 지금 그런 일이 벌어지고 있다(p.330)."

– 글렌 그린월드, 『더 이상 숨을 곳이 없다』(2014) 중에서

촛불혁명, 정의의 불꽃을 되살리다

〈TV조선〉·〈한겨레〉·〈JTBC〉의
'최순실 국정농단 게이트' 보도(2016)

1. '최순실 국정농단 게이트' 보도의 선정배경

　정직한 언론 사례로 '최순실 국정농단 게이트' 보도를 포함시킬 것인지, 또 포함한다면 어떤 보도를 선정할 것인지 고민이 많았다. 무엇보다 본 사건은 아직까지 재판이 끝나지 않은 상태일 뿐만 아니라 국내 언론사들의 관련 보도가 무수히 많았고, 또 어느 한 언론사만을 특종보도로 선정하기가 어려웠기 때문이다.

　'최순실 국정농단 게이트'는 민간인 최순실(최서원)이 박근혜 정부의 국정에 개입했다는 사실과, '미르재단 및 K스포츠재단'의 설립에 관여하여 그 재단을 사유화한 사건으로 규정할 수 있다. 이를 계기로 검찰조사가 시작되었으며 국회 및 정치권에서는 민간인의 국정개입에 대해 박근혜 대통령 탄핵소추까지 이어졌고, 그 결과 박 대통령의 탄핵안은 2016년 12월 9일에 표결해 국회의원 234표의 찬성과 반대 56표, 무효 7표, 기권 2표로 탄핵이 가결되었다. 그 후 2017년 3월 10일 헌법재판소는 박근혜 대통령의 탄핵을 인용하였다.

　'최순실 국정농단 게이트'를 최초로 단독보도한 곳은 〈조선일보〉 계열사인 〈TV조선〉이었다. 2016년 7월 26일과 8월 2일에 〈TV조선〉은 재벌의 기부금으로 세워진 미르재단과 K스포츠재단 모금과정에 청와대가 개입했다는 보도를 했던 것이다.[1] 그러나 이후에 한동안 〈TV조선〉의 후속보도는 나오지 않았으며, 2016년 9월 20일에 〈한겨레〉신문이 재벌들이 출연해 만들어진 미르재단과 K스포츠재단에

1　김창남(2016.10.29.). "TV조선은 최순실 보도의 퍼스트 펭귄…일주일 잠복 끝에 최순실 포착". 〈한국기자협회보〉.

최순실이 관여했다고 1면에 크게 보도함으로써 이 사건은 본격적으로 이슈화되기 시작했다.[2] 이어서 〈경향신문〉은 10월 18일에 최순실이 독일에 비밀회사 '비덱'을 세웠다는 사실을 밝혀내 보도하였고, 19일에는 최순실이 대한민국 내에 비밀회사 '더블루K'를 세웠다고 이에 대한 내용을 취재, 보도하였다.[3]

많은 언론보도 가운데 결정적인 보도를 한 언론사는 종합편성 채널인 〈JTBC〉였다. 〈JTBC〉 '뉴스룸'은 2016년 10월 24일에 최순실이 버리고 간 태블릿PC 자료를 입수해 최순실의 국정개입 문건을 단독으로 보도했는데, 그중 가장 문제가 된 것은 박 대통령의 독일 드레스덴 선언 연설문이었다. 〈JTBC〉 '뉴스룸'의 취재결과, 최순실은 박 대통령의 연설이 있기 하루 전에 드레스덴 연설문의 사전원고를 읽고 수정한 것으로 드러났기 때문이다.[4] 〈JTBC〉 '뉴스룸'이 확보한 태블릿PC가 국정농단의 결정적인 증거자료가 되기까지 이에 대한 사실 여부 검증과정에 국민적 관심이 모아졌다. 또 청와대의 초기 부인(否認)과 박근혜 대통령의 사과내용만으로 이 사건은 덮어지지 않았으며, 모든 언론사들의 심층취재가 더해질수록 최순실의 국정농단 실체는 게이트로 비화되는 형국이었다. 특히 〈JTBC〉 '뉴스룸'의 결정적인 증거 보도 이후에 정치권 차원에서 탄핵과 하야요구가 나오기 시작했으며, 대학생들과 시민들은 박근혜 대통령의 퇴진을 요구하는 시국선언을 곳곳에서 발표하였다.

2 민일성(2016.9.27.). "최순실 딸, 수업 빠져도 학점 챙기고 지도교수 교체…이대 총장 증인 나와야". http://www.gobalnews.com/news/articleView.html?idxno=19706.
3 경향신문(2016.11.18.). "[단독] K스포츠 '대기업 80억' 요구사업, 독일의 '최순실 모녀회사'가 주도". A1./ "[단독] 대기업 돈, K스포츠 통해 '최순실 모녀회사'로 유입 정황". A3면.
4 MBN(2016.8.4.). "이대, 평생교육 단과대 백지화 결정…최경희 총장 사퇴론 새 불씨".

'최순실 국정농단 게이트'를 보도한 많은 언론사 가운데 세 곳만을 선정한 배경에는, 〈TV조선〉이 처음으로 이 사건을 심층 취재하여 보도했고, 〈한겨레〉가 본격적인 탐사보도를 시작해 의제를 설정(agenda-setting)하였으며, 〈JTBC〉 '뉴스룸'이 결정적인 단서를 확보하고 끈질기게 추적, 보도함으로써 대통령 탄핵이라는 대한민국 정치사에 큰 전환점을 가져오는 프라이밍(priming) 역할을 수행했기 때문이다.

　그러나 세 곳이 모두 정직한 언론이었는지에 대해서는 의견이 분분할 수 있다. 특히 〈TV조선〉은 가장 먼저 이 사건을 취재하고, 1년이 넘는 기간 동안 치밀하게 탐사취재를 하였음에도 계속해서 '국민의 알 권리'를 충족시켜 주지 못했다는 점에서 '정직한 언론'이라고 명명할 수 없는 침묵의 기간을 갖기도 했다. 그럼에도 불구하고 〈TV조선〉이 가장 먼저 이 사건을 공식적으로 보도했다는 점에서 '최순실 게이트' 보도의 문을 열었고, 특종을 처음으로 한 것만은 분명하다고 하겠다.

2. '최순실 국정농단 게이트'의 전말과 보도과정[5]

1) '비선실세'에 대한 의혹제기와 '진경준 사건'

　〈한겨레〉신문의 '더(THE) 친절한 기자들'은 '최순실 게이트'의 출

5　'최순실 국정농단 게이트' 전말은 〈한겨레〉 신문이 총정리한 "이것만 보면 다 안다. 최순실 게이트 총정리 1, 2탄"(정유경, 2016.11.3.)을 참고하여 발췌, 요약하였음.

발은 '비선실세'에 대한 의혹과 진경준 검사의 공짜주식이 불러온 나비효과에서 시작했다고 보았다. 박근혜 정권 출범 초기에 국무총리 인선에 두 차례나 실패한 '인사 참극' 이후 비선실세로 최순실의 전 남편 정윤회가 막후에서 실력을 행사하고 있다는 의혹이 터져 나왔다('2014년 정윤회 게이트' 참조). 당시 '비선실세론'을 청와대에 보고했던 박관천 전 대통령공직기강 비서관실 행정관은 내부문건 유출혐의로 검찰 조사를 받으면서, '우리나라 권력 서열 1위는 최순실, 2위가 정윤회, 3위가 대통령'이라고 말하기도 하였다.[6]

2016년 7월, 검찰 역사상 최악의 비리 스캔들로 꼽히는 '진경준 사건'이 불거지자(〈한겨레〉 관련기사: [단독] 진경준 검사장 '수상한 주식 대박'[7]), 공직자 윤리위원회가 조사에 나섰고, 성난 여론에 떠밀려 검찰도 수사에 나선 결과, 현직 검사장급 검사가 뇌물 수수혐의로 구속되는 초유의 사태에 이른다. 이때 2014년에 '정윤회 사건'을 '청와대 문건 유출 사건'으로 프레임을 전환시켜 박 대통령의 신임을 받은 우병우 청와대 민정수석이 언론에 등장하였다. 청와대 민정수석실은 고위 공직자의 인사검증을 담당하는 곳인데, 검사장 승진 후보 심사를 받는 검사가 업무 연관성이 있는 기업의 비상장주식을 대량 보유하고 있음에도 제대로 검증하지 않았다는 점은 '부실검증'에 대한 우병우 민정수석의 비리의혹을 불러일으켰다.

우 수석에 대한 첫 보도는 〈조선일보〉가 열었다. 〈조선일보〉는

---

6 정유경(2016.11.3.). "'최순실 국정농단 게이트' 전말, '이것만 보면 다 안다. 최순실 게이트 총정리 1, 2탄'". http://www.hani.co.kr/arti/politics/bluehouse/762715.html.
7 최현준(2016.3.28.). "[단독] 진경준 검사장 '수상한 주식대박'". http://www.hani.co.kr/arti/society/society_general/737119.html.

7월 18일자 1면에 '우병우 민정수석의 처가 부동산… 넥슨, 5년 전 1326억 원에 사줬다'라는 기사를 냈는데, 그 내용은 진 검사장이 다리를 놔 주어 우 수석 처가의 '골칫거리 땅'을 넥슨이 사도록 주선했고, 우 수석은 대신 진 검사장의 넥슨 주식 보유를 눈감아 줬다는 기사였다.[8] 〈한겨레〉를 비롯한 잇따른 언론의 취재로 '우 수석 아들의 의경보직'과 '국회 인턴 특혜', '가족회사 설립'을 통해 횡령과 탈세논란, 처가의 농지법 위반 실태, 차명의혹 땅 보유 등 비리들이 무더기로 드러났지만, 청와대는 '우병우 감싸기'라는 강수를 두었다.

청와대는 우 수석 비리의혹이 폭로된 이후에도 이를 '청와대 흔들기'로 간주하며 침묵으로 맞섰다. 한 청와대 관계자는 〈연합뉴스〉와의 통화에서 '우병우 죽이기의 본질은 임기 후반기 식물 정부를 만들겠다는 의도'라면서 "우 수석에 대한 첫 의혹보도가 나온 뒤로 일부 언론 등 부패 기득권 세력과 좌파 세력이 우병우 죽이기에 나섰지만, 현재까지 우 수석 의혹에 대해 입증된 것이 없다"고 밝혔다. 이때, '부패 기득권 세력' 운운은 〈조선일보〉의 어떤 부패사실을 알고 있으며, 이를 공표하겠다는 암시로 비춰졌다.

2) '문화재단 미르'의 모금과정과 '우병우 비리의혹' 폭로

한편, 〈조선일보〉는 우병우의 비리 폭로와는 별개로 7월 26일에 〈조선일보〉 계열사인 종편 〈TV조선〉 보도를 통해 '청와대 안종범 수석, 문화재단 미르 500억 모금 지원' 내용을 보도하였다. '문화재단

---

8 이명진 · 최재훈(2016.7.18.). "우병우 민정수석의 妻家 부동산…넥슨, 5년 전 1326억 원에 사줬다". http://news.chosun.com/site/data/html_dir/2016/07/18/2016071800238.html.

미르'가 설립되면서 기업들로부터 486억 원에 이르는 거액을 후원받았는데 사실상 청와대의 압력이 있었다는 보도로 안종범 청와대 정책조정 수석이 재단설립과 내부 인사까지 관여한 의혹이 제기되었다. 이후 8월 2일에도 〈TV조선〉 취재팀은 'K스포츠재단 이외에도 380억 원을 모아 줬다는 보도'를 내보냈고, 8월 12일까지 청와대가 두 재단과 연루되어 있다는 의혹을 지속적으로 보도하였다(관련기사: 박 대통령 행사마다 등장하는 미르·케이스포츠). 이 보도들이 '최순실 국정농단 게이트'의 판도라 상자를 연 첫 특종보도였다고 할 수 있다.

하지만 이때만 해도 우 수석 의혹에 가려 이 보도들이 크게 주목받지 못하였고, 파장도 크지 않았다. 그러나 청와대가 3개 부처 장관을 개각하며 우 수석을 재신임하자, 〈조선일보〉는 17일자 사설에서 '검찰은 '우병우 비리의혹' 왜 수사하지 않는가', '이런 맥빠지는 개각'이란 비판을 하였다.[9] 그러자 청와대는 내부에서 우 수석의 비리 의혹을 감찰 중이었던 이석수 특별감찰관이 〈조선일보〉 기자에게 감찰내용을 흘렸다는 내용을 17일 저녁 〈MBC〉 '뉴스데스크' 보도를 통해 내보냈다. 다음 날 〈동아일보〉도 18일자 보도에서 '감찰 착수 당시부터 우 수석의 사퇴를 전제로 감찰을 진행해 공정성을 훼손했다'며 이 특감을 비판했다.[10] 또 19일에 청와대는 직접 나서서 '중대한 위법행위이고, 묵과할 수 없는 사항으로 국기를 흔드는 일'이라며 '배후에 어떤 의도가 숨겨져 있는지 밝혀져야 한다'고 이 특감을 겨냥하

---

9 조선일보(2016.8.17). "이런 맥빠지는 개각". http://news.chosun.com/site/data/html_dir/2016/08/16/2016081603461.html.

10 김도형·장관석·길진균(2016.8.18.). "[단독] 이석수 특별감찰관의 '부적절 행보'". http://car.donga.com/ISSUE/Vote2016/News?m＝view&date＝20160818&gid＝79824976.

였다. 이처럼 청와대가 직접 나서게 된 배경은 이석수 특별감찰관이 '청와대가 바라는 수사의 선'을 넘었다고 판단했고, 우 수석 비리뿐만 아니라 미르재단과 K스포츠재단의 모금 비리를 수사하고 있었기 때문이었다(관련기사: 〈한겨레〉[단독] 이석수 특감, 'K·미르 출연금 종용' 안종범 수석 내사했다).[11]

더 나아가 청와대는 검찰을 움직여 8월 22일 〈조선일보〉를 겨냥하였다. 검찰은 대형비리수사를 전담하는 '검찰 부패범죄특별수사단'을 꾸리고 6월 첫 수사를 시작해 '대우조선해양 비리' 문제를 '이명박 정권'의 핵심인사들과 연결시켜 정권말기 레임덕에 맞서 기업들을 다잡고 부패수사라는 점에서 여론의 지지도 얻으며 차기 대선을 앞두고 당내 친박계의 결집을 꾀하고자 하였다.[12]

대우조선해양을 수사하던 검찰이 8월 22일 박수환 뉴스커뮤니케이션스 대표를 조사하고, 유력일간지 고위간부들과의 친분을 바탕으로 '대우조선해양 사장 연임로비'를 했다는 의혹을 제기하였다. 이때의 유력일간지는 바로 〈조선일보〉였고, 유력언론인은 〈조선일보〉의 송희영 주필이었으며, 기업 사장의 치부를 감싸 준 '부패언론'이라는 프레임하에 '호화요트 접대를 받았다'고 자유한국당의 김진태 새누리당 의원이 실명을 공개하였다.

이후 검찰은 특별감찰관과 〈조선일보〉 기자의 휴대전화를 압수수색했으며, 이 특감은 청와대에 사표를 냈고, 〈조선일보〉는 송희영

---

11 강희철(2016.9.23.). "[단독] 이석수 특감, 'K·미르 출연금 종용' 안종범 수석 내사했다". http://www.hani.co.kr/arti/politics/politics_general/762172.html.
12 정유경(2016.11.3.). 앞의 글.

주필의 사표를 수리하였다. 〈조선일보〉에 재갈을 물리게 되자, 〈조선일보〉, 〈TV조선〉은 '비선실세'에 대한 보도나 '쌍둥이재단' 보도에 침묵하게 되었다. 이후 '비선실세'에 대한 다양한 의혹과 추측이 정계와 재계를 중심으로 떠돌았고, 두 재단을 둘러싼 문제는 국내에선 〈TV조선〉 외에는 보도하는 곳이 거의 없었다. 특히 두 재단의 배경을 깊이 있게 취재한 〈조선일보〉가 후속보도를 중단하면서 국내 언론계는 잠잠해진 듯하였다.

3) 'K스포츠재단'과 '최순실'의 등장

다른 한편으로 〈한겨레〉는 특별취재팀을 꾸려 9월 20일 'K스포츠의 이사장을 실제로 임명한 사람이 박 대통령의 측근인 최순실 씨'라는 청와대 관계자의 증언과 실제로 최씨가 재단 인사에 관여한 정황을 확보해 대대적으로 보도하였다(관련기사: 〈한겨레〉 [단독] 최순실 오랜 지인 '내게 이사장직 제안했지만 거절'… 스포츠 재단이사장 누가 앉혔나[13]/[단독] 최순실, K스포츠 설립 수개월 전 기획단계부터 주도[14]).

〈한겨레〉는 최씨가 체육계의 지인들에게 K스포츠재단의 기획취지를 설명하며 재단 이사장직 등을 제안했다는 다수의 증언을 확보했으며, 집중 취재를 통해 K스포츠재단의 정동춘 이사장이 최순실이 다니는 스포츠마사지센터의 원장으로 최씨와 인연을 맺은 것을 확인하였다(관련기사: [단독] K스포츠 이사장은 최순실 단골마사지 센터장).

---

13 방준호(2016.9.23.). "[단독] 최순실의 오랜 지인 '내게 먼저 참여 제안했지만 거절'". http://www.hani.co.kr/arti/politics/politics_general/761797.html.
14 방준호·류이근(2016.9.23.). "[단독] 최순실, K스포츠 설립 수개월 전 기획단계부터 주도". http://www.hani.co.kr/arti/society/society_general/762409.html.

〈한겨레〉는 정계와 재계, 스포츠계까지 다방면의 취재를 한 달 넘게 진행했고, 최종 확인을 거친 뒤 9월 20일에 첫 보도를 내보냈다.

'최순실'이라는 이름이 본격적으로 대두되면서 그의 배경과 박 대통령과의 관계가 파헤쳐졌다. 최순실은 10.26 뒤 박근혜 대통령 곁을 지키면서 40년간 함께 했으며, 1998년 박근혜 대통령이 정계에 등장했을 때 보좌관이 바로 최씨의 전 남편인 정윤회였다. 박근혜 대통령의 보좌진인 '문고리3인방'이 구성된 것도 이때였다. 아무 직위도 없이 권력의 시스템 밖에 존재한 최순실은 청문회를 거칠 필요도 없이 박 대통령과 국정에 영향력을 행사했던 것이다. 최순실의 이름이 공론화되면서 야당의 공세도 거세졌고, 최씨와 친분이 있는 사람들로 '미르재단'과 'K스포츠재단'의 인사가 채워졌다는 정황이 밝혀지면서 사실상 두 재단의 설립 배후에 최씨가 있었다는 보도들이 나오기 시작하였다. 이와 같은 언론보도에 대응해 9월 22일 박 대통령은 그간의 무대응 원칙을 깨고 정면 돌파에 나서면서 수석비서관회의에서 다음과 같이 언급하였다.

> "이런 비상시기에 난무하는 비방과 확인되지 않은 폭로성 발언들은 우리 사회를 뒤흔들고 혼란을 가중시키는 결과를 초래하게 될 것이다. 국민들의 단결과 정치권의 합심으로 이 위기를 극복해 나가지 않으면 복합적인 현재의 위기를 극복해 나가기 어려울 것이다."
>   – 박근혜 대통령, 22일 청와대 수석비서관회의 기조연설 中

청와대는 그동안 〈한겨레〉 보도를 "언급할 가치가 없다"고 무시해 왔는데, 두 재단의 논란과 최순실의 비선실세 의혹을 두고 '비방'

이라는 입장을 확실하게 밝힌 것이었다. 더 나아가 청와대 관계자는 "최근 논란을 대통령이 청와대를 흔들려는 공세로 보고 있고 분노가 상당하다"고 전하기도 하였다. 청와대의 이와 같은 반응에 대해 전경련이 급하게 수습에 나서 9월 23일 이승철 전경련 상근부회장은 언론과의 통화에서 '두 재단은 기업들이 자발적으로 설립한 것'이며, 안종범 청와대 수석과도 관계가 없다고 부인하였다.

전경련은 청와대의 관여로 기금을 출연했던 사실을 은폐하고자 시도하였으며, 전경련의 발 빠른 진화대응에 23일 황교안 국무총리도 "의혹은 누구든 이야기할 수 있지만 의혹제기에 대해 책임을 져야 한다. 유언비어, 불법에 해당하는 것은 의법조치도 가능한 게 아니냐"며 언론에 압박을 가하였다. 더 나아가 박 대통령은 8월 말에 사표를 냈던 이석수 특감의 사표를 9월 23일에 전격 수리해 그를 민간인 신분으로 만들었는데, 이는 국회 법제사법위원회가 국정감사에서 이 특감을 피감기관증인 자격으로 불러 안종범 청와대 정책조정 수석을 내사한 내용을 질문하려던 9월 30일의 예정을 빠른 사표수리로써 미리 차단하고자 한 것이다.

하지만 청와대의 이러한 대응은 오히려 언론보도를 키우는 계기가 되었다. 일련의 보도가 지목한 것이 최순실 개인의 비리가 아니라 거대한 '권력형 비리 게이트'였음이 서서히 그 윤곽을 드러냈기 때문이다. 〈한겨레〉의 연속보도는 재단의 모금과 연관된 권력형 비리와 청와대가 깊숙이 관여되어 있음을 밝혔는데, 두 재단의 법인 등기와 이사록을 보면, 미르재단과 K스포츠재단이 모은 774억 원의 출연금 가운데 80%가 별도의 관리감독 없이 지출할 수 있는 '운영예산'인 것으로 밝혀졌다.[15] 이는 과거 전두환 정권이 '일해재단'을 만들어 대통령 퇴임 이후를 대비한 '전두환 비자금' 조성목적으로 기업들에게 600여 억원에 달하는 돈을 받았던 대표적인 '5공 비리'를 상기시켰다.

4) '이화여대' 사태와 〈JTBC〉의 특종

'최순실의 국정농단 게이트'는 최순실과 정윤회의 딸인 정유라가 다녔던 이화여자대학교 사태와 맞물려 국민들의 큰 관심을 모으게 되었다. 2016년 7월 이화여자대학교는 교육부의 '평생교육 단과대학 지원사업'에 선정된 이후 학내 논란이 일었다. 최경희 총장은 교육부의 재정지원 사업을 연이어 따냈었고,[16] 2016년 9월 이화여자대학교 학생들은 1,939건의 민원을 국회와 정부에 제기하는 등 정부의 재정 감사와 국회의 국정감사 등을 요구했으며, 9월 말 국정감사에서 정유라의 입학 등 비리가 거론되면서 박근혜 정부의 재정지원과 입학 사이에 연관성을 제기하였다.[17]

2016년 10월 19일에 〈JTBC〉 '뉴스룸'은 최순실의 측근 고영태의 증언을 보도함으로써 박근혜 대통령의 연설문이 최순실에게 넘겨졌음을 폭로하였다(JTBC, 2016.10.19.). 이에 대해 당시 이원종 대통령 비서실장은 국회에서 "봉건시대에도 있을 수 없는 얘기가 어떻게 밖으로 회자되는지 개탄스럽다"라며 연설문 수정의혹이 사실이 아니라

---

15   정유경(2016.11.3.). 앞의 기사 인용.
16   MBN(2016.8.4.). "이대, 평생교육 단과대 백지화 결정…최경희 총장 사퇴론 새 불씨".
17   유현욱(2016.9.13.). "이대 학생들, 총장 해임 반대한 이사장에 '강한 유감민원 제기'". 〈이데일리〉. http://news.naver.com/main/read.nhn?mode=LSD&mid=sec&sid1=102&oid=018&aid=0003629386.

는 취지로 발언을 하였다.[18] 그러나 이후 〈JTBC〉 등의 보도를 통해 최순실이 연설문을 수정한 사실이 확인되자, 이원종 대통령비서실장은 자신은 '사실관계를 몰랐다'고 해명하였으며, 이후 10월 30일에 사직하였다.

〈JTBC〉 '뉴스룸'의 10월 24일 특종보도는 온 국민을 크게 놀라게 하였다. 최순실이 버리고 간 태블릿PC 자료를 근거로 "최순실이 44개의 대통령 연설문을 대통령이 공개적으로 발표하기 전에 받았다"는 보도였다. 여기에는 2014년 3월 28일 독일 드레스덴을 방문해 발표한 드레스덴 선언의 내용을 담은 한글파일의 연설문도 포함되어 있었다.[19] 〈JTBC〉 취재팀의 후속취재 과정을 통해 최순실이 연설문 작성에 관여했을 뿐만 아니라 수많은 청와대 문건이 비선실세였던 최순실에게로 직접 전달되었음이 확인되었다.

이에 대해 10월 25일 박근혜 대통령은 서둘러 대국민담화를 통해 1차 사과를 하였고, 최순실은 10월 27일에 〈세계일보〉와의 단독인터뷰에서 박근혜 대통령이 사과한 정도의 내용만 인정했다. 또한 최순실은 태블릿이 자기 것이 아니라고 주장했으나 〈JTBC〉가 공개한 태블릿에서 최순실의 셀카 사진들이 발견됨으로써 사건의 전말을 은폐, 왜곡하려는 청와대와 최순실의 대응에 대하여 국민적 분노가 일게 되었다. 또한 이 사실이 드러난 이후 네이버 실시간 검색어에 '탄핵'과 '하야'가 오르는 등 박 대통령 퇴진 요구가 일어났으며,[20] 수많

---

18 JTBC(2016.10.19.). "[단독] 최측근의 증언 '최순실, 대통령 연설문 고치기도'". 〈JTBC〉 '뉴스룸'.
19 JTBC(2016.10.24.). "[단독] 발표 전 받은 '44개 연설문'…극비 '드레스덴'까지". 〈JTBC〉 '뉴스룸'.
20 서울신문(2016.10.25.). "'최순실 연설문' 이후 탄핵·하야 등 실검 도배…'국민 분노 비등점 향해'". http://www.seoul.co.kr/news/newsView.php?id=20161025500156.

은 대학생들과 국민들이 박근혜의 퇴진을 요구하는 시국선언이 이어졌다.[21]

이 사건으로 이원종 비서실장과 수석비서관 전원이 사표를 제출하였고, 10월 30일에 청와대는 이원종 비서실장과 우병우 민정수석비서관, 문고리 3인방으로 불린 이재만 총무비서관, 정호성 부속비서관, 안봉근 국정 홍보비서관의 사표를 수리하였다.[22] 또 이 사건과 관련해 최순실은 10월 30일에 독일에서 귀국해 31일 검찰의 조사를 받았다.

검찰은 10월 31일 태블릿 PC에서 최순실 본인의 셀카 이외에도 최순실의 지인 여러 명이 찍힌 사진을 발견했으며, 최순실이 태블릿 PC를 사용했다는 결론을 내리면서 최순실이 거짓말한 이유를 밝히라고 추궁했다.[23] 진실이 밝혀지지 않으면서 박근혜 대통령 역시 검찰의 조사를 받게 되었고 대통령은 유영하를 변호사로 선임하였다.[24] 11월 20일, 검찰은 최순실 등을 기소하였고, '박근혜 대통령도 공범'이라고 밝혔다. 공소장에 적시된 사실들만 보아도 헌법학자들은 탄핵사유가 될 수 있다는 입장을 밝혔으며, 정치권에서는 바로 박근혜 대통령 탄핵 추진에 들어갔다.

---

21 한겨레(2016.10.27.). "성난 대학생들 시국선언 물결…'박근혜 하야', '특검수사'", A10면.
22 노컷뉴스(2016.10.30.). "靑 민정수석에 최재경…우병우 · 안종범 · 문고리3인방 경질(종합)". http://nocutnews.co.kr/news/4676844.
23 매일경제(2016.10.31.). "[단독] 검찰, 태블릿PC서 최순실씨 사용 정황 확인".
24 아시아투데이(2016.11.15.). "박근혜 대통령, 검찰 조사 대비 유영하 변호사 선임". http://view.asiae.co.kr/news/view.htm?idxno=2016111510001227148.

5) 퇴진을 촉구하는 촛불시위와 탄핵 가결

박근혜 대통령 퇴진을 촉구하는 대학생과 교수들의 시국선언이 이어졌다. 10월 26일 서강대와 이화여대를 시작으로 10월 29일까지 전국 40여 개 대학교가 시국선언에 참여했으며, 11월 2일까지 100여 개의 대학교가 시국선언에 참여하였다.[25] 이어서 10월 29일 전국 각지에서 박 대통령 퇴진 시위가 열렸는데, 특히 서울 도심에서는 대규모의 집회가 열렸다. 11월 12일에 '박근혜 정권 퇴진 비상국민행동' 주최로 서울광장에서 열린 집회에는 주최 측 추산 100만 명의 시민들이 운집하였으며, 연이어 11월 19일에도 서울광장에는 100만 명가량의 시민들이 박근혜 정권 퇴진 시위에 참여하였다. 이러한 비상시국적인 집회, 시위는 수차례에 걸쳐 전국적으로 일어났으며, 박 대통령의 지지율은 역대 최하인 5%를 기록하였다.[26]

다른 한편으로 국회에서는 더불어민주당과 국민의당, 정의당의 원내 야3당이 11월 24일, 탄핵안 발의를 논의하였다. 특히 정의당은 박근혜 퇴진을 당론으로 정했으며, 11월 1일 안철수 국민의당 전 대표는 박근혜의 하야를 요구했고, 더불어민주당의 문재인은 박근혜 퇴진을 요구하는 국민의 민심에 공감하지만 정치적인 해법을 찾고자 한다면서 거국중립내각 구성을 거부한 11월 초 박 대통령의 개각 안에 반대하며 사태해결이 불가능하다고 판단되면 비상한 결단을 할 수밖에 없다는 입장을 밝혔다.[27]

---

25 김지훈(2016.11.2.). "시국선언 대학 100곳 돌파…해외 유학생도 동참". 〈한겨레〉.
26 허남설(2016.11.4.). "[속보] 박근혜 대통령 지지율 5%…한국갤럽 조사서 역대 대통령 최저치". 〈경향신문〉.
27 이희진(2016.11.2.). "문재인 '박 대통령 하야' 민심에 공감". 〈노컷뉴스〉.

그림 11.1 박근혜 정권 퇴진을 위한 비상국민행동 촛불시위

출처: 환경운동연합 http://kfem.or.kr

　　정치권과 시민들의 탄핵이나 하야 요구에 박근혜 대통령이 응하
지 않자 2016년 11월 중순에 정치권에서는 탄핵, 하야, 개헌의 세 가
지 방안으로 대통령 조기퇴진운동이 전개되기 시작하였다. 박근혜
대통령 탄핵안은 국회에서 12월 9일에 표결해 234표의 찬성표로 가
결되었으며, 2017년 3월 10일 헌법재판소는 박근혜 대통령의 탄핵을
인용하였다.[28]

---

28 김태종(2017.3.10.). "박 대통령 파면 '권한남용·중대한 헌법위배'…헌정사상 첫 사례(종합2
보)". 〈연합뉴스〉.

3. '최순실 국정농단 게이트' 보도과정 및 내용[29]

1) 〈TV조선〉의 보도

　'박근혜 대통령과 최순실 게이트'의 첫 문을 연 언론사는 미르재단과 K스포츠재단을 둘러싼 권력비리를 탐사보도한 〈TV조선〉이었다. 〈TV조선〉은 이 보도들을 위해 1년이 넘는 기간 동안 사전에 치밀하게 준비하고 기획하였다. 2015년 1월 최순실이 대통령 옷을 만들어 주던 소위 샘플실 영상을 공개하는 등 최순실의 대통령 사생활 관리와 청와대 및 각료 인사개입, 박근혜 정부 국정과제인 문화융성사업 개입과 예산 농단을 영상과 문건으로 추적보도하였다. 특히 〈TV조선〉은 아직 실행되지 않았던 문화융성사업의 틀과 예산이 적

그림 11.2 　〈TV조선〉의 미르재단 특종보도
출처: 〈TV조선〉 7월 26일자 보도화면

---

29 '최순실 국정농단 게이트'를 가장 먼저 보도한 순서대로 언론사의 취재내용과 취재과정을 정리하였으며, 본 내용은 각 언론사 부서에서 제출한 관훈언론상 공적서를 발췌하여 요약, 정리하였다(관훈언론상 권력감시부문 응모자료 중에서, 2016.12.).

힌 문건을 입수하게 됨에 따라 문화융성사업이 거의 그대로 정책에 반영되고 예산이 집행되는 과정을 확인하면서 심층취재를 해 나갔다.

뿐만 아니라 〈TV조선〉은 고(故) 김영한 민정수석의 비망록을 입수해 박근혜 정부가 정치권, 언론, 문화계, 공직사회 등을 과거 권위주의 정권처럼 통제했던 정황을 드러내 대통령의 권력과 청와대 비리문제를 최초로 고발하고자 시도하였다. 특히 전경련이 문화재단인 미르재단에 500여 억 가까운 재단출연금을 내고도 행사를 형식적으로 치른 것을 취재하는 과정에서, 그 배경에 청와대와 최순실이 있다는 사실을 파악하게 되었다.

〈TV조선〉 취재팀은 기업 관계자들을 광범위하게 만난 끝에 안종범 경제수석이 개입되었다는 정황을 파악하고, 또 다른 K스포츠재단이 만들어졌으며, 같은 방식으로 기업에서 돈을 거두어들인 사실을 확인함으로써 '박근혜-최순실' 게이트의 권력형 비리보도를 파헤치기 시작하였다. 보다 구체적으로 2016년 7월 초부터 〈TV조선〉은 김종 차관의 문체부 인사 전횡, 국가 브랜드 졸속 선정과 엉망이 된 국민체조 보도를 통해 배후에 차은택과 비선실세가 존재하고 있음을 보도하였다. 이때만 하더라도 〈TV조선〉의 보도는 다른 언론의 주목을 받지 못했지만, 막상 '최순실 국정농단 사건'에 대한 국민적 관심이 높아지자 최순실과 박 대통령이 직간접적으로 개입된 사실이 모두 확인되었다. 이어서 〈TV조선〉은 7월 26일부터 미르재단과 K스포츠재단을 둘러싼 권력비리('청와대 안종범 수석, 문화재단 미르 500억 모금지원')를 본격적으로 보도하기 시작했다는 점에서 '최순실 게이트'의 문을 열었다고 할 수 있다.

〈TV조선〉은 이어서 K스포츠재단과 관련해 재단 관계자나 대기업 임원들의 증언뿐만 아니라, 일사천리로 처리된 재단설립과정, 조작된 창립회의, 미르재단과 K스포츠재단의 동일한 정관과 창립회의록, 두 재단이 대통령 순방행사에 동원된 점, 대통령 순방 청와대 회의에 미르재단이 주도적으로 나선 상황, 국가 브랜드가 졸속으로 결정된 배경에 차은택이 문화계 황태자로 부상한 정황 등 연속적인 추적보도를 통해 청와대와 비선실세의 개입정황을 속속히 파헤쳤다. 이러한 〈TV조선〉의 보도는 2016년 국정감사에서 최대 쟁점으로 부상하였고, 근거자료로도 활용되었다.

한편, 7월 26일 〈TV조선〉이 단독으로 보도한 '청와대 안종범 수석, 문화재단 미르 500억 모금지원', '재단법인 미르, 30개 기업이 486억 냈다', ''미르재단' 설립부터 미스터리… 이유는?' 뉴스가 나간 이후에, 〈MBN〉 방송과 〈한겨레〉, 〈JTBC〉, 〈KBS〉, 〈경향신문〉, 〈세계일보〉, 〈한국일보〉, 〈국민일보〉, 〈동아일보〉, 〈중앙일보〉, 〈조선

[표 11-1] 〈TV조선〉 뉴스쇼 '판'의 단독보도 내용

보도일자	보도제목
8/2	• 400억 모금한 기업들…팔 비틀렸나? • 미르와 케이스포츠, 한뿌리 쌍둥이?
10/25	• 최순실, 민정수석실 인사에도 개입했나? • 정부각료 최순실 씨에게 현안보고 인사청탁 • 최순실 손에 순방일정표, 대통령 옷 맘대로 결정 • 청와대 2부속실 행정관들 최순실 상전 모시듯 • 박 대통령 중국 순방 당시 전통의상도 최순실 작품 • 박 대통령, 국제 행사서도 '최순실 의상' • 최순실 포착…'이런 거 찍지 마세요' 격한 반응

일보〉 등 거의 모든 언론들이 이 사건을 연이어 보도하기 시작하였다. 이후 〈TV조선〉이 보도했던 [단독] 후속기사들을 살펴보면 [표 11-1]과 같다.

〈TV조선〉의 단독보도 이후, 국내 신문사들과 방송사들은 모두 '최순실과 미르재단, K스포츠재단' 관련 후속보도를 연이어 추적해 나감으로써 국민적 공분과 '최순실-박근혜 게이트'에 대한 탄핵여론을 확산시킬 수 있었다.

기자들은 언론사 내부적 상황뿐만 아니라 늘 다른 언론사들과의 취재경쟁에 놓여 있다. 그럼에도 불구하고 그들은 진실규명을 위한 동업자로서의 사명을 함께 수행하기도 한다. 〈TV조선〉의 바통을 이어받아 〈한겨레〉가 취재팀을 꾸려 더욱 적극적으로 보도하게 된 계기는 어쩌면 〈TV조선〉의 포괄적이고도 촘촘했던 취재에 자극받았기 때문이었는지도 모른다. 또한 여론을 선도했던 언론사가 여러 가지 이유로 후속보도를 적극적으로 내보내지 않는 점을 문제삼고, '최순실 게이트'를 더욱 적극적으로 파헤치는 것으로 〈한겨레〉의 보도는 시작되었다고 해도 과언이 아닐 것이다. '두 번째 펭귄'의 멋진 다이빙이 다른 펭귄들을 권력형 비리게이트라는 탐사의 바다로 모두 뛰어들게 한 것이었다.

2) 〈한겨레〉의 보도[30]

　〈한겨레〉 신문이 '최순실 게이트' 취재를 위해 취재팀을 꾸린 것은 2016년 9월 1일이었다. 당시에는 언론사들이 우병우 민정수석과 관련한 비위사실을 보도하고 있는 상황이었다. 〈한겨레〉 정치부, 경제부, 사회부 기자들이 모인 취재팀은 우 수석 취재과정에서 미르재단과 K스포츠재단 설립 및 자금 출연과정에서의 심각성을 접하게 되었고, 정상적이지 않은 일련의 과정에 대하여 합리적 의심을 하게 되었다고 한다(김의겸, 2016). 〈한겨레〉는 9월 20일자, '대기업 돈 288억 걷은 K스포츠재단 이사장은 최순실 단골마사지 센터장'이라는 1면 보도를 통해 '최순실'이라는 이름을 수면 위로 끌어올렸다.

　연이어 〈한겨레〉는 9월 22일 1면에, '이석수 특감, '두 재단 출연금 종용' 안종범 수석 내사했다'를 보도함으로써 안종범이라는 인물을 연결고리로 보고 결국 청와대가 수사대상이 되어야 함을 사건 초기에 보도하였다. 〈한겨레〉는 이와 함께 '최순실, K스포츠 설립 3개월 전부터 재단참여 권유했다'라는 보도를 9월 23일 1면에 게재함으로써 최순실이 지속적으로 재단사업에 관여한 사실을 밝혀냈다.

　〈한겨레〉가 주도한 기사 가운데는 최순실의 딸 정유라와 관련된 '이화여대 특혜입학 및 재학 중 특혜' 보도도 있었다. 9월 27일 1면 보도는 '딸 학교 교수까지 갈아치운 '최순실의 힘'' 기사를 통해 최씨의 성정을 보여 주었으며, 동시에 이대 특혜의 실상을 파헤쳤다. 이

30　김의겸(2016.11.10.). "대기업 돈 288억 걷은 K스포츠재단 이사장은 최순실 단골마사지 센터장", "이대, 최순실 딸 위해 학칙 뜯어고쳤다" 등 다수 특종보도. '관훈언론상' 공적서, 권력감시 부문, 공적 내용 요약, 발췌함. pp.47-54.

그림 11.3 〈한겨레〉의 K스포츠 재단과 최순실 관련 첫 보도
출처: www.hani.co.kr(2016.9.20.) 1면

후 '이대, 최순실 딸 위해 학칙 뜯어고쳤다'를 9월 29일자 1면에서 다루었고, 10월 13일자 1면의 보도에서는 '금메달 가져온 학생 뽑으라, 최순실 딸 콕 집어 뽑은 이대'를 보도함으로써 이대 학생들뿐만 아니라 전 국민의 분노를 사게 하였다. 이화여대는 이를 계기로 설립 130년 만에 처음으로 총장이 사퇴하게 되었다.

〈한겨레〉는 최순실 국정농단과 관련한 보도를 연이어 강도 높게 게재하였다. '대기업 문건에 미르재단 청와대가 주관'이라는 보도를 9월 30일 1면에 실었으며, 최순실-재단설립-청와대라는 삼각 고리에 대한 관심을 환기시키는 기사였다. 〈한겨레〉 보도는 청와대가 재단설립 과정에 개입했다는 문건을 증거로 제시하였으며, 이 보도는 결국 미르와 K스포츠재단의 해산을 전격적으로 결정하기에 이른다. 더 나아가 '미르·K 문건 없애라, 재단해체 잇단 증거인멸' 보도를 10월 1일자 1면에 게재하였고, '문화계 황태자, 차은택 후배가 미르

그림 11.4 〈한겨레〉의 '최순실 게이트' 관련 특종보도
출처: http://img.hani.co.kr/imgdb/resize/2016/1102.

사무실 계약'(10월 6일자)을 보도하는 과정에서 3년 전 최순실 딸 문제로 좌천한 공무원들을 박 대통령이 아예 퇴직시킨 내용을 다룬 '이 사람이 아직도 있어요?'라는 10월 12일자 1면 보도를 통해, 비선실세의 힘이 어느 정도였으며 박근혜 대통령이 어떤 상황이었는지를 상징적으로 보여 주었다.

〈한겨레〉는 또한 10월 22일자 1면에 '최순실 한마디에, 청와대, 대한항공 인사까지 개입' 등의 단독보도로 초헌법적인 권한을 행사하고 있다는 것을 보여 주었다. 〈한겨레〉가 최순실의 독일 행적에 대한 프랑크푸르트 현장보도를 시작함으로써 최씨가 사실상 재단을 사유화하고 있다는 사실이 드러났으며, 'K스포츠, 최순실 딸 독일 숙소

구해 주러 동행했다'(10월 17일자, 1면), '독일, '비밀의 성'에 꼭꼭 숨은 최순실 모녀' 등의 보도는 18일에 보도되면서 사실을 드러내고 다급하게 현장의 증거를 인멸하려고 한 정황 등을 상세하게 노출시켰다.

김의겸 선임기자는 '관훈언론상' 공적서에서 무엇보다 〈한겨레〉가 결정적으로 보도한 내용은 세 건의 단독인터뷰라고 자평하였다. '최순실, 정호성이 매일 가져온 대통령 자료로 비선모임'(10월 26일자, 1면)과 뒤이은 '최순실 지시로 SK 찾아가 80억 요구 안종범 수석, 며칠 뒤 어찌 됐냐 전화'(10월 27일자 1면), '최순실·안종범 합작, 수사 앞둔 롯데에 70억 더 걷었다'(10월 28일자 1면) 등의 보도는 최씨가 국정농단뿐만 아니라 청와대의 힘을 빌려 우리 사회의 근간을 흔드는 농단 정황을 보여 주었다. 특히 이번 게이트의 핵심인물인 전 미르재단 사무총장과 K재단 사무총장의 증언과 취재를 바탕으로 한 〈한겨레〉의 사실보도는 검찰 수사의 물적 토대를 제시해 주었다. 더 나아가 〈한겨레〉는 10월 31일자 1면에서 최순실 검찰 출두와 동시에 '최순실, 귀국 전후 조직적 증거인멸, 짜맞추기 의혹'을 제기하였고, '최순실, 장관 출입 '11문'으로 청와대 드나들었다'(11월 1일자 1면) 등의 단독보도를 함으로써 이를 바탕으로 검찰은 참고인 신분이었던 안봉근 비서관을 피의자 신분으로 전환하게 되었다.[31]

---

31   김의겸(2016.11.10.). 앞의 글, p.49.

3) 〈JTBC〉의 보도[32]

〈JTBC〉 뉴스팀이 '최순실 국정농단 게이트'와 관련해 취재하기 시작한 것은 9월 말이었다. 취재 착수는 다른 언론사에 비해 다소 늦었지만 대기업-전경련-미르재단-청와대-차은택-최순실에 이르기까지 서로를 잇는 비선실세의 연결고리를 드러내는 데 있어 결정적인 역할을 수행하였다. 그때까지는 전경련이 대기업에 강제 모금한 정황부터 청와대의 배후 의혹 그리고 비선 국정 개입까지가 명확하게 노출되지 않았었다.

〈JTBC〉 취재진은 탐사보도를 위해 차은택 회사와 미르재단, K스포츠재단의 관계자들을 모두 찾아다녔고, 직원들을 인터뷰했다. 차은택 측근 김홍탁으로부터 "차 감독이 회사 돈줄이 재단이라고 했다"는 녹취 파일을 입수해 단독보도를 했다. 이후 전경련이 광복 70주년 행사를 청와대 지시로 대기업에서 돈을 받아 진행했다는 내용을 보도했으며, 결정적인 '최순실 PC파일 입수… 대통령 연설 전 연설문 받았다'라는 단독보도를 함으로써 최순실의 국정개입을 확인해 주었다.

특히 〈JTBC〉 취재진은 미르재단 핵심 관계자를 오랜 시간 설득 끝에 만난 후, 대통령 가방을 만들었다는 아시안 게임 금메달리스트 고영태의 존재에 대해 듣고 고씨를 취재하기 시작했으며, 고씨가 차은택을 최순실에게 소개했다는 사실을 확인하면서 차은택-고영태-최순실이 이권을 챙기기 위해 만들었던 회사들도 하나씩 윤곽이 드

---

32 손용석(2016.11.10.). [단독] 최순실 PC파일 입수…대통령 연설 전 연설문 받았다 등 '관훈언론 상 공적서'. 권력감시 부문. 공적 내용 요약. 발췌함. pp.41-45.

러나기 시작했다. 이러한 취재를 통해 〈JTBC〉는 10월 18일에 '[단독] K스포츠 설립 전 회사 창설… 개인 돈벌이 정황' 방송을 통해 '최순실 씨 개인회사 더블루K'를 보도하였다.

취재진이 확보한 인터뷰 증언 가운데는 고영태가 "최씨가 대통령 연설문도 고친다더라고요" 하는 증언이 있었다. 이는 충격적인 내용으로 확인이 필요했는데 최순실이 사용했던 태블릿PC를 입수한 것이 결정적인 증거가 되었다. 최씨가 사용했던 태블릿PC에는 셀카 사진부터 대통령의 미공개 휴가사진, 심지어 대통령 연설문과 국가 기밀 문건까지 담겨 있었다. 열람시간을 확인한 결과 최씨는 이 모든 파일을 사전에 받았으며, 셀카 사진이 최씨가 맞다는 전문가 분석과 최씨가 태블릿PC를 사용했다는 증언까지 확보했다.

특히 〈JTBC〉 취재팀은 태블릿PC가 불러올 사회적 파장을 고려해 최씨의 PC가 아닐 수도 있는 수많은 가능성을 검토하기 위해 200개가 넘는 파일의 흔적을 분석해 나갔으며, 이를 뒷받침할 만한 작성자 아이디와 이메일 등을 확인했고, 파일분석 이후 보도를 하나씩 준비해 갔다. 최순실의 국정개입을 뒷받침할 만한 파일내용들이 전부였지만 한꺼번에 보도하지 않은 전략이 〈JTBC〉 '뉴스룸'으로 하여금 모든 언론의 주목과 여론의 향방을 몰아가는 데 영향을 주었다.

10월 23일, '뉴스룸' 보도에서는 대통령 연설문 수정에 대한 정황을 갖고 있다며 다음 뉴스를 암시했으며, 월요일인 10월 24일에 '대통령 연설문 수정'과 화요일인 10월 25일에 '국가기밀 사전 입수' 순서로 보도를 준비했다.

10월 24일, '최순실, 대통령 연설문 사전에 받아'가 보도된 다음 날 대부분의 주요 일간지 1면에는 '〈JTBC〉에 따르면'이라는 인용보도가 나가기 시작했고, 일부 언론사에서는 사설에도 인용해 근거로 삼기도 했다. 대부분의 주요 일간지는 다음 날 추종보도를 했으며, 방송사들의 경우도 보도한 날에 리포트를 제작해 방송으로 내보냈다. 청와대는 빠르게 대응하였다. 다음 날 바로 대통령이 사과했는데 헌정사상 이는 본인의 잘못으로 대통령이 사과한 첫 사례였다. 대통령은 사과문을 통해서 최씨의 개입은 연설문과 홍보에 그친다고 선을 그었다.

하지만 취재진은 사과 당일 '최씨, 국가기밀 문서도 사전입수' 보도를 이어갔다. 최순실의 국정농단 파문이 계속 커지자 다음 날 〈세계일보〉 보도에서 최씨는 인터뷰를 통해 "태블릿PC가 자신의 것이 아니다"라고 부인했다. 이에 대해 〈JTBC〉는 최씨의 '셀카 사진'과 태블릿PC를 사용한 곳이 대선 당시 최순실의 비선캠프였던 '마레이컴

그림 11.5 〈JTBC〉의 최순실 태블릿PC 특종보도
출처: 〈JTBC〉 '뉴스룸' 10월 24일 보도화면.

퍼니'라는 것을 공개하였다. 〈JTBC〉는 태블릿PC를 치밀하게 분석하고 사실을 확인한 후에도, 이를 하나씩 공개함으로써 대부분의 언론들은 화요일부터 〈JTBC〉 '뉴스룸'을 주목하였고, 타 매체들은 추종보도를 할 수밖에 없었다. 혹자는 이러한 보도방식을 상대대응에 따라 대처하는 '신개념보도'라고 칭하기도 하였다.

10월 25일, 보도 하루 만에 대통령이 사과한 이후에 검찰 수사는 빠르게 진행되었고, 청와대 압수수색도 진행되었다. 최순실은 검찰 포토라인 앞에 섰고, 최씨 파일에 관련된 청와대 핵심 실세는 구속되었다. 대통령은 재차 사과했지만, 11월 5일부터 광화문 광장에는 20만 명에 달하는 시민들이 촛불을 들고 모여 대통령 하야와 탄핵을 외치기 시작했다.

〈JTBC〉 사회2부 손용석 부장 및 특별취재팀이 '관훈언론상' 공적서에 제시한 보도내용에 따르면, '끝날 때까지 끝난 게 아니다'라는 목표로 취재진은 유출된 문건의 경위는 어떻게 되는지, 최씨의 국정 개입은 어디까지인지 남아 있는 현장을 꼼꼼하고 치밀하게 추적하며, 대통령과 최순실을 잇는 퍼즐을 맞추고자 후속보도를 계속 이어 갔다. [표 11-2]는 〈JTBC〉가 최순실 국정농단 게이트와 관련해 '단독'으로 보도한 날짜와 기사 제목, 담당기자 그리고 방송시간을 정리한 목록이다.

한편, '최순실-박근혜 게이트'의 열쇠를 푸는 데 결정적 증거가 된 최순실의 태블릿PC 입수경위에 대하여 일부 정치권에서 각종 의혹을 제기하며 '논점 흐리기'에 나서자, 〈JTBC〉는 '뉴스룸'을 통해 최순실 태블릿PC의 입수경위와 확인과정, 그리고 각종 루머의 팩트 체크

[표 11-2] 〈JTBC〉 '뉴스룸'의 최순실 게이트 관련 보도기사 목록

보도 일자	보도제목	담당기자	방송시간
10/19	• 최측근의 증언 '최순실, 대통령 연설 문 고치기도'	심수미	10-19-20:35
10/24	• 최순실 PC파일 입수-대통령 연설 전 연설문 받았다	김필준	10-24-20:33
	• 발표 전 받은 '44개 연설문'…극비 '드레스덴'까지	김태영	10-24-20:42
	• 국무회의 자료·첫 지방자치 업무보 고도 사전에…	박병현	10-24-21:01
	• '비서진 교체'도 사전 인지…작성자 는 대통령 최측근 참모	손용석	10-24-21:09
	• 최순실 측 '청와대 핵심문건 수정' 정황 포착	이희정	10-24-21:12
10/25	• 최순실, MB와 '당선인 독대' 시나리 오도 받아	심수미	10-25-20:52
	• '북 국방위 비밀접촉' 안보 기밀도 최순실에게	남궁옥	10-25-21:04
	• 최순실, 청와대 인사·정부 조직에 도 개입 정황	최규진	10-25-21:12
	• 최순실, 대통령 취임식 대행사 선정 개입 의혹	박병현	10-25-21:29
	• 취임식 한 달 전, 최순실 파일에 '오 방낭' 등장	김필준	10-25-21:31
	• 공개 안 된 박 대통령 '저도 휴가' 사 진도 등장	윤샘이나	10-25-21:40
10/26	• 최순실 태블릿PC…새로 등장한 김 한수 행정관	김필준	10-26-20:51
	• 후보 때 활동한 김한수 행정관…별 명 '한팀장'	박병현	10-26-20:58
	• 태블릿PC로 본 최순실, 사실상 '비 선 캠프 본부장'	이희정	10-26-21:01

10/26	• '최순실 파일' 작성자 아이디는 정호성 비서관	이가혁	10-26-21:12
	• 또 다른 아이디들… '작성·유출' 조직적 시행?	이선화	10-26-21:17
	• 민감한 외교 사안까지…'일본 특사에 독도 언급 마라'	서복현	10-26-21:26
10/28	• 최순실, '창조경제타운' 홈피 시간도 미리 받아	김태영	10-28-20:11
10/30	• 최순실 태블릿에 '대포폰' 추정업체…핫라인 유지?	김필준	10-30-21:09
10/31	• 개입 안 했다? 두 달간 '문자'에 담긴 거짓말 증거	박병현	10-31-20:40
	• 최순실 회사 전 대표, 안종범·김종과 '통화'도	김태영	10-31-20:47
	• 태블릿에 외조카 등 사진도…최씨 사태와 연루	김필준	10-31-21:05
	• '김한수, 최씨를 이모로 불러'…청와대 발탁에 입김?	서복현	10-31-21:11

까지 집중적으로 보도하였다. 국정농단 국정조사에서 이완영·하태경 등 새누리당 의원들이 〈JTBC〉의 태블릿PC 입수과정에 각종 의혹을 제기했기 때문이었다.

최순실의 태블릿PC를 입수한 심수미 〈JTBC〉 기자는 12월 8일 '뉴스룸'에서 "누군가 (태블릿PC를) 줬다는 건 정말 전혀 사실이 아니다. 이는 아마도 저희 보도에 정치적인 배경을 연결시키려고 하는 의도가 있는 걸로 보인다"고 말했으며, '처음 태블릿을 발견한 건 지난 10월 18일'로 발견 장소는 서울 강남구 신사동 더블루K 사무실이었다고 밝혔다. 심수미 기자는 더블루K 독일 등기를 공개하며, "최순실 씨와 딸 정유라 씨가 주주로 올라와 있는 것을 확인한 뒤 그 길로 더블루K 강남 사무실로 취재기자가 가서 건물관리인의 허가를 받고 빈 사무실에 들어갔다"고 하였다.

또 〈JTBC〉 취재팀은 10월 5일에 고영태를 만났고, 이후 최순실의 차명회사를 집중 추적하여 비텍과 더블루K의 주소지가 같다는 것을 확인했으며, "당시 건물 관리인은 다른 언론사에서 찾아온 기자가 한 명도 없었다"고 밝혔다. 심수미 기자는 '빈 사무실에 남겨져 있던 책상에는 태블릿PC와 월세계약서, 사업자등록증 등이 있었으며', 왜 태블릿PC가 거기에 있었으며, 파기되지 않았는지에 대해서는 '그건 정말 주인이 아마도 밝혀야 할 부분'이라고 답한 뒤 "현재 검찰은 태블릿PC를 최순실 씨가 2012년부터 2014년까지 쓴 걸로 보고 있다"고 말했다. 2014년까지 쓰다 서랍 안에 놔둔 뒤 태블릿PC의 존재 자체를 잊고 급하게 사무실을 정리하는 과정에서 폐기를 못했을 것이라는 추측이었다.

〈JTBC〉는 '관리인도 당초에는 태블릿PC가 그곳에 있었다는 것을 몰랐을 상황이었기 때문에 제보를 할 수가 없었던 것'이며, 내부 회의를 거쳐서 태블릿을 가져와 복사를 한 뒤 검찰에 제출하기로 결론을 내렸던 것이었다. 〈JTBC〉의 서복현 기자는 '최순실의 태블릿PC는 정호성 전 비서관의 기밀 유출혐의의 핵심적 증거물'이라고 밝힌 뒤 "이 기밀 유출혐의는 박 대통령의 탄핵안에도 이미 포함돼 있다"고 했으며, 최순실의 PC가 아닐 수도 있다는 일부 의혹제기에 대해서도 "검찰이 IP주소를 확인한 결과 최순실 씨가 이동할 때마다 태블릿PC도 같은 동선을 따라 움직인 사실이 확인됐다"고 밝혔다.

무엇보다 〈JTBC〉는 태블릿PC 입수 경위를 둘러싼 논란이 국정 농단 사태의 본질을 흐리고 있다고 경고했으며, 2014년 정윤회 문건 사건 때도 이런 양상이 있었음을 강조하였다. 〈JTBC〉가 이렇게 최순실이 사용했던 태블릿PC라는 결정적 증거물을 확보해 이를 치밀하게 분석했을 뿐만 아니라, 취재내용을 한꺼번에 공개하지 않고 청와대의 대응에 따라서 증거물을 제시, 진실보도를 했다는 점에서 수많은 시민들이 지지와 성원을 보냈다. 이에 따라 2016년 12월 6일 닐슨코리아 유료방송 가입가구 기준 〈JTBC〉 '뉴스룸'의 시청률은 10.04%까지 상승했다.

종합편성채널의 메인뉴스 프로그램이 두 자릿수 시청률을 기록한 것은 개국 5년 만에 처음이었으며, 동 시간대 〈SBS〉 '8 뉴스'는 5.4%, 〈MBC〉 '뉴스데스크'는 4.9%의 시청률(지상파의 경우 전국가구 기준)을 기록했고, 〈MBN〉 '뉴스 8'은 3.54%, 〈TV조선〉 '뉴스 판'은 3.28%의 시청률을 기록했다.[33] 더 나아가 12월 8일에 〈JTBC〉는 종편방송사로서 최고의 보도시청률인 10.73%(닐슨코리아 유료방송 가구 기준)의 기록을 세웠다.[34]

---

33 정철운(2016.12.7.). "손석희 '뉴스룸', 마의 시청률 10%마저 넘었다". 〈미디어오늘〉. http://news.naver.com/main/read.nhn?mode=LSD&mid=sec&sid1=102&oid=006&aid=0000084145.

34 정철운(2016.12.9.). "손석희 '최순실 태블릿 입수경로 의혹? 기가 막힌다'". 〈미디어오늘〉. http://news.naver.com/main/read.nhn?mode=LSD&mid=sec&sid1=102&oid=006&aid=0000084188.

4. '최순실 국정농단 게이트' 보도의 의미

'최순실 국정농단'의 실체가 밝혀지기까지는 언론의 역할이 컸다. 특히 많은 언론사 가운데 '2016년 관훈언론상'을 공동으로 수상한 세 곳은 언론인들과 언론학자들이 심사숙고해 선정한 보도라고 할 수 있다. '2016년 관훈언론상'의 본심심사평을 작성한 양승목 교수(서울대 언론정보학과)에 따르면, 권력감시(Watch dog) 부문에 추천된 후보작들이 압도적으로 탁월했다고 하였다. 〈TV조선〉의 보도는 2016년 한국 사회를 뒤흔든 최순실의 국정농단 사건, 이른바 '최순실 게이트'의 문을 열었고, 〈한겨레〉의 보도는 최순실을 국정농단의 무대 위에 올렸으며, 〈JTBC〉의 '뉴스룸' 보도는 국정농단의 '스모킹건'을 제시했다고 평가하였다. 이 기사들로 인해 최순실 등에 의한 국정농단 실체는 백일하에 드러났고, 역사상 최대 규모라는 촛불시위를 낳았으며, 결국에는 국회의 대통령 탄핵에 이르게 되었던 것이다.[35]

'2016년 관훈언론상' 권력감시 부문의 예심을 담당했던 손영준 교수(국민대 언론정보학부)도 선정된 세 건은 모두 2016년 하반기에 대한민국을 뒤흔들었던 최순실 국정농단 사태를 파헤침으로써 한국 언론사에 길이 남을 기념비적인 취재였다고 평가하였다. 그는 "〈JTBC〉의 태블릿PC 파일 공개는 최순실 국정 개입사태에 대한 결정적 증거를 제시했다는 점에서 사회에 큰 충격을 주었으며, 〈한겨레〉 특별취재팀의 기사는 비선실세 최순실의 이름을 전면에 등장시

35　양승목(2017.1.2.). '2016 관훈언론상 본심심사평'. http://www.kwanhun.com/page/brd_view.php?idx=40594&startPage=0&listNo=33&table=cs_bbs_data&code=event5.

켰을 뿐 아니라 정유라의 이화여대 특혜 보도로 공론을 형성하는 데 기여를 했다"고 보았다. 또 〈TV조선〉은 미르·K스포츠재단의 비리를 고발한 첫 언론사였다는 점과 최순실 관련 동영상을 확보한 기자들의 취재노력이 돋보였음을 강조하였다.[36]

이처럼 〈JTBC〉·〈한겨레〉·〈TV조선〉의 '최순실 국정농단 게이트' 관련 보도들은 대규모 국민 저항과 박근혜 대통령 탄핵안 가결에 이르기까지 최순실 국정농단 전말을 파헤친 주요 보도들로서 대한민국의 용기 있는 보도사례로 꼽기에 손색이 없다. 특히 정치권력의 정점에 해당하는 대통령과 청와대 비리 문제를 정면으로 고발해 언론 본연의 권력 감시 기능을 충실하게 수행했다는 점에서 최순실 국정농단 사태를 처음으로 보도한 〈TV조선〉 취재팀의 용기와 〈한겨레〉의 끈질긴 탐사 보도 자세는 높이 살 만하며, 또 무엇보다 이 사건의 실체와 진실 규명에 있어 〈JTBC〉는 국정개입 증거물인 태블릿PC를 숨김없이 정직하게 공개함으로써 박근혜 대통령의 사과를 최초로 이끌어 냈기 때문이다. 소위 언론의 '물적 증거' 앞에서는 권력도 무력할 수밖에 없음을 보여 주는 보도사례였다.

결국, 이번 보도사례들이 우리에게 시사하는 바는 언론사들은 본연의 사명인 감시견(watch dog)의 역할에 충실해야 한다는 점이다. 언론사 간의 공조체제나 진실을 향해 뛰어드는 용기 있는 불굴의 취재정신이 권력을 감시해 나감으로써 국민의 알 권리를 충족시켜 줄

---

36 손영준(2017.1.2.). '2016 관훈언론상 권력감시 부문 예심심사평'. http://www.kwanhun.com/page/brd_view.php?idx=40594&startPage=0&listNo=33&table=cs_bbs_data&code=event5.

뿐만 아니라, 우리 사회가 나아갈 방향에 대한 전조등과 같은 역할을 정직하게 수행할 수 있다는 점이다. 언론사들이 '사실(facts)' 발굴에만 머물지 않고 증거를 검증해 나가면서 실체적 진실을 드러내는 등불의 역할을 수행할 때, 불의한 정권을 심판하고, 사회를 변화시키는 데 일조할 수 있다는 교훈을 주었다고 본다. 지금 이 시대의 정직한 언론이 갖추어야 할 덕목들을 세 언론사들의 취재과정과 보도내용, 보도태도에서 엿볼 수 있었다고 평가해도 가히 지나치지 않을 것이다.

에필로그: 차세대 언론인들을 위하여

이 책은 정직한 언론보도에 대한 역사적 사례 고찰을 통해 언론의 사회적 역할과 진실 보도의 중요성을 재확인하고자 집필되었다. 이 책은 언론이 사회적 감시자의 역할을 올바르게 수행한다면 사회적 정의와 민주주의를 구현하는 데 이바지할 수 있다는 믿음을, 구체적인 역사적 사건을 통해 제시하고자 했다. 비록 아주 제한적인 사례들을 선정했지만 언론 역사에 남을 만한 사건들의 일부 내용을 중심으로 각 사건과 보도에 대한 구체적인 취재배경 및 보도내용, 취재과정들을 고찰함으로써 진실한 보도, 정직한 보도는 어떻게 탄생하는가를 탐색하였다.

이 책에서 다룬 국내외 언론보도 사례들은 불의와 타협하지 않고 권력에 굴복하지 않는 '용기 있는' 작가 혹은 언론인들이 역사에 남긴 족적들이다. 그들은 정직한 언론보도를 통해 공익을 위해 개인의 희생을 무릅쓰고 결정적인 정보를 제공하는 '내부고발자' 혹은 시민제보자들의 언론에 대한 믿음이 얼마나 중요하지를 보여 주었다. 공중(시민)은 믿을 수 있는 언론과 언론인에게 거대 권력의 비리를 제보하는 경향이 있었으며, 사회 정의를 위해 불의와 부정을 고발하고 파헤치는 언론인의 탐사보도는 언론에 대한 독자들의 신뢰를 더해 주었다.

열 편의 사례를 통해 저자가 깨달은 '정직한 언론'이란 결국 독자 혹은 시청자들이 '믿을 수 있는 언론'인 것이다. 이제까지 언론학자들이 강조했던 언론의 공정성, 객관성, 균형성이라는 보도의 원칙이나 뉴스가치들에 앞서, 언론인들이 '정직함(honesty)'과 '용기'의 덕목을 갖추지 못한다면, 정보원(source)이나 독자에게 신뢰받는 '세상을 바꿀 만한 기사'를 생산하기 어렵다는 점을 추론할 수 있었다. 언론인에게 정직함이란 뉴스취재와 기사작성, 보도과정에서 '진실되고, 솔직한' 자세를 견지하는 것이라고 할 수 있다. 정보원을 보호하되 사실 확인에만 머물지 말고, 철저히 정보를 추적, 검증하고, 선정적인 추측이나 가정을 지양하며, 날조된 것, 은폐하고자 하는 것들을 들춰내며, 기만 없이 취재과정과 취재된 사항을 솔직하고 투명하게 보도할 수 있어야 한다. 무엇보다 부패한 거대 권력이 진실을 덮으려고 할 때, 언론은 이를 파헤쳐야 하는 것이다. 또 부당한 부의 축적과 권력이 함께 간다면, 그 연결고리를 투명하게 비춰 주는 것도 언론의 몫이다. 국가권력의 감시도 예외는 아니다. 언론인들은 '안보'나 '국익'을 내세우는 베일 뒷면에는 음모에 능통한 권력자들이 자리잡고 있음을 주시해야 한다. 디지털사회에서 개인의 자유를 침범하고, 불법적 수단을 동원해 무차별적인 감시남용을 저지른 미국의 국가권력을 폭로한 스노든(Snowden)의 용기 있는 행동과 이를 탐사보도한 〈가디언〉과 〈워싱턴포스트〉의 사례는 우리에게 시사하는 바가 크다.

글렌 그린월드(Glenn Greenwald)가 강조했듯이, 시대와 국가를 막론하고, "힘있는 세력은 도전하기에 매우 강력해 보이며, 현상유지에 기득권이 걸린 집단은 항상 많다. 하지만 우리가 어떤 세상에서 살기를 원하는지 결정할 수 있는 사람은 은밀하게 일하는 소수의 엘리트가 아니라 다수의 일반이다. 사고하고 결정하는 능력을 촉진하는 것, 이것이 내부고발자가, 활동가가, 정치적 저널리스트가 추구하는 목적이다".[1] 그나마 다행인 점은 정직한 언론사례들이 보여 준 바와 같이, '진실 은폐'는 수렁과 같아서 불의한 세력들이 자신들의 행위를 부인(否認)할수록, 진실을 덮을수록 수렁에서 벗어나지 못하고 나락으로 빠져들게 된다는 것이다.

정직한 언론보도들은 우리에게 아픈 역사적 진실과 언론의 역할에 대해 의미 있는 교훈을 제시하고 있다. 언론은 무수한 사건을 통해 당대의 역사를 낱낱이 기록해 주는데, '정의롭지 못하고', '정직하지 못한' 언론사와 언론보도 역시 역사에 그대로 남는다는 점이다. 정부에 대한 비판적 보도를 습관적으로 피하고 공익에 기여하지 못하는 언론은 과거든 현재든 아무리 주류언론이라고 하더라도 독자와 시청자의 신뢰를 받지 못한다는 점도 이 책이 줄 수 있는 소박한 교훈이라고 생각한다.

언론과 언론인이 생산하는 뉴스보도는 개별적인 현실을 구성하며, 광범위한 조직과 기관에 영향을 미친다. 하지만 언론 자체도 사회적 제도이기 때문에 뉴스보도는 개인의 작업 결과가 아니라 뉴스룸이나 언론사의 다양한 입장 등에 영향을 받는다. 따라서 차세대 언론인들은 언론인의 개인적인 역할인식도 중요하지만, 기자들이 속한 보도국 구조나 조직·제도의 패턴이 언론인의 취재활동에 영향을 미

---

1 글렌 그린월드(2014). 박수민·박산호 역. 『더 이상 숨을 곳이 없다』. 모던타임스. p.330.

친다는 점을 인식해야 할 것이다.

더 나아가 언론이 "객관적이고 공정해야 한다"는 명제는 이론상으로는 그럴듯하지만, 프로페셔널 저널리즘에서 이를 준수하기란 결코 쉽지 않다. 공적 커뮤니케이션에서 공정한 보도를 보장하기 위한 전문적인 기준과 언론의 사회적 책임은 항상 중요하지만, 언론이 독자에게뿐만 아니라 정보원에게도 공정해야 하는 조건들이 다르고, 언론사의 이해관계가 작용하기 때문에, 언론은 항상 공정할 수가 없다는 테제에 이르게 된다.

실제로 다원화된 현대사회에서 언론은 모든 집단의 기대치와 공적 커뮤니케이션의 모든 측면에 부응할 수가 없다. 또 언론은 정보원과 독자 모두에게 공정하게 보도해야 하지만, 공정함이 반드시 공평하게 대우하는 것을 의미하지는 않는다. 언론인이 권력비리 스캔들을 심층취재하면서 어떻게 취재원에게 공평성을 보장할 수 있겠는가? 또 역설적으로, 어떤 경우에는 사건이나 상황이 불공정할 때, 언론은 오히려 공정할 수가 있다.[2] 언론이 권력을 비판하고 여론을 조정하는 역할을 수행해야 할 때에는 단순히 공정해서는 안 되는 경우도 있기 때문이다. 그럼에도 불구하고 언론은 공중의 요구사항을 객관적이고 균형 있게 다루어야 '공정한 보도'를 하는 것으로 평가되므로, 시대를 초월하는 정직한 언론이 추구하는 정의(justice)란 무엇인지 현직 언론인들과 차세대 언론인들의 깊은 통찰과 진지한 논의가

---

2 Altmeppen, Klaus-Dieter, Klaus Arnold & Tanja Kossler(2012). "Are the Media Capable of Fair Reporting? Remarks on the Principle of Fairness in Professional Jounalism". Research-Gate. http://www.researchgate.net/publication/279524926.

요구된다.

한국 사회에서 일부 언론이 '객관주의' 원칙을 내세우면서 '받아쓰기' 보도를 한다거나 정부의 이해관계에 영합할 때, 언론은 정부 관리의 충실한 대변자 역할에 머무르는 것이고, 언론인은 공중으로부터 '기레기' 취급을 받는다. 언론이 추구해야 할 공정한 보도의 선행조건 중 가장 중요한 원칙은 권력과 자본으로부터의 독립성 확보이다. 독립성이 확보된 언론과 언론인들은 사실성(factuality)에 입각하여 불편부당하면서도(impartiality), 균형 있는(balanced) 공정한 취재와 보도를 수행해 나갈 수 있을 것이다.

결론적으로, 언론은 모두를 충족시킬 수 없으며, 정직한 언론은 더욱 더 그렇다. 또 한 가지 분명한 점은 정부와 기득권과 너무 가까운 언론은 공중의 신뢰를 얻기가 힘들다는 것이다. 권력과 물신을 숭배하는 언론은 '제4부'로서 권력을 감시하고 힘의 남용을 견제해야 하는 비판과 감시자의 역할을 동시에 수행하기 어렵기 때문이다. 용기있는 자만이 정직한 언론을 수호할 수 있다.

◉ 참고문헌 및 사이트

■ 제1장

김종봉 엮음(2013). 『파파 프란치스코 100』. 불휘미디어.

시어도어 젤딘(2015). 문희경 역. 『인생의 발견』. 어크로스.

Jack-Speer-Williams. http://www.veteranstoday.com/2014/12/22/dan-gerous-work-honest-journalism/

http://ethics.npr.org/category/d-honesty

http://www.dnaindia.com/analysis/column-what-is-honesty-in-jour-nalism-2295213

https://www.merriam-webster.com/dictionary/honesty

■ 제2장

니홀라스 할라스(1955). 황의방 역(2015). 『나는 고발한다―드레퓌스사건과 집단 히스테리』. 한길사.

막스 갈로(2009). 노서경 역. 『장 조레스 그의 삶』. 당대. p.199.

민유기(2012). "프랑스 급진공화파의 반교권주의와 1901년 결사법". 『프랑스사연구』 제27호(한국프랑스사학회), pp.93-122.

아르망 이스라엘(2002). 이은진 역. 『다시 읽는 드레퓌스 사건』. 자인.

에밀 졸라(2005). 유기환 역. 『나는 고발한다―공화국 대통령 펠릭스 포르 씨에게 보내는 편지(87-108)의 번역 및 해설 내용 전문』. 책세상문고.

_____(2014). 박명숙 역. 『전진하는 진실』. 은행나무.

유기환(2005). "드레퓌스 사건과 졸라의 글쓰기". 『프랑스학 연구』, 제32권.

이선구(2006). "드레퓌스 사건에 대한 아나톨 프랑스의 반응". 『한국프랑스학 논집』, 55, pp.205-226.

임종권(2007). "영미 저널리즘과 비교해 본 프랑스 현대 저널리즘". 『현상과 인식』. 31권 4호, pp.140-164.

임종권(2008). "현대 프랑스 저널리즘의 기원과 특징", 『프랑스사 연구』, 제19호, pp.146-152.

_____(2012). "프랑스 제3공화국의 정치세력-우파와 가톨릭교회", 『숭실 사학회』, 제29집. pp.345-377.

폴 존슨(2013). 김주한 역. 『기독교의 역사(A History of Christianity)』. 포 이에마.

Front page cover of the newspaper L'Aurore for Thursday 13 January 1898, with the letter J'Accuse…!

Henri Mitterand(1995). *Zola, la vérité en marche.* Gallimard.

Michael B. Palmer(1983). *Des petits journaux aux grandes agences.* Paris.

"Truth on the march(1895-1897)~". https://en.wikipedia.org/wiki/ Dreyfus_affair

https://en.wikipedia.org/wiki/Dreyfus_affair#/media/File:003_Bordereau_ recto.jpg

https://ko.wikipedia.org/wiki/드레퓌스 사건

▪ 제3장

아담 호크쉴드(2003). 이종인 역. 『레오폴드왕의 유령』. 무우수.

Anstey, Roger(1971). "The Congo Rubber Atrocities-A Case Study," *African Historical Studies*, 4. pp.59-76.

Baylen, Joseph O.(1962). "Senator John Tyler Morgan, E.D. Morel, and the Congo Reform Association," *The Alabama Review*, 15. pp.117-132.

Burke, B. U.(1925). "Morel," *The Open Court*: Vol.1925: Iss. 7, Article 6. Available at: http://opensiuc.lib.siu.edu/ocj/vol1925/iss7/6

Diagn, Peter and Gann, L. H(1987). *The United States and Africa: A*

History. Cambridge: University Press, p.195.

Dunne, Kevin C.(2003). *Imagining the Congo: The International Relations of Identity*. New York: MacMillan.

Franklin, John Hope(1985). *George Washington Williams: A Biography*. Chicago: University of Chicago Press, pp.243–254.

Harms, Robert(1975). "The End of Red Rubber: A Reassessment," *The Journal of African History*, 16 : pp.33–88.

Hochschild, Adam(1998). *King Leopold's Ghost: A Story of Greed, Terror, and Heroism in Colonial Africa*. Mariner Books.

Louis Wm. Roger and Stengers, Jean(1968). *E. D. Morel's History of the Congo Reform Movement*. Oxford: Clarendon Press.

Morel, Edmund Dene(1903). Trading Monopolies in West Africa. *West African Mail*. [Liverpool 1903] p.35.

_____(1903). *The West African Mail*.

_____(1903). *The Congo Horrors*. [Liverpool: January 15, 1903]

_____(1905). *King Leopold's Rule of Africa*. New York: Funk and Wagnalls Company, p.101.

_____(1919). *Red Rubber: The story of the rubber slave trade which flourished on the Congo for twenty years, 1890–1910*. Manchester: National Labour Press.

_____(1920/1969). *The Black Man's Burden: The White Man in Africa from the Fifteenth Century to World War I*. New York: Monthly Review Press.

_____(1969). *The British Case in French Congo; The Story of a Great Injustice, Its Causes and Its Lessons*. New York: Negro Universities Press.

Reeves, Jesse Siddall(1894). "The International Beginnings of the Congo Free State," *Johns Hopkins University Studies in Historical and*

Political Science, *12*, No.11-12 p.195.

Stanard, Matthew G.(2012). *Selling the Congo: A history of European pro-empire propaganda and the making of Belgian imperialism*. University of Nebraska Press.

The Berlin Conference(1885). The General Act of Feb 26, Chap I, VI.

Thompson, T. Jack(2002). "Light on the Dark Continent: The Photography of Alice Seely Harris and the Congo Atrocities of the Early Twentieth Century" *International Bulletin of Missionary Research*, pp.146-149.

Twain, Mark(1905). *King Leopold's Soliloquy: A Defense of His Congo Rule*. New York: P.R. Warren.

Vangroenweghe, Danil(2004). *Rood Rubber-Leopold II en zijn Congo*.

Wuliger, Robert(1953). "Mark Twain on King Leopold's Soliloquy", *American Literature*, 25(2), pp.234-237.

Yale U. Genocide study program 중 (HTML): http://elsinore.cis.yale.edu/gsp/colonial/belgian_congo/

https://namu.wiki/w/%EB%A0%88%EC%98%A4%ED%8F%B4%EB%93%9C%202%EC%84%B8

https://en.wikipedia.org/wiki/Congo_Free_State_propaganda_war

https://en.wikipedia.org/wiki/Congo_Free_State_propaganda_war 재인용, Cocks, Frederick Seymour, [E. D. Morel, the Man and His Work] London,1920

https://en.wikipedia.org/wiki/E._D._Morel

http://www.onthisdeity.com/12th-november-1924-%E2%80%93-the-death-of-e-d-morel/

논문(HTML): When the King Becomes your Personal Enemy: WT Stead, King Leopold II, and the Congo Free State. http://ntn.ubiquitypress.com/articles/10.16995/ntn.662/print/

논문(pdf): PACIFIST RADICALISM IN THE POST-WAR BRITISH LABOUR PARTY: THE CASE OF E. D. MOREL, 1919-24

논문(pdf): Mark Twain's Involvement with the Congo Reform Movement: "A Fury of Generous Indignation"

런던 정경대 아카이브(HTML): Morel, Edmund Dene(1873-1924). http://archives.lse.ac.uk/Record.aspx?src=CalmView.Catalog&id =MOREL

마크 트웨인이 모렐에게 보낸 서신 논문(pdf): Mark Twain on King Leopold's Soliloquy

■ 제4장

미첼 스티븐스(1999). 이광재·이인희 역. 『뉴스의 역사』 8장. 황금가지.

정연주(1998). "'스타 만들기'는 정치적 쇼만 조장할 뿐: 청문회-언론은 무엇을 어떻게 해야 하나", 『신문과 방송』, 통권335호, pp.35-39.

Adams, Val(March 11,1954). "PRAISE POURS IN ON MURROW SHOW"(http://query.nytimes.com/gst/abstract.html?res), *New York Times*, p.19.

Baughman, J. L.(1981). "See It Now and Television's Golden Age, 1951-58," *Journal of Popular Culture*, 15(2), pp.106-115.

CBS(March 9, 1954). "A Report on Senator Joseph R. McCarthy(video)". See It Now.

_____(March 9, 1954). "A Report on Senator Joseph R. McCarthy (transcript)". See It Now.

_____(April 6, 1954). "Prosecution of E. R. Murrow on CBS's See It Now"(http://www.americanrhetoric.com/speechs/josephmacar-thycbsseeitnow.htm). See It Now.

_____(April 13, 1954). "Response to senator Joe McCarthy"(http://
www.americanrhetoric.com/speeches/edwardrmurrowtomccarthy.
htm). See It Now.

Ehrlich, M. C.(2009). "Living with the Bomb: Fred Friendly's 'The Quick
and the Dead'. _Journalism History_," 35(1), pp.2–11.

Kendrick, A.(1969). _Prime Time: The Life of Edward R. Murrow_, Little,
Brown.

London Times. March 29, 2000.

Lemann, N.(2006). The WayWard Press, "The Murrow Doctrine," _The
New Yorker_, January, 23 & 30, 2006.

Murrow, E. R.(1954). "A Report on Senator Joseph R. McCarthy," See It
Now, CBS–TV, March 9, 1954. https://youtu.be/-YOIueFbG4g

New York Times. March 11, 1954. A12.

Rosteck, T.(1998). "See It Now confronts McCarthyism: Television doc–
umentary and the politics of representation," _The New York Times
Upfront_, Vol, 142. March 15, 2010.

Roberts, S.(2010). "How 'McCarthyism' turned American against Ameri–
can in the decade after World War II," _The New York Times
Upfront_, Vol, 142. March 15, 2010.

Schrecker, Ellen(1998). _Many Are the Crimes: McCarthyism in America_.
Little, Brown and Company. p.xiii, p.4.

_____(2002). _The Age of McCarthyism: A Brief History with Documents_
(Second Edition). Bedford / St. Martin's, pp.63–64.

"See It Now" and Television's Golden Age, 1951–58.

Thornton, B.(2003). "Published Reaction When Murrow Battled
McCarthy," _Journalism History_, 29.3 (Fall 2003), pp.133–146.

Edward. R. Murrow Speech. Radio–Television News Directors Associa–

tion http://www.rtdna.org/content/edward_r_murrow_s〉1968_
    wires_lights_in_a _box_speech#
http://billdownscbs.blogspot.kr/2015/11/edward-r-murrow-vs-senator-
    joseph.html
http://en.wikipedia.org/wiki/Edward_R_Murrow.
https://en.wikipedia.org/wiki/See_It_Now
https://ko.wikipedia.org/wiki/매카시즘

■ 제5장
박종인(2006). 『국익과 진실보도』. 커뮤니케이션북스.

연합뉴스(2007.1.5.). 獨 시사주간지 〈슈피겔〉 창간 60주년.

유진홍(2001). "1960년대 독일 학생운동의 파시즘 비판—파시즘 비판에서
    대의제 민주주의 비판으로—", 중앙대학교대학원 사학과 서양사전
    공, 석사학위논문.

정광용(2012.1.2.). [이 주일의 역사] 〈슈피겔〉 창간호 발행(1947.1.4.). 〈부
    산일보〉.

주간조선(2013.10.21.). "고품격 기사에 대한 수요는 결코 없어지지 않는
    다", 독일 주간지 〈슈피겔〉 창간 특집.

최윤필(2016.10.20.). "나토 방위계획 허점 폭로로 편집국 폐쇄…獨 언론
    민주화 상징된 '슈피겔 스캔들'", [기억할 오늘: 10월 8일]. 〈한국
    일보〉. http://www.hankookilbo.com.

Bunn, R. F.(2001). *The Spiegel Affair and the West German Press: The
    Initial Phase*. Fulbright Research and Louisiana State University.

Gimbel, J.(1965). The "Spiegel Affair" in Perspective. *Midwest journal
    of Political Science*, 9(3), pp.282–297.

Hess, Sigurd(2009). "German Intelligence Organizations and the Media",
    The Journal of Intelligence History, 9.

Hodenberg, C. V.(2006). "Mass Media and the Generaton of Conflict:

West Germany's Long Sixties and the Formation of a Critical Public Sphere" *Contemporary European History*, 15(3), pp.367–395.

Marcuse, H.(1968). "The Revival of Holocaust Awareness," in 1968: *The World Transformed*, pp.424–425.

Wilkinson, N.(2009). *Secrecy and the Media, The Offical History of the United Kingdom's D-Notice System*. London: Routledge, 209. xix.

http:// www.alamy.com
https://www.goethe.de/en/kul/med/20894053.html
http://www.spiegel.de/spiegel/print/d-46172270.html
http://www.spiegel.de/international/germany/50th-anniversary-of-the-spiegel-affair-a-857030.html

▪ 제6장

김철관(2009.2.23.). '탐사저널리즘의 교과서'…"밀라이학살에 대한 보고". 대자보.

시모어 M. 허시(1970). 김석 역(2009). 『세상을 바꾼 탐사보도—밀라이 학살과 그 후유증에 관한 보고—』. 세종연구원.

Areyh, N.(1998). *War Crimes: Brutality, Genocide, Terror, and the Struggle for Justice*. New York: Times Books.

Associated Press(March 16, 2008). "My Lai Survivors Gather to Pray for Victims, Peace 40 Years After Massacre". http://www.foxnews.com/story/2008/03/16

Bangor Daily News(December 21, 1970). "Calley's Trial Puts Emphasis on CO". http://news.google.com/newspaper

CNN(March 16, 1998). 'Blood and fire' of My Lai remembered 30 years later. http://www.cnn.com/WORLD/9803/16/my.lai/

"Company C: Actions on 16 and 17 March 1968" http://law2/umkc. edu/faculty/projects/ftrials/mylai/Company.html.

Conti, Dennis.(May 29, 1970). "Witness for the Prosecution". *The Palm Beach Post.* http://instruct westvalley edu/kelly/Distance_ Learring/History_17B/Readings/My_Las.htm. "…They were killing everything in the village".

Cookman, C.(2007). "An American Atrocity: The My Lai Massacre Concretized in a Victim's Face". *Journal of American History*, 94. pp.154-162.

Douglas, L.(1999). "An Introduction to the My Lai Court-Martial". http://www.law.umkc.edu/faculty/projects/ftrials/mylai/myl/ My1_intro.html. Law.umkc.edu. Retrieved June 18, 2011

_____(1999). "Biography of General William R. Peers". www.law.umkc. edu/faculty/projects/ftrials/mylai/myl_bpeers.html.law.umkc. edu.

_____(1999). "Biographies of Key Figures in the My Lai Courts-Martial: Oran Henderson". UMKC School of Law. Retrieved, June 18, 2011.

Eckhardt, W. G.(2000). "My Lai: An American Tragedy." UMKC School of Law. http://law2.umkc.edu/faculty/projects/ftrials/mylai/eck- tragedy.html

George. E.(March 13, 1988). "'It's Something You've Got to Live With': My Lai Memories Haunt Soldiers". *Los Angeles Times.*

Herald-Journal(January 13, 1971). "Meadlo Testifies He Shot Women and Their Babies". http://news.google.com/newspaper?

Homer, B.(January 13, 1971). "Mylai G. I. Feared Babies Held Grenades" *The New York Times.* http://select.nytimes.com/gst/abstract.html

Howard, J.(2017). *My Lai: Vietnam, 1969, and the Descent into Darkness.*

New York: Oxford University Press. Kindle location 684.

Lapham's Quarterly(September 14, 2013) "The 'Pinkville' Incident". http://www.laphamsquarterly.org/voices-in-time/the-pinkville-incident.php?page

Martin, T(June 6,1972). "Again, the Suffering of Mylai". *New York Times*. p.45. Retrieved March 19, 2008.

McCarty, Mary(March 16, 2013). "45 years later, impact from My Lai case is still felt". *Dayton Daily News*.

Medina, E. L.(1998). http://www.lawumkc.edu/faculty/projects/ftrials/mylai/medina.html

Pittsburg Post-Gazette(February 25, 1971). "Defense Rests in Calley Trial: Capt Medina Called Fine, Strict Officer". http://news.google.com.newspapers

Ridenhour Ronald(soldier with the 11th brigade soldierrevolt-post). http://www.digitalhistory.uh.edu/active_learning/explorations/vietnam/vietnam_mylai.cfm

Smith, K. D.(December 6, 2000). "American soildiers testify in My Lai court marital". *Amaillo Globe-News*. http://amarillo.com/stories/120600/fri_120600-36s html

Summary Report(2000). http://law2.umkc.edu/faculty/projects/ftrials/mylai/summary-rpt.html.

Sunday Times Magazine(London)(April 23, 1989). "My Lai: A Half Told Story". http://msuweb.montclair.edu/~furrg/Vietnam/ mylailondontimesmag89.pdf.

Telford, T.(1970). *Nuremberg and Vietnam: An American Tragedy*. Chicago: Quadrangle Books, p.139. Cited in Oliver, Kendrick. The My Lai Massacre in American History and Memory. Manchester: Manchester University Press, 2006.

The Milwaukee Journal(May 27, 1970). "The Villagers of My Lai". http://law2/umkc.edu/faculty/projects/ftrials/myl_bvillagers.html.

_____(May 27, 1970). "Seymour Hersh, My Lai: Sodliers's Bullet Silenced Pleas, Prayers of Victims". http://newsgoogle.com/newspapers?

The New York Times(March 16, 1998). "Hersh Seymour M. My Lai, and Its Omens". http://www.nytimes.com.

The Peers Report(1998). "The Omissions and Commissions of CPT Ernest L. Medina". http://www.lawumkc.edu/faculty/projects/trials/mylai/medina_html

_____"The Omissions and Commissions of CPT Ronald L. Haeberle (former army combat photographer)". http://www.pbs.org/wgbh/americanexperience/features/photo-gallery/mylai-massacre-evidence.

The Sydney Morning Herald(November 21, 1969), "Women, children died in village".(http: //news good. com)

The Villagers of My Lai. http://law2.umkc.edu/faculty/projects/ftrials/mylai/myl_bvillagers.htm

Turse, N.(January 15, 2013). *Kill Anything That Moves: The Real American War in Vietnam*. Macmillan.

https://en.wikipedia.org/wiki/My_Lai_Massacre
https://www.youtube.com/watch?v=VWchy6ykNnQ
http://www.onthemedia.org/story/131080-40-years-later-hersh-on-my-lai/

▪ 제7장

김형곤(2004). "닉슨 대통령의 개인적 성격과 워터게이트", 『중앙시론』,

21집, '특집호', pp.825-837.

밥 우드워드 & 칼 번스타인(1974). 양상모 역(2014). 『워터게이트: 모두가
대통령의 사람들』. 오래된 생각.

찰스 콜슨(1991). 이진성(역). 『거듭나기(Born Again)』 1,2권. 홍성사.

최용주(2001). "정치 커뮤니케이션 관점에서의 정치 스캔들과 미디어",
『언론과학연구』, 1(3), pp.205-237.

허용범(2005). "딥스로트, 특집I / 취재원 보호",『관훈저널』, 46(3), pp.35-46.

Bernstein, C. & Woodward, B.(1974). *All The President's Men*. New
York: Simon & Schuster Paperbacks.

Congressional Quarterly Inc.(1973). *Watergate: Chronology of a Crisis*.
Washington D.C.

Dean, J. W.(2014). *The Nixon Defense*. Penguin Group, p.344.

Farnsworth, M.(May 20, 1974). "Brief Timeline of Events". Retrieved
May 24, 2012.

Marsh Bill(October 30, 2005). "Ideas & Trends—When Criminal Charges
Reach the White House". *The New York Times*. Retrieved
September 30, 2014.

Sirica, John J.(1979). *To Set the Record Straight: The Break-in, the Tapes,
the Conspirators, the Pardon*. New York: Norton.

Time(August 19, 1974). "Watergate Retrospective: The Decline and Fall".

https://www.emaze.com/@ACQZZRTO

http://enc.daum.net?dic100/contents.do?query1=b25h1784a

https://en.wikipedia.org/wiki/Watergate_scandal

https://ko.wikipedia.org/wiki/워터게이트사건

http://www.washingtonpost.com/wp-srv/politics/special/watergate/
part1.html

http://www.washingtonpost.com/wp-srv/politics/special/watergate/

part3.html

http://www.nocutnews.co.kr/57807(워터게이트 사건이란 무엇인가?)

http://blog.naver.com/PostView.nhn?blogId = namwiya&logNo = 140169076280(닉슨과 워터게이트 사건, 폭로탐사 저널리즘의 대표적 사례)

www.smithsonianmag.com

www.washingtonpost.com/wp-srv/.../watergate/timeline.html

■ 제8장

김종철(2013). 『폭력의 자유』. 시사in북.

김윤영(2004). 『박종철 시대의 불꽃 11』. 박종철기념사업회.

김태호(2002). 『박종철 평전』. 박종철출판사.

공희정(2000.2.29.). "박종운 씨 인터뷰2—정형근 의원 박종철 열사 고문 살인 은폐공작 가담했으면 법적 처벌 받아야". 〈오마이뉴스〉.

남시욱(2004). "박종철 고문치사 사건 특종보도는 6월항쟁, 6.29 선언의 밑거름—진보적 언론학자들의 진실 왜곡에 할 말 있다", 『신동아』 534호, '신동아논단'. http://shindonga.donga.com/Library/3/02/13/103216/1

민주화운동기념사업회(2011). "고 박종철 열사 25주기 추모제". 민주화운동기념사업회.

신성호(2012.7.18.) "당시 중앙일보 기자가 밝힌 25년 전 그날 취재과정". 〈중앙일보〉. http://news.joins.com/article/print/8787684

안상수(2011). 『박종철 열사와 6월 민주화 운동』. 광일문화사.

이효성(2002). 『언론과 민주정치』. 서울:커뮤니케이션북스. pp.22-23.

주간동아(2017.6.7.). 피플[인터뷰], "박종철 사건, 후속보도합니다", 1091호. pp.70-71.

중앙일보(2012.1.31.). "박종철 사건 1억 주고 덮으려 해 분노가 치밀어…".

_____(2012.07.18.). "25년 만에 밝혀진 '박종철 고문치사' 제보자는…".
    http://news.joins.com/article/8787685

한겨레(2011.12.21.). "부검 통해 드러난 고문사…경찰은 회유협박 / 박정기".

_____(2012.1.12.). "조국 '안상수가 박종철 고문은폐 막았다? 사실 아냐'".

한홍구(2001.5.22.). "이근안과 박처원, 그리고 노덕술". 『한겨레21』, 제
    360호.

황호택(2017). 『박종철 탐사보도와 6월 항쟁』. 블루엘리펀트.

http://www.610.or.kr/610/about#why

http://www.kyba.org/bbs/board.php?bo_table=4010&wr_id=1059

http://blog.naver.com/PostView.nhn?blogId=yekyong1 &logNo=
    221023473577

http://news.joins.com/article/print/8787684

http://shindonga.donga.com/Library/3/02/13/103216/1

▪ 제9장

김세환(1988). "아사히신문의 리쿠르트 사건 탐사보도 뒷이야기". http://
    download.kpf.or.kr/MediaPds/WUEOJOIQBQMUQKM.pdf

김승한(1988.12.9.). "일본 리크루트 스캔들 전말". MBC NEWS.

Collins, J.(April 26, 1989). "Takeshita's Exit Is A Step Toward Ending A
    Paralyzing Scandal". http://articles.chicagotribune.com/1989-04-
    26/news/8904070469

Ezoe, Hiromasa(2010). *Where is the Justice?*. Tokyo: Kodansha International
    Ltd. http://www.kodanshausa.com/books/9784770031471/

Wang Jincao(2017). "Newspaper reports and the Cabinet approval ratings
    during the Recruit Scandal-By the example of Asahi Shimbun and
    Yomiuri Shimbun," *Journal of International Development and Co-
    operation*, 23(142), pp.91-102.

https://ko.wikipedia.org/wiki/%EB%A6%AC%ED%81%AC%EB%A3
%A8%ED%8A%B8_%EC%82%AC%EA%B1%B4

http://blog.naver.com/novembre/60088022458.

http://www.hani.co.kr/arti/society/obituary/573436.html

http://imnews.imbc.com/20dbnews/history/1988/1816792_19338.html

http://japantoday.com/category/features/where-is-the-justice

http://m.khan.co.kr/view.html?artid=201302091123391&code=970203
&med_id=khan#csidx340cf4893353e04bea5cebdf12ceca4

■ 제10장

글렌 그린월드(2014). 박수민·박산호 역. 『더 이상 숨을 곳이 없다—스노
든, NSA, 그리고 감시국가』. 모던타임스.

나지홍(2014.4.16.). "'스노든 폭로' 보도한 WP(워싱턴포스트)·가디언에
퓰리처賞". 조선닷컴. http://news.chosun.com/site/data/html_
dir/2014/04/16/ 2014041600374.html

온라인 저널리즘(2013.6.20.). "〈가디언〉 대특종의 교훈, '뉴스는 흐르는
물과 같다'". http://www.ciokorea.co/mmews.17297# csidx48d-
1da5c5533e59f068f45b982ef71

윤현(2014.1.18.). "오바마, NSA 개혁안 발표… '무차별 정보수집 중단' 스
노든 폭로 이후 8개월 만에 내놓은 개혁안…". http://www.
ohmynews.com/NWS_Web/View/at_pg.aspx?CNTN_CD=A000
1949273

이승선(2013.10.16.). "스노든 폭로 주역 그린월드, 〈가디언〉 떠난다…이
유는?". www.pressian.com/news/article.html?no=65170

이지영(2013.6.7.)."미 정부의 대국민 사찰 프로젝트, '프리즘'". http://
www.bloter.net/archives/155276

정유진(2013.12.15.).[2013 세계를 흔든 인물](1) 미 NSA 도청 폭로 스노
든. 〈경향신문〉.

Carroll, Rory & Holpuch, Amanda(June 28, 2013). "Ecuador cools on Edward Snowden asylum as Assange frustration grows". *The Guardian*. London.

Chappell, Bill(June 6, 2013). "NSA Reportedly Mines Servers of US Internet Firms for Data". The Two-Way(blog of NPR). Retrieved June 15, 2013. https://en.wikipedia.org/wiki/PRISM_(surveillance_program)

Computerworld(2014.6.9.). "스노든 폭로 1주년 총정리". http://www.itworld.co.kr/print/87884

_____ (2013.6.11.). "FAQ: 미국 NSA 프리즘 사건의 기반 사실들". http://www.ciokorea.com/nnews/17297#csidx48d1da5dc5533e59f068f45b982ef71

_____ "Edward Snowden asylum: countries approached and their responses". *The Guardian*. Retrieved May 5, 2014.

Gellman, B. & Poitras, L.(June 6, 2013). "US Intelligence Mining Data from Nine U.S. Internet Companies in Broad Secret Program". *The Washington Post*. Retrieved June 15, 2013.

Greenwald, G.(2014). *No Place to Hide*. New York: Picador.

_____ (June 6, 2013). "NSA collecting phone records of millions of Verizon customers daily", *The Guardian*.

Greenwald, G. & MacAskill, E.(June 6, 2013). "NSA Taps in to Internet Giants' Systems to Mine User Data, Secret Files Reveal—Obama Orders US to Draw Up Overseas Target List for Cyber—Attacks". *The Guardian*. Retrieved June 15, 2013.

IDG News Service(2013.6.21.). "'NSA 감시중단' 워싱턴 가두시위…연이은 폭로로 파장 커져". http://www.itworld.co.kr/news/84348

_____ "NSA, 5만 이상의 전 세계 컴퓨터 네트워크를 감시". http://www.itworld.co.kr/news/84843

_____ "RSA, 암호화에 NSA와 비밀 거래…로이터". http://www.itworld. co.kr/news/85282

Johnson, Kevin, Martin, Scott, O'Donnell, Jayne & Winter, Michael (June 15, 2013). "Reports: NSA Siphons Data from 9 Major Net Firms". *USA Today*. Retrieved June 6, 2013.

Johnson, Luke(July 1, 2013). "George W. Bush Defends PRISM: 'I Put That Program in Place to Protect the Country'". *The Huffington Post*. Retrieved July 4, 2013.

Lee, Timothy B.(June 6, 2013). "How Congress Unknowingly Legalized PRISM in 2007". Wonkblog (blog of *The Washington Post*). Retrieved July 4, 2013.

Loiko, Sergie(August 1, 2013). "Edward Snowden granted asylum, leaves Moscow airport in taxi". *LA Times*.

Mezzofiore, Gianluca(June 17, 2013). "NSA Whistleblower Edward Snowden: Washington Snoopers Are Criminals". *International Business Times*. Retrieved June 30, 2013.

Office of the Director of National Intelligence(June 8, 2013). "Facts on the Collection of Intelligence Pursuant to Section 702 of the Foreign Intelligence Surveillance Act" (PDF).dni.gov.

Ovide, Shira(June 8, 2013). "U.S. Official Releases Details of Prism Program". *The Wall Street Journal*. Retrieved June 15, 2013.

Pascaline, Mary(January 18, 2017). "Russia Extends Snowden's Asylum By 'A Couple More Years'". *International Business Times*. Retrieved January 18, 2017.

Sullivan, M.(June 15, 2013). "Sources with Secrets Find New Outlets for Sharing". *The New York Times*.

Staff(June 6, 2013). "Intelligence Chief Blasts NSA Leaks, Declassifies Some Details about Phone Program Limits". *Associated Press*(via

The Washington Post). Retrieved June 15, 2013.

TechHive(2013.6.10.). "오바마 미 대통령, '미국 시민들은 감시당하지 않는다'". http://www.ciokorea.com/news/17268

http://namu.wiki/w/프리즘 폭로사건

https://www.theguardian.com/world/2013/jun/06/us-tech-giants
nsa-data

http://hypertext.tistory.com/275

https://www.edwardsnowden.com

https://www.theguardian.com/world/2013/jun/06/nsa-phone-records-
verizon-court-order

https:ko.wikipedia.org/w/index.php?title = 웨드워드_스노든&oldid =
19251071

www.theguardian.com

www.thewashingtonpost.com

▪ 제11장

강희철(2016.9.23.). "[단독] 이석수 특감, 'K · 미르 출연금 종용' 안종범
수석 내사했다". http://www.hani.co.kr/arti/politics/ politics_
general/762172.html

경향신문(2016.11.18.). "[단독] K스포츠 '대기업 80억' 요구 사업, 독일의
'최순실 모녀회사'가 주도", A1면./"[단독] 대기업 돈, K스포츠 통해
'최순실 모녀회사'로 유입 정황", A3면.

_____ (2016.11.19.). "[단독] '최순실 비밀회사' 국내에도 있었다". A1면.

김기용 (2016.10.27.). "'손으로 하늘이 가려집니까' 교수들도 시국선언 시
작". 〈노컷뉴스〉.

김도형 · 장관석 · 길진균(2016.8.18.). "[단독] 이석수 특별감찰관의 '부적
절 행보". http://car.donga.com/ISSUE/Vote2016/News?m =view

&date＝20160818&gid＝79824976

김지훈(2016.11.2.). "시국선언 대학 100곳 돌파…해외 유학생도 동참". 〈한겨레〉. http://www.hani.co.kr/arti/society/society_ general/ 768418.html

김창남(2016.10.29.). "TV조선은 최순실 보도의 퍼스트 펭귄…일주일 잠복 끝에 최순실 포착".〈한국기자협회보〉.

김태종(2017.3.10.). "박 대통령 파면 '권한남용·중대한 헌법위배'…헌정 사상 첫 사례(종합2보)".〈연합뉴스〉.

노컷뉴스(2016.10.30.). "靑 민정수석에 최재경…우병우·안종범·문고리3인방 경질(종합)". http://nocutnews.co.kr/news/4676844

매일경제(2016.10.31.). [단독] 검찰, '태블릿PC서 최순실씨 사용 정황 확인'".

MBN(2016.8.4.). "이대, 평생교육 단과대 백지화 결정…최경희 총장 사퇴론 새 불씨".

민일성(2016.9.27.). "최순실 딸, 수업 빠져도 학점 챙기고 지도교수 교체…이대 총장 증인 나와야". http://www.gobalnews.com/news/ articleView.html?idxno＝19706

방준호(2016.9.23.). "[단독] 최순실의 오랜 지인 '내게 먼저 참여 제안했지만 거절'". http://www.hani.co.kr/arti/politics/politics_ general/761797.html

방준호·류이근(2016.9.23.). "[단독] 최순실, K스포츠 설립 수개월 전 기획단계부터 주도". http://www.hani.co.kr/arti/society/society_ general/762409.html

서울신문(2016.10.25.). "'최순실 연설문' 이후 탄핵·하야 등 실검 도배… '국민 분노 비등점 향해'". http://www.seoul.co.kr/news/news View.php?id＝20161025500156

손영준(2017.1.2.). '2016 관훈언론상 권력감시 부문 예심심사평'. http:// www.kwanhun.com/page/brd_view.php?idx＝40594&startPage＝ 0&listNo＝33&table＝cs_bbs_data&code＝event5

아시아투데이(2016.11.15.). "박근혜 대통령, 검찰 조사 대비 유영하 변호사 선임". http://view.asiae.co.kr/news/view.htm?idxno=2016111510001227148

양승목(2017.1.2.). '2016 관훈언론상 본심심사평'. http://www.kwanhun.com/page/brd_view.php?idx=40594&startPage=0&listNo=33&table=cs_bbs_data&code=event5

유현욱(2016.9.13.). "이대 학생들, 총장 해임 반대한 이사장에 '강한 유감 민원 제기'". 〈이데일리〉. http://news.naver.com/main/read.nhn?mode=LSD&mid=sec&sid1=102&oid=018&aid=0003629386

이명진 · 최재훈(2016.7.18.). "우병우 민정수석의 妻家 부동산… 넥슨, 5년 전 1326억원에 사줬다". http://news.chosun.com/site/data/html_dir/2016/07/18/2016071800238.html

이희진(2016.11.2.). "문재인 '박 대통령 하야' 민심에 공감". 〈노컷뉴스〉.

정유경(2016.11.3.). "'최순실 국정농단 게이트' 전말, '이것만 보면 다 안다. 최순실 게이트 총정리 1,2탄'". http://www.hani.co.kr/arti/politics/bluehouse/762715.html

정철운(2016.12.7.). "손석희 '뉴스룸', 마의 시청률 10%마저 넘었다". 〈미디어오늘〉. http://news.naver.com/main/read.nhn?mode=LSD&mid=sec&sid1=102&oid=006&aid=0000084145

_____(2016.12.9.). "손석희 '최순실 태블릿 입수경로 의혹? 기가 막힌다'". 〈미디어오늘〉. http://news.naver.com/main/read.nhn?mode=LSD&mid=sec&sid1=102&oid=006&aid=0000084188

JTBC(2016.10.24.). "[단독] 발표 전 받은 '44개 연설문'…극비 '드레스덴' 까지". 〈JTBC〉 '뉴스룸'.

_____(2016.10.19.). "[단독] 최측근의 증언 '최순실, 대통령 연설문 고치기도'". 〈JTBC〉 '뉴스룸'.

JTBC(2016.10.21.). "이원종, 최순실 대통령 연설문 개입說에 '봉건시대도 없는 얘기'".

최현준(2016.3.28.). "[단독] 진경준 검사장 '수상한 주식대박". http://www.hani.co.kr/arti/society/society_general/737119.html

한겨레(2016.10.27.). "성난 대학생들 시국선언 물결…'박근혜 하야', '특검 수사'". A10면.

허남설(2016.11.4.). "[속보] 박근혜 대통령 지지율 5%… 한국갤럽 조사서 역대 대통령 최저치". 〈경향신문〉.

http://www.hani.co.kr

http://news.tvchosun.com/index.html

http://news.jtbc.joins.com/?cloc＝jtbc｜header｜news

http://www.mediatoday.co.kr/?mod＝news&act＝articleView&idxno＝133825#csidx97869dd3a668a13b5ec3b6aa10c2ad3

http://news.chosun.com/site/data/html_dir/2016/08/16/2016081603461.html